马克思主义稀有文献
《译书汇编》

第五册

张远航主编

中央编译出版社
CCTP Central Compilation & Translation Press

目録

譯書彙編

一九〇三年第三卷第一期

明治三十四年一月二十八日第三種郵便物認可（每月一期定期發行）

國民必攜

政法學報

原名譯書彙編

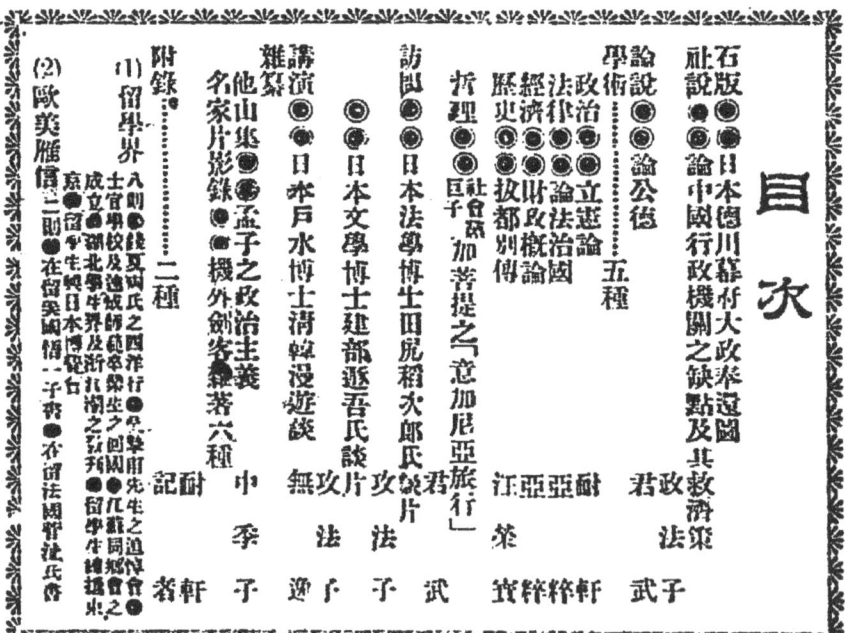

目次

癸卯年第壹期

本編緊要廣告

本報爲譯書彙編之改名。已詳前次告白。惟名義雖改。至內容一切悉仍去年譯書彙編第九期以後體例而益增加精美。務竭同人綿力以盡輸進文明之義務。至去年未完之稿。當仍陸續出完。以副讀者之望。各門均仍由各專門家擔任。學與時進。同人竊不自揣。願讀者諸君之更括目相看也。

再本期同人因學校春期考試。致遲一月出報。實非得已。重勞久待。抱歉殊深。以後自當照章准期發行。以副厚望。諸維鑒之。此白。

本報價目表

全年十二冊	半年六冊	每冊
二元五角	一元三角	二角五分

外埠郵費視路遠近照加

廣告價目表

一頁	半頁	一行（四號十七字起碼）
五元	三元	二角

凡欲惠登告白者須於本報定期發刊之前五日交到價須先惠欲登長年半年者價當格外從減

明治三十六年四月廿六日印刷
明治三十六年四月廿七日發行

編輯發行者 日本東京神田駿河臺鈴木町十八番地 譯書彙編社
發行所 日本東京神田駿河臺鈴木町十八番地 譯書彙編社
印刷人 日本東京淺草區黑船町二十八番地 酒井平次郎
印刷所 日本東京淺草區黑船町二十八番地 東京並木活版所
總發行所 清國上海四馬路老巡捕房東首 開明書店

日本德川幕府大政奉還圖

欽命二品頂戴江南分巡蘇松太兵備道袁為

給示諭禁事據留學日本法科大學學生吳振麟等稟稱竊生等於光緒二
十七年在日本東京糾集同志刱設譯書彙編社社中出有譯書彙編按月
一冊譯輯歐美日本政治法律及各種經世專門之書業經稟奉
前兩江督憲劉　批飭通屬購閱在案此編分期拆訂即成全書與尋常月
報體例不同故於各種全書告成復抽印單行本並隨時譯刊各項有用書
籍刊印行世生等此舉無非目擊彼邦興盛之源妄冀
聖代涓埃之助區區愛國愚忱不敢僅以牟利唯上海各地書賈惡習往往將他
人善本翻印射利不特有害版權尤恐傳鈔致誤為此稟請給發告示曉諭
通屬書肆凡刊入譯書彙編之書及社中出版各書圖一概不准翻刻重印
如有違禁准予送案嚴辦並請通飭租界各會審公廨一體查禁所有譯書
彙編第二年改良以來出至七號計七冊並單行本已經刊行之外交通義
俄羅斯政治史國法學法律學綱領美國獨立史歐洲財政史等先行呈請
存案備查外其餘各書俟出書後再當陸續補呈存案事關保護版權伏乞
俯鑒下情給示諭禁並具切結聲明社中出有譯書彙編之書及社中出版
各書圖均係自行編輯並無抄襲剽竊影射如有前等弊願甘罰辦等情到
道據此除分行縣廨一體立案外合行給示諭禁為此示仰書賈人知悉
毋得將該社立案各書翻印漁利致干查究切切特示

光緒貳拾捌年拾月參拾日示

本社廣告

本社所出之譯書彙編自本年一期起改名政法學報內容仍如去年第九期後之彙編而益加精善已登前項廣告閱者幸垂鑒焉

一去年譯書彙編閱資未交者務乞從速寄下以資周轉

一凡去年定閱譯書彙編者今年仍續送政法學報願續聯接閱政法學報者即請示知本社或總發賣處即當接期寄奉欵須先惠否則停寄

一本社託上海四馬路開明書店爲總發賣處凡內地不便直向本社交易者可就近向該總發賣處定閱以省周折

日本東京駿河臺鈴木町十八番地

譯書彙編社謹白

看！看!!看!!!

本學報十大特色

一本報全冊爲葉百廿爲類十數專主實學不事空談自始至終無一篇簡文章無一句空泛話爲本報第一特色

一本報社說專演政法原理針對吾國前途取種種重大問題全以學理解決無閃爍兩可之語爲本報第二特色

一本報采東西各大家學說融會貫通而著爲論說　大都直接間接有大影響於政法界者爲本報第三特色

一本報分學術五門各由　專門家擔任　吸液棄屑聚精會神務取學燈之光普照大千世界以求學問之獨立爲本報第四特色

一本報搜集易於觸動腦筋之議論事實而著爲警醒錄繪圖列說務使全國國民觸目驚心爲喚起愛國心之助爲本報第五特色

一本報設訪問他山集兩門或述談片或采投稿借旁觀之清議指當局之迷津爲本報第六特色

一本報設研究資料一門專爲研究政法學參考之助或采成法或據新政隨時著譯爲本報第七特色

一本報設歐美通信一門與歐美在留邦人特約按月報告彼中情形爲吾國作緊要通信機關爲本報第八特色

一本報月報留學界事實間附按語集之可成留學生歷史爲本報第九特色

一本報首頁插畫務取有關於政法界學業上者閱之可起愛國之觀念爲本報第十特色

社說

本欄注意於中國政法界之前途、取種種時事上之大問題、全憑學理以解決之、本報主義綱領之所存、全在於此、

論中國行政機關之缺點及其救濟策

（據行政法法理立論）

攻法子

今試問中國政治何以腐敗至此、則莫不曰任非其人、斯固然矣、雖然吾重思之、以中國今日之政治制度、謂得其人即可圖治、吾恐此問題之解釋、不能若是之簡單也、日本戶水寬人氏（法科大學教授）嘗有言曰「社會事物之不進步、制度之不善、蓋爲其一大原因」一語以爲中國政治之不振、制度不能不分任其咎、中國政治制度之或煩累或簡陋、雖以英之格蘭斯頓、日本之伊藤博文當其衝、其亦不能發揮其手腕、使

國家得有滿足之行動有斷然也國家之有種種機關猶人身之有五官四肢中國之國家機關猶之在廢疾院之人非生不治之贅瘤者即爲耳目不備手足不具者人而若是是曰廢人國而若是是曰廢國嗚呼以中國之所謂國家機關觀之其能免於廢國之誚者蓋幾希矣近世之國家其機關之組織有一定之原則曰政府曰議會曰裁判所所謂憲法上之三大機關也中國於後二機關尚在未誕生之日（議會固無論矣、裁判之事、自古不廢、然大都附屬以行其權、無獨立之裁判所也、）其數千年來所恃以達國家行動之目的者政府而已即本題之所謂行政機關是也雖然中國今日之所謂行政機關其組織之內容及其外延之効力果足以應今日之世變與否吾於此不能無疑

吾請先就行政法上述行政及行政機關之定義中國於法之觀念極幼稚故世界各國中法規之最不完備者莫如中國中國之所得稱爲成文法者刑法而已其他無聞焉至所謂行政法者自古無之故行政一語無正確之解釋中國之解行政若專指國家之大事而言所謂「朝廷用人行政」云者如財政上外交上諸大端爲政府直接所發之政令則包括在內其他地方官之行政大都以「吏治」二字稱之故

中國之解行政、乃隨意之解釋、而於法理無當也。本題之所謂行政云者、以行政法法理爲根據、故欲知行政之定義、必先以行政法爲前提、然後乃得正確之解釋、行政之定義維何。吾請就行政法諸大家中擇其最切近簡明者。述如左。

行政者國家因自立自存及保護擴張國民之有形無形之利益而達此二目的之行動是也（日本法學博士一木喜德郎氏主此說）

由是觀之。凡國家之行動關乎國家之生存及國民之利益者均在行政範圍之內。事無論大小地無論中央地方國家之行動不能有偏而不及之處故行政者猶之人身血脈之流通血脈一日滯則人瀕死行政一日廢則國瀕亡行政之於國家其關繫之重如此雖然行政之事至煩且重國家果以何者爲實施之方法何者爲執行之主體則所謂行政機關是已。行政機關之定義別無深意知行政之爲何物則可推而知之。吾請再演繹如左。

行政機關者國家因達行政之目的而組織之集合體是也

是故行政機關以達行政之目的爲要義機關之配合無順序則行政必亂機關之

四

設置不完備則行政必廢。今日世界文化進步。社會接近。國家之行政機關仍歷史上之沿革而不據學理以爲增損之標準則國家之行動未見其能適當者也觀中國今日之行政機關。其於吾所舉之定義果符合與否即不然其不符合之程度果爲僅少與否。吾願吾國民之一熟考而深省之也。

中國之行政機關。雖謂其無機關之資格。決非過言。日本某氏近日嘗著論言中國之不可爲而歸結於中國國民無組織的能力謂中國個人事業極發達而關乎國家之全局者則大都腐敗而不可問推其弊皆由不知集合體之原理而組織的能力欠乏之故觀中國之行政機關。其亂雜無序簡陋不備。使國民果有組織的能力其必不至任其自然以至今日無疑。某氏之言。觀中國之行政機關。可得一證。中國之行政機關其當初之設置乃支支節節而非統籌全局眞知行政之意義以求達。其行政之目的者也故國家必要之機關目前所不見其利者不知預先布置之理而冗散之機關雖知其無用而怯於從來之習慣則又往往任其重複而不顧機關之主體既如此則其事權之不一責任之不專蓋必至之勢也故由其原因結果事實上遂生種種之弊竇。今欲列舉其缺點。雖更僕數。猶恐不能盡其狀也。吾請但舉其關係最大滋弊最深諸端。概括以述之。

第一官職之重叠　如中央則軍機處之外。復有政務處。外省則巡撫之上。復有總督之類。

第二冗官閒秩之多　如大之九卿。小之教職之類。

第三候補官之濫　如候補京堂部曹道府州縣等。其人數幾較實職多至數十倍或數百倍之類。

第四事務官之不定　如各部之部曹。各省之佐雜。有事務官之性質。而時時升轉遷調之類。（按各國官制。大都分事務官政務官二種。政務官視其才識。可以隨時遷調。如有時爲文部大臣。有時爲內務大臣之類。事務官則往往終身其任。有勞績則加俸而不遷官。蓋非此不足以資熟手。官如傳舍。未有能盡其職者也。）

第五官吏之尸位　如一切公事。大都由幕友或書吏等把持。官吏無從顧問之類。

第六兼差之虛僞　如一大臣往往帶十數關防。率之毫無實際。徒供畫押之類。

以上諸端。特其最大而易見者。若分析論之。則雖累萬言而不能盡。而於今日、根本上之救濟、尚無與也。根本上之救濟。在取今日之行政機關。與行政法法理相對照。抉其缺點之所在。而謀下手之方法是也。中國之行政機關。從行政法法理上論之。其最相矛盾。而使行政之事務。不能得圓滿之行動者。約有四端。

其一、無統一之內閣制。內閣者何。政府大臣之總稱。行政機關中之總機關也。近世各國。無不採中央集權之主義。國家種種事務。自外交、軍事、數者以外。雖大都由地方自治。而無不受監督於中央政府。中央政府之主體。所謂內閣是已。故內閣者猶人身之有元首。而爲全國政務提綱挈領之所。國家之行政。其責任全在內閣。故內閣不可無一定之職員。而含有代表各種行政機關之原質。以日本而言。其內閣之職員爲內務、外務、農商務、文部、司法、遞信、大藏諸大臣。而統之以總理大臣。各國制度。雖間有異同。而其以內閣爲總匯之所。有代表各種行政機關之資格。則各國之所同也。今試反而求之中國。則軍機處、政務處、外務部、以及吏、戶、禮、兵、刑、工、六部。羅然錯雜。其間使人不知責任之在何處。首相不止一人。大臣幾無專職。互相推諉。互相擊肘故中央政府之不統一未有甚於中國者也夫以不統一之政府而欲統一全國其可得乎此於行政法法理最相背馳而爲中國行政不舉之最大原因也其二無公認之地方自治體國家之行政其事務至煩且重故宜以種種之方法處置之近世之國家大都分爲官治自治二種官治云者國家直接使官吏治理而直接以達其行政目的之謂自治云者國家以地方事務之一部分使地方之人自任之而間接以達其行政目的之謂官治機關即爲中央政府自治機關即爲地方公共團體自治制度之興蓋爲必然之勢全國之政務官治之力有所不逮則不得不求補助於自治故自治者所以濟官治之窮者也自治之利益德國葛奈斯脫氏 Rudorf von Gneist 嘗詳論之其最切實而簡明者有曰「知地方之實情者無如地方之住民且地方之利益其影響所及即爲地方人民之利益故關係最親切者亦無如地方之住民」此數語說理極淺而可謂得自治之真髓矣中國之行政偏於官治而不尙自治故僅有官治機關而無自治機關雖地方之紳士有時亦干預地方之事隱然有自治之現象然無一定之集合體無一定之責任權限以個人之資格

而行非以國家機關之資格而行也故得其人則事舉不得其人則事即廢棄而莫之顧問無公認之地方自治體有以致其然也中國之州縣地方數百里而僅以一人統治之識者慮其地方遼遠不能周顧不知偏重官治則雖數十里之地亦非一人之力所能及若參用自治則雖數百里或數千里由地方之人分治之而一人在上總其成綽綽然矣不此之務而日以地方之人治地方之事則易於營私舞弊乃至行政官吏亦必以風土異宜言語隔膜之人充當之卒之與行政之目的所謂謀國民之利益者乃大相反防其小弊而忘其大弊此中國行政機關組織之最大缺點而與行政法法理大相悖者也

其三、行政與立法司法之不分行政、立法、司法三權之宜分立。歐洲各國自希臘阿里斯德氏 Aristotle 已唱之。其後學者互相發明。益知其理之不可易今文明之國家無不採三權分立之制亦以見學理之不可誣也論三權之分立其最著名者為孟德斯鳩氏。Montesquen 其大旨曰。「使同一之人或同一之集合體。兼有立法權與行政權。則自由不能存。何也。同一之君主或同一之議會欲行專橫之政必定專横之法矣使司法權與立法權或行政權不相分立則自由亦不能存何也二權兼有則裁判官即立法者必有侵害人民生命財產之事裁判官即行政官必有壓制已甚之事也欲除此弊不可不採三權分立之制三權分立則國家必能得善法合國民之全部參預而成立故也且行政及司法必能得其公平各機關各行其所委任之事無破法越權之慮故也」其說如是孟氏之意蓋在防治者之專横而保護人民之自由使行政權與立法司法權不分則行政官吏之專制蓋必然之勢也不甯惟是行政之事務至煩重復以立法司法之事參雜之其不至叢挫者幾希矣中國行政之敗壞固有種種之原因而無如行政權不獨立之弊之甚也中國之法律一成不變故立法之事至少姑置不論若司法之事則雖巡檢典史所謂地方正任官者無不兼而有之諺曰「退任宰相不如現任典史」亦足見行政官兼有司法權之威權赫赫欲爲民害之易也然更自一面觀之則中國之行政官又至苦兼有種種之職務若求其實際雖竭日力猶恐不能盡其責至於職權之不全監督之衆多在在掣肘尤爲不能做事之大源因也是故三權不分爲行政法法理上所最忌而

中國適坐此弊。此機關之所以轉動不靈。而有生銹之慮也。

其四行政裁判所之缺如裁判所之宜獨立其原理諾氏之言殆盡之行政裁判所之制與尋常裁判所之命意同特其職司不同耳行政裁判所者司關乎行政法上之爭議而加以判決之特別裁判所也行政裁判所之目的可分爲數層(一)決定行政機關對乎個人或各種法人所行權力之界限(二)保護各人行政法上之權利(三)裁決個人或各種法人行政法上之爭議(四)督率行政法之實行以保護公共之利益凡此數端皆行政裁判所重要之目的一言以蔽之行政機關之監督是也中國行政官既兼立法權而其後又無行政裁判所以督之此所以專橫無忌人民之權利任其蹂躪而無所告訴也此亦與行政法法理相反而行政機關不完全之一證也。

以上四端據行政法法理以證中國行政機關之缺點其組織之不備即爲行政敗壞之原因而所謂事實上種種之缺點亦即由此構成欲講根本上救濟之策簡言之仍據法理以定其大綱而徐布細則以完成之而已矣其下手之方法至不一端。

而最要之精神則在處實事而不忘學理取文明各國之制度而推究其學理之所在其各國所公認之大原則則斷然實施之其各國所公認之大流弊則斷然革除之然後行政機關之資格無缺而行政之目的可達也今日言救濟之策概括論之可得二事。

(一)改革中央官制

(甲)設內閣制。(同時删除一切重複閒散之官。)

(乙)定行政官獨立之制。

(丙)增行政裁判所之制。

(二)發布地方自治制

(甲)改定地方行政區劃。(即改各省名目及境界之謂。)

(乙)設置地方行政監督官。(同時删除今日各種贅疣官如總督道臺之類。)

此二事實為根本上救濟之策不從此二事下手則中央官制不定不能保行政之統一地方自治制不行不能冀行政之普及今日增一官明日減一官支支節節究

無當於實際也至實行此二事其中一切細目則姑俟他日詳論之焉

（完）

論說

本欄爲同人自由發揮其其思想之地、不拘定格、而大都直接或間接有大影響於政治界、與尋常空論不同、

論公德

君武

公德與私德之別

私德者何。對於身家上之德義是也。公德者何。對於社會上之德義是也。論者動謂中國道德之發達。於公德雖闕如。而私德則頗完備。亦六之所陳。百儒之所述。似於私德已發揮無餘蘊矣。嗚呼。中國之所謂私德者。以之養成馴厚謹愿之奴隸則有餘。以之養成活潑進取之國民則不足。夫私德者公德之根本也。公德不完之國民。其私德亦必不能完無可疑也。歐美公德之發達也。其原本全在私德之

發達夫人必能愛名譽而後立身涉世乃有所忌憚不敢失節隳行寡廉鮮恥而中國私德之提倡愛名譽者闕如或反以好名爲大戒矣夫人必能愛權利而後能眞自治選舉議員無所私曲地方之事無所不治而中國私德之提倡愛權利者闕如舉一國之公權委諸政府一二人之手而國人遂茫然無政治之思想矣夫人必能愛自由而後其人格乃尊爲一國中之主人不爲一國中之奴隸而中國私德之提倡愛自由者闕如下則放棄其自由上則妄侵人之自由而中國人遂以能服從異種之令名著聞天下矣故私德之與公德也乃一物而二名也私德不完則公德必無從而發生若徒指束身寡過存心養性戒愼恐懼諸小節爲私德完全之證是乃奴隸國之所謂私德非自由國之所謂私德也（自由國固亦不廢存心養性諸節。而斷不能謂是能賅私德之全。）

公德發生之原因

公德之發生自人民知有公共之樂利始也野蠻未開化之民族止知有公共之樂利一身以外非所知也故野蠻民族之中斷無公德二字合成之一名詞吾中國固

非野蠻民族之比然所謂公共之樂利者其界甚狹其範圍常不出於一家族之外今之論者動謂中國民之無公德是固然矣雖然讀中國之歷史不謂吾國民之退化焉不可也蓋吾國民之在古昔固非無公德之國民也史稱文王之囿方七十里與民同樂又曰文王之時耕者讓畔行者讓路班白者不提絜負戴於道路此數者皆與今日歐美之所謂公德者同故吾國民公德之發達以在周文王時爲極盛然歐美之人民常爲主動者而中國之人民常爲受動者故中國之文明常可以君主之勢力進退之屢遇暴君之芟夷外族之侵犯則國內之文明可以掃蕩而無復餘此則我中國民之大恥辱也

公德之根本

培養公德之滋養料曰正直曰愛情而公德之根本則曰誠實誠實者不自欺而亦不欺人之謂也歐美之宗敎有大戒曰勿虛誑垂爲格言著爲大訓家庭之父母學校之敎師復諄諄然以此戒其子弟生徒焉故歐美人自幼時已養成其誠實純直之資格歐美之小兒出門遊戲已告其家人以五時歸至四時半則必飛奔歸家雖

遇如何娛目賞心之事不留戀也。夫自治力之根本曰誠實。惟誠實也。故舉人者不受賄而舞獎。被舉者亦不受賄而舞獎。甚至犧牲一身一家之利益以爲公眾焉。不誠實之國民決無自治力之可言也。

吾國之禮經曰。幼子常視勿誑。其言豈不善。然歐美既有勿誑之訓則務實行之。故能養成其國民之公德。吾國禮經之言徒爲人弋取科第之資料而已。故作五經題者苟遇考官以幼子常視勿誑命題也。則必能敷衍之爲洋洋大文。而試自問已爲童子之時。及已教其子女之時。有以勿誑二字諄諄然教其身體力行者乎。無有也。此其獘可以一言蔽之曰不誠實而已。

中國人尋常通信之自稱曰愚弟。愚之一字。法語曰「Fou」英語曰「Foolise」日語曰「バカ」。皆最不美之稱呼也。歐美人尋常通信之自稱曰汝之眞實不欺者。「Yaur Truly, or Your Faithful」亦可見其國人崇尚誠實之深切也。

東洋公德與歐美公德比較

嗚呼。夫誰使我中國之無公德至於如此極也。日人嘉納治五郎以「坐火車者一人占二人之地位而不肯讓人」一爲中國人無公德不可以自立之證。嗚呼。是特其小焉者耳。吾欲舉中國人無公德之舉動以著於書而有所不忍。爲親者諱而有所不敢。雖然愛國者喜言國人之長。愛國者喜言國人之短。吾竊附於愛國之義可乎。

內地無論矣。即以上海一隅言之。上海之割讓於外人。吾國人莫大之羞也。居上海之中國人。不能自設立政治而受治於外人法律之下。吾國人莫大之辱也。居上海之西人。等我國人於犬類之下（廣大之洋房及花園、常有告白曰、犬及華人不得入）吾國人有能忍之大德。故常受大辱而不驚。雖然吾國人固自有取辱之道焉。上海之例。道路側不許便溺。公園之花草不許毀傷。公共之建築不許汚穢。是豈非公德之所當有事乎。而吾國人之干犯此等禁例受其科罰者。固日有所聞也。

不觀於歐美諸國乎。雖幼穉之童子。下等之愚夫。未有在道旁便溺者也。未有毀傷公園之花草者也。未有汚穢公共之建築物者也。夫豈必時時有警察以守護乎。而人民既有公德。則自愛公共之樂利。守公共之禁戒。而不敢犯。（日本之治不及此。東洋人之公德固不能及西洋人）

也。夫公花園者人民同樂必要之建築也故歐美各國雖窮鄉僻邑莫不有之若建一大公花園於中國而無警察以守護之乎則不旬日而花草已折毀無餘便溺充滿之而臭穢不可近矣言念及此痛心曷極

歐美平民之公德

歐美公德發達之原因即歐美之人不僅愛其一身一家之樂利而愛公共樂利之故也人群之生活乃快樂的而非愁苦的也一身一家之樂利其界甚狹其味不長故必合之公共而同享其樂利焉乃雋永而有味也

歐美各國固莫不有其特別之國風至其國民之品位及風格則莫不登乎高尚而愛重公共之樂利故白人足迹所至之區莫不有公花園跑馬廳打球場圖書館博物院大旅館公會館等之公共之建築焉

茲畧舉數事以爲歐美平民公德發達之證

歐美各國之中尋常通用者爲電車馬車而乘用之客皆重公德車中有單列明車價有篋收納之乘客自按單納價不須營業者之請討而自不敢相欺且乘降之時

井然有序老弱者及婦女常居先壯者後之故人數雖衆而無逼塞不通之患先至之壯者見有後至之老弱者及婦女無坐位恒起立以讓之

旅店及飲食店者公共聚集之所也尤可以顯示公德焉歐美之旅店華麗雅潔匹於王宮入其中者居有定所寂靜無譁飲食店亦然美國人士彌時 A. Smith 嘗詆中國旅店之喧囂黑暗且謂中國之旅客常有與犬豕雜居而不嫌其臭穢者吾固無詞以釋此惡評也

歐美各國之公私會極多會者皆按時而至無稍差池者會中列坐長幼以序出入昇降亦長幼有序皆公德發達之明證也

歐美官吏之公德

官吏者被選舉以辦民事而有必不可逃之天責者也其名則爲官吏其實則爲奴僕故既爲官吏之人則不當僅事其一身家之私事而當鞠躬盡瘁以事其一羣之公事焉

英國有某氏者任國務大臣重職之時忽國中之生計界上生激變股票之價將暴

落。某氏之父固大富人。有股票極多。於未暴落之前。問其子以現在經濟之情形。其子素重職務。雖明知股票價之將暴落。而不以告其父。其父因是資產大損。殆將傾產焉。此英國人正直重職務之證也。其視我國官吏之借官攫財者。相去遠矣

中國人有恆言曰。公爾忘私。國爾忘家。其言豈不美乎。然因中國人之無誠實也。故常能言而不能行。雖極美之言。亦徒用之為作文之資料。口頭之談柄而已。吾未聞無誠實之國民而能進化者也。

歐美商賈之公德

歐美商賈之大資本曰誠實。而金錢次之。

歐美各國之例。凡欲買品物者。以一紙書投商店。則商店自按期送品物來。而買者自以價償之。以倫敦論之。凡是倫敦之市內。苟同一品物也。則必同一價值。未有此商店估價八先令。而彼商店估價九先令者。所謂不二價也。中國商店之所謂不二價者。徒裝飾門面之語而已。

歐美各國之商店。常有陳設商品而無一人在商店守視之者。每一品物。標明價值。

買者按價償之則自取去此可謂公德發達之極矣使其在中國則若是之商店誠不能一朝存在也（按中國尋常之人雖多輕視誠實商人則多不如是此中國人之商業所以尙能立足於競爭之地球也日本商人多無信用視中國更不及）

歐美富豪之公德

中國之大富人常爲人之所憎歐美之大富人常爲人之所愛蓋中國人之旣富者惟知多置妻妾廣營別業而已歐美之大富人常擲巨金以營其羣中之公共慈善事業蓋中國人只知一身一家之樂利而歐美人常以公共之樂利爲樂利故也

北美合衆國之各省若大小學校盲啞學校貧民病院養育院孤兒院之屬其數之多至不可數大抵皆私立也其費用多自其國中之慈善富人籌捐之

世界有名之大富豪羅司切爾得者有別莊甚多羅氏或以之爲農業實驗所焉或以之爲工業試驗場焉聘專門之學者及技師居於其中以最優之俸金供之學者技師旣羣集則注其全力以專敎學術遂得甚多之大發明焉國人莫不受其利益而感其德惠故羅氏之名望日隆也

大抵歐美之人苟生計稍裕則必投其餘財以爲公共慈善之舉而其注意者各不同如甲注意於孤兒院乙注意於盲啞院丙注意於貧民院丁注意於圖書館各有專門之嗜好焉吾國亦非無慈善之事業也閩與諸省善堂林立然其所舉行者乃在惜字放生諸末節是因民智不開捐金者之心惟知貪圖冥報而非真有利羣之公心此其所以爲無益也

歐美行路者之公德

美國人士彌時 A. Smith 曰中國人不知所謂路權也 Righa of way 路也者人民最貴重之公產也宇內文明之國莫不以修路一事爲行政上之一大問題雖糜巨金而不惜務使行人便利而無雨水泥濘之患焉中國不然任通行道路之污壞無一人過問經理之者偶遇雨潦即不可行且道路之旁常有數席以售品物設架以沽飲食者佔去道路之大半行人逼塞不堪不寧惟是道路兩側常盈便溺臭氣薰蒸發爲疫癘雖謂中國爲製造病人之天然大工場無不可也

歐美各國之道路莫不務求寬濶清潔中間行車而旁行人往者由左來者由右并

然有序，而不紊亂，行路之人，遇有老弱者及婦女，則皆遜讓之。故往來之人數雖極多，而常無擁塞之虞。國家歲收人民之賦稅，皆還以治民事，而非干沒之以自私。故歲有巨款以修道路，既極寬闊，又極清潔。行路之人不敢妄吐痰涎，蓋恐有肺病者傳染之於他人也。

歐美小兒之公德

凡欲養成國民之公德，必自其幼穉始。故小學校之教師者，造出一國國民之匠人也。其職任至大，無可比。中國之人多不知其關係之巨大，妄以粗通文字之少年及腐敗老朽之學究，爲蒙學教師，教以極腐敗之蒙學書。（五言詩千字文之屬、固腐敗不堪、近年新出之蒙學新書、亦絕少善本、因無宗旨也、）使其醉心科第，溺情富貴，是皆斬絕吾國民公德之快鎗利劍也。

歐美之小學，皆教其青年國民以普通易解之知識，而尤務養成其誠實純直之資格。故歐美小學堂考試之時，雖遇如何難解之題，小兒皆自發苦心以思索之，不一請其兄姊之代作也。

道旁之花果公園之鳥巢，雖至幼無知之童，無敢毀傷折取之者。毀傷折取者，則父毋戒之。朋友責之。故歐美人之公德皆自幼稚之時養成誠實不欺藹然仁愛歐美公園之禽鳥常見童子而不驚飛冬日大雪禽鳥無所得食童子擲麪包屑飼之皆飛翔來集焉。

法人馬龍 Malan 所著之冬日雜咏。L' liver 有咏小兒飼鳥之事。其詞曰。

小鳥喁喁將覓食兮。Petits oiseaux, pour vous repaître,

嚴冬閉藏靡所護兮。en vain vous cherchiriez ungrain

翔集窗櫺無所怯兮 venez sans crainte a mafenêtre.

鳥兮飛來此麪屑兮。Petits oiseaux, voici du pain.

公衆建築物

凡宇內文明之國莫不有公衆之建築物焉。如公花園圖書館音樂堂動物園之類皆是也。凡文明國民之對公衆建築物也莫不表深切之敬愛入其中者恭靜肅穆遇一切陳設之物器珍重愛惜無敢妄以其手觸摩之者。盖肆意汚損公衆之建築物必致他人之不快斵損公德莫過於是故歐美之人對一切公衆之築建物莫不愛之如己所有而不敢偶一汚損之。夫汚損公共之建築物。乃下等野蠻未開化人所爲也。

即以圖書館言之。凡歐美各國。無論都會或村鄉之間。皆設有圖書館。不問貴賤男女。偶有閒暇。則往圖書館觀書。視此爲身心性命之大樂。無論何人。皆許入館。來者自取圖書而自讀之。閱覽既終。復納之於原所。大圖書館中每日來集者輒數千人。然館中所藏之圖書。決無破損紛失之處。書中精巧之圖畫。無割取竊去之者。蓋人皆以是爲公共物。苟竊取公衆物或損失之。皆爲不義而大犯公德。圖書館中有閱覽室。閱覽室中無高聲誦讀以妨害他人者。出入之人。下氣歛抑。不聞謦聲。此皆歐美國民公德發達之現象也。

公德及政治思想

痛哉。日人尾崎行雄之論中國也。其言曰。支那人無政治思想。故其國中無適當之法律。人民無自治之能力。而常易爲異種人之所征服。支那人蓋最善於服從異種之人也。觀於上海可矣。上海之西洋人待支那人。常等諸犬類之下。而支那人恬然

不以為羞反趨集上海若鶩焉。見今年正月之東洋經濟新報、

嗚呼吾國人之無政治思想既已為宇內達人之所同認雖有百日不能辯也夫公德與政治思想二者最有密切之關係者也無政治思想之國民焉知有公德哉

日本人某遊學於德意志數年歸語人曰吾在德國遊學之時偶與一下宿屋之老嫗談話此嫗日操家事齷齪不堪及與之語及國事則津津有味能詳道日德兩國海岸比較之長短及軍艦比較之多少歷歷如數家珍焉嗚呼歐洲人政治思想之發達至於此極宜其稱雄世界而莫與京也

惟政治思想既普及則公德自然發生亦惟公德既發生而後地方自治之制度乃能確立而不可搖動苟不然者聚一羣無公德之民而日與之謀自治未有不賄賂公行貪污僨事者而欲保固人民之權利難矣

培養公德之法

欲培養一國人民之公德舍教育外無第二法也教育者改鑄社會之機器也

教育者一國之魂也日本邇年以來教育事業可謂發達矣英人某著論論日本教

育之獘。謂日本學生多讀斯邁爾之自助論。而多受其害。遂致日本青年之學生。無遠大之思想其思想多在他日爲富商大賈可致多金而已。誠日本國運前途之憂也（見今年正月日本每月之教育時論英文論說）嗚呼日本如此吾中國則何如吾國雖日日言開學堂日日言與新學而莫非標明奴隸之宗旨敷衍奴隸之學問與舊教育無絲毫之異以致全國之內奴隸充斥夫奴隸既充斥於國中則其國爲奴隸之國此其國之所以可侵可攻可裂可亡也欲其國之不可侵不可攻不可裂不可亡則莫如使其國中之奴隸變爲國民是非施國民之教育不爲功矣

日本當明治以前其國中之一切文物制度莫非自中國來者。中國實日本之母國也。今其國人乃多詆中國人之缺乏公德者夫日本人之公德其在今日。固萬不能及歐美。而視中國則實遠過之。蓋日本之教育家既深知日本國民公德之不足莫不諄諄然以養成其國民之公德爲教育之要點至於今日。既稍奏效矣由此觀之。欲培養國民之公德舍教育外固無第二法也

英國人赫德曰中國人乃天然無公德之人也其人有遊學英國十餘年而後歸者。

及在海關供事。則貪污溺職。與其國中尋常之官吏無少異。吾深思其故而不可得。豈中國人固天然無公德之人民乎。此則吾之所斷不敢信者。嗚呼。竊願與我同僚之青年學生一雪此恥也。

（完）

學術

本欄爲本報中堅之部、同人所謂政法學界之燈、其光即大發於此、所謂學問獨立時代、亦將由此歷練而成、實本報之大本營也、其門類如下、

第一類　政治

第二類　法律

第三類　經濟

第四類　歷史

第五類　哲理

政治

立憲論

耐軒

緒言

法人包爾 Paul cottin 之言曰二十世紀中必無專制政體立足地 Il n' y a pas la monrrchie absolue dans la XXe siecle. 斯言而爲實驗的豫言也吾固爲中國前途慶斯言而爲理想的空言也吾又爲中國前途懼

夫自十八世紀以來民權自由之風潮靡漫於歐洲大陸法蘭西首爲發難覆王政昌民權演成空前絕後之慘劇所謂七月革命 La revolution du juillt 二月革命 La revolution du mer. 之餘波播及歐土比利時感之謀脫荷蘭統屬而成獨立政治叛旗一舉全國響應卒屏荷蘭而完全之主權以復英吉利感之而國會改革議起卒從改革黨之言而新內閣之組織以成日耳曼感之府民陳情請開國會殆

國民軍直撲宮禁。遂日王夏來司 chals 迎立其弟。而議政院以立瑞士憲之憤國會之爲貴族也。任官之限門閥也。裁判之依豪勢也。政社蜂起謀改憲法。卒覆寡人政府易而爲平民政府。伊大利感之。乘羅馬法王維亞司 viace 之喪。叛羅馬。布告全部數羅馬以不公政治之罪。召集代議士。組成新國會。而伊大利合衆之局以成。

綜觀各國反動力之起。莫不間接直接受法國革命之影響。而其希望則皆在欲去武斷偏私之秕政。使人民得參預政事而已。故其爲勢也。有如萬馬奔濤。一瀉千里。而君主之勢。則有如破曉之孤星。熒熒無光采。以此遇彼。直摧枯拉朽耳。假令其時有一二賢君主。知其勢之不可遏。順而利導之。譬之駕扁舟於大洋。苟駕駛有術。容詎不能完全於驚波駭浪之中。而特惜當時之君主。明知天之所廢。而猶冀徼倖於萬一也。悲夫。迺者風潮東來。駸駸然有席卷亞陸之勢。日本利用之。而幕府覆矣。王政復矣。憲法立。國會開矣。雖其憲政之幼穉。不能頏頡於歐美。然政治上之組織。憲法上之大綱。無不合於萬國公認之法理。自明治二十三年有國會以來。國勢驟進。內政秩然。豈非明效大驗哉。吾中國其亦將興起也乎。

然吾聞謀國者之言矣曰立憲政體非吾國固有之政體也又曰憲政立則民黨盛而君必退處於無權矣又曰憲政立則民黨興而貴族將無遺類矣噫爲此言者之昧於時勢暗於事機無論矣試略爲判斷而其言之迷惑可立破夫吾國政體 La Regime 號稱專制然以法理論之亦不能爲純然之專制蓋專制政體之政權必操自君主一人而中國則大權旁落天子坐擁虛名矣專制之中央機關必嚴且備而中國則離散隔閡無統一之希望矣其他種種可論之處更僕難數夫以專制政體爲今日文明之公敵已不能平等於數多國而況並專制而不足言則其爲無政體之國無容諱言矣無政體則不能不謀新組織謀組織不能不取法多數國之公例此一定之理也若謂他國之先例不能合吾國之習慣則試問輪車也火器也郵政電信也種種事物無一非來自他國而吾何用之便物貴適時政亦何獨不然吾中國研究西學數十年維謂彼所長者技藝政事所非所長也職此之由而得今日學西學之結果今日而尚不悟其直無可救矣此其說之不足據一也夫共和之與立憲其異點在民主與君民共主既曰共主則民參其政君綜其成各有權利各負

義務各國憲法上制定之權限雖互有差異其大歸旨則莫不同一立法行政司法三大權皆主分立立法之權授之於民（即民間選出代議士議政於下議院是也）立法部議定之法律經元首裁可然後下諸所司之行政官（即內閣臣）使遵行之行政官若欲有所與作則陳其意見於立法部必得其決議而后可司法之權則別委之於裁判部元后則依憲法之所定而綜攬一切統治之權至皇室則別定典範沿其本來之慣例以定繼承攝政諸大端以保尊嚴以杜他患故爭奪篡殺之禍罕有見於立憲國者以視勝國與朝君王末路求爲匹夫而亦不可得其榮辱何如哉此其說之不足據一也貴族與平民其激爭之最烈莫過於十八世紀之法國法國襲羅馬之獘政貴族僧侶握全國之最高權所謂平民者幾等牛馬奴隸故其爆發力亦獨烈其餘各國鮮見其例日本幕府時代非亦區貴族士族平民爲三等乎當時之不相容至矣以理想推之則幕府既倒之後所謂貴族士族者其必爲平民殲滅盡矣而孰知其有大謬不然者然亦曰東洋之人格固卑下也則試進觀於英國英國非所稱爲立憲之祖國乎而其貴族院之議員自皇族大僧正公侯伯子男以及蘇格蘭愛蘭之貴族代理其有

六百十五人之多與庶民院分擔立法之責任然則貴族之與平民苟非有固結不可解之大隙其必不至不能相容也明矣此其說之不足據三也

今日者萑苻不靖遍於江湖革命之機伏在眉睫而天下喁喁望治之國民莫不知東西立國之原理國家爲國民之公產國民爲國家之分子休戚相關斷不肯漠視而置之不議不論之例設於此而不爲之謀彼爲生命家室計必將起而自謀亂機一動則法王路易之覆轍可寒心也且時勢侵逼外人勢力之及於吾國者日甚靡論條約讙爲保護外人之券裁判已成永久混合之局甚至干涉我內政干涉不已則繼以要求種種不法行爲莫不施之於吾國彼之所以輕我蔑我至於此極者蓋目我爲無法律之國無權利之民耳彼知我國民之與政府必不能幷力合謀也乃敢昌言曰『得支那不難得政府斯得支那矣』嗚呼以智力靈敏腕力強大之國民挾其民族之勢借我政府爲間接的殖民機關以遂其蠶食狼吞之陰計而政府不之察罔思依賴外人而不思依賴國民抑何彼之巧而此之拙有若是也夫由前之說內訌之可虞如彼由後之說外患之可慮又如此及此而爲固本培元之計或

猶足以自立不然上下之猜疑愈甚即內外之劇烈愈深鷸蚌相爭徒爲漁人之利耳吾願有國家者一深省之

顧或者曰吾國之變法以極力模仿形式爲宗旨者也彼見夫東西文明各國之爲政莫不有憲法固亦將東塗西抹學步效顰而預所謂憲法者矣若然則吾尤懼焉夫憲法云者非可制之一人下之萬衆如尋常一朝令已也必也成法取之各國草案創之法會可否決之萬庶而后予以裁可勒爲成典非故爲若是之愼縝周詳也不如是不足以言成立不如是不足以期久遠何也欲使人民盡擁護之義務不得不與人民以公認之權利唯公認故生服從唯服從故不生破壞抑憲法者權利之契約而人民之堤防也故下必求之而上必靳之靳之愈甚則求之愈急故始以死力求求而得之則必以死力守求而不得則或更用其死力以作進一步之想而激烈之手段出焉是故激烈者和平之反射也始而激烈者必終以和平和平者激烈之原動也和平至極者必反生激烈更在對付之爲何如耳觀各國憲法成立之歷史而后知當時之君若民之衝突莫不由於憲法其後君若民之交驩亦莫不由於

憲法。然則憲法也者。豈獨利於民而已哉。百年宏遠之計。亦胥於是焉卜之。孟子曰。是不為也。非不能也。又曰。求則得之。舍則失之。吾願有國家者。知民族之大可恃。風潮之無可遏。須憲法開議院。大行改革。公此政權。則或可不見干戈。而奠國家於磐石。若我國民。則當知人民之有無權利。悉視其政治上之能力為斷。其能力強者。則其得權利也亦厚。其能力弱者。則其得權利也亦薄。準此能力以求權利。以豫備為二十世紀吾國之國民。亡國於斯。興國亦於斯。時哉不可失也。作立憲論。

第一章　政體

第一節　政體之起原及其分類

上古草昧未開。榛狉相處。無所謂人類。更無所謂社會。所謂人者。去禽獸無幾。迨種類漸繁。智識漸進。於是進而知衣服家室。再進而知男女夫婦。再進而知父子家族。家族盛而長幼之心生。其長而強者。自然受尊奉。假威權以號令其幼者弱者。幼者弱者則畏服之順從之。尋至一族之人。莫不畏服順從之。而長而強者之勢力。遂足以支配一族。而族長之政治生焉。其始也。威權祇及一族。迨種類更繁。家族更盛。各據形勢以分疆界。而部落之勢以成。相爭之事亦起。種與種相爭。刦奪侵掠無已時。於是必於已之部落中推一卓越拔羣之人以爲主。賴其武略。以防他族之侵奪。以保已族之安寧。而族長之政治。乃進而爲酋長之政治。已人莫不欲平等。而強弱相爭。爭之不已。必相殘賊。殘賊不已。而強者愈強。弱者愈弱。於斯時也。則必有雄才大略之一人。出而謀一統。衆方厭亂而畏強也。而彼乃儼然以一人而號令天下。而酋長政治。一變而爲君主政治矣。此政治進化原理之大要也。

邦國建。君位固。爲君主者。乃移其威暴之力。專注於國內。利其民之愚也。而束縛之。壓制之。假神道以愚弄之。而專制之政體。自形而成矣。其後人智日發達。社會日進化。更得多數學者之研究唱道。乃共知專制政體之不合於公理也。於是以反動力促政體之進步。而政体乃謀改良矣。

國家與政府相合時代。則政體之種類。等於國體之種類。政府既與國家分。則政府之機關。必極複雜。其種類必不能與國體相一致。蓋國體之分類。祇須從數學的原則定之。政體之分類。則必視政府諸機關之性質。及政府與國家相互之關係而定之也。

歷史家黑魯道德 Herodotos 始別政體爲三大類。曰專制政體 Monarchie 曰寡人政體。Aristocratie 曰民主政體 Democratie 其後學者競論政體類別之原理。衆說紛起。互有異同。至近世英儒奥司卿 Austins 唱以主權定政體之說。頗得學者之贊同。奥氏之言曰。主權者。一國之最高權也。其必要之條件有五。（一）全國普及（二）恆久持續（三）單獨唯一（四）最高政權（五）所在確定是也。主權之性質若此。約言之。則主權在一人者。謂之一人政體。主權在二人以上者。謂之數人政體。今更就此二大類別爲五以明之。

- 政體
  - （甲）一人政體（即君主政體）
  - 數人政體
    - 少數政體
      - （乙）寡人政體
      - （丙）少數共治政體
    - 多數政體
      - （丁）民主政體
      - （戊）君民共治政體

(甲)君主政體。其主權統歸君主一人。故立法行政司法三大權。混合不分。凡國之大綱。皆君主獨定。宰相公卿。不過爲其輔弼之臣。如俄羅斯及吾國是也。

(乙)寡人政體　或云貴族政體。其主權在國民中特別階級少數之人。尋常人民不得參預政權。中古之伊大利及羅馬希臘全盛之時。皆此政體也。

(丙)少數共治政體。其主權王與貴族分掌。王亦不過占主權之一部分。惟較大於貴族耳。如英之索遜及那曼其例也。

(丁)民主政體　民主國既無王。亦無貴族。其主權在全體之國民。而選舉大統領。委之行政權。選舉代議士。委之立法權。而大統領與代議士。皆代表國民之主權者也。如北美合衆國。法蘭西是也。

(戊)君民共治政體　君主貴族人民。相合而掌主權。人民選代議士於下議院。掌主權之一部分。君與貴族。亦掌主權一部分。此於政體中最爲平等。故又名平權政治英國行此政體。其最發達者也。

(未完)

四〇

法律

論法治國

亞粹

緒論……法治國之由來……法治國之內容……法治國之効果……結論

國家治亂之所由分可一言以蔽之曰秩序之整否而已矣故觀於一國見其土地闢田野治人安其業物得其所則其秩序之整者也斯其國治否則其國亂法律者國民行爲之規則而所以定此秩序者也無法律則無秩序而其國不可以一日治故無論何國既有治者被治者之關係則莫不有所謂法律然同一法律之名而有出於欽定者有出於公定者欽定者爲君主一人之意見雖名爲法律而實無異命令以其可自由改廢也此種法律雖亦可維持秩序然其力甚薄因非出自衆意不免有抵抗者之興起也公定者爲國民全體之意見或直接參與其事或選出代議士使代表衆意公定之後非經公衆再行議決則不能改廢也此種法律惟行於立

憲國人人所公奉之法即其所公定之法無貴無賤莫不受治於法律之下有權利有義務亦皆以法律爲界限而不能溢取或倖免以法爲治故法即治治即法是之謂法治國

法治國之制度雖今日始盛行於諸國然考其嚆矢則在西曆千二百十五年即英王約翰發布大憲章 Magna charta 之歲也英國之立憲政治實肇基於此而他國之立憲政治皆其後取法於英者故亦可稱各國立憲政治之嚆矢也大憲章中有云「非照法律不能迫害人民非由公議不能賦斂租稅」此實今世憲法之所徵引而法治國之淵源也雖其時社會幼稚立法不能如今日之完備然其立法之精神則固無所異其後經千六百四十八年及八十八年之二次革命而立憲之基礎始固法律之條文亦大備由是法治國之模範遂出現於世各國人民見英人之因立憲而得平等自由也愈自憤其政體之不善加以各國碩學之游英而歸者盛稱其制度之優美於是各國人民奮思進取或革命或獨立及其終局莫不倣採英制建立憲政此法治國所以盛行於今日之由來也

專制國所謂法律大都專指刑法而言故法網疏闊則天下稱治至謂有治人無治法夫使刑法以外不必有他種法律則懲戒得宜犯罪自減其功誠在於治人而不在治法然而人類相互之關係固不僅在犯罪與否一端夫人人有應得之權利有當盡之義務其關係複雜非類別而詳定之不能盡其用也彼刑法者不過懲罰人之不盡義務者及侵害他人之權利者而已至人有何種權利何種義務及其權利義務之關係如何則非刑法所能備載也自專制國一變而至法治國法律之思想大進而其條文遂日加完備於是因權利義務之關係而類別法律為左列六種。

(一)憲　法……定統治者（君主或大統領）與被治者之權利義務者也。

(二)行政法……定分治者（如中央行政與地方行政）與被治者及分治者相互間（分治者相互間）之權利義務者也。

(三)刑　法……定犯罪者與被犯者之權利義務者也。（被犯者有昭雪之權利犯罪者有受罰之義務）

(四)民　法……定被治者相互間之權利義務者也。

(五)商　法……定商人與非商人相互間之權利義務者也。

（六）訴訟法……定原告者與被告者之權利義務者也。

以上六種。爲法治國組織之要件。互有相倚之關係。苟缺其一。則餘者爲之滯澁不行。此外。尚有所謂國際法者。以定國家相互間之權利義務。然在今日。此不過各國默認之成例。尚無協定之明文。他日世愈進化。國際之猜疑盡泯。或至各國共同一致。定爲完備之成文法。則國際法之効力。亦與國內法無殊。凡人皆有遵守之義務矣。法治國之內容。既如前所陳矣。請更言其効果。夫有憲法則統治者與被治者各有應享之權利。當盡之義務。兩不相侵。而國本斯固矣。有行政法則官不能濫用職權以自私。民亦不能違反命令以自便。朝政鄉治。互相聯絡。而機關斯靈矣。有刑法則犯罪者知所儆懲。被犯者得以昭雪。社會無破壞現象。而秩序斯立矣。有民法則民間事事物物。各有當循之規則。無論智愚强弱。皆不能有所異同。而人權斯平矣。有商法則交易一準信用。不能有虛僞之跡。而實業斯興矣。有訴訟法則原被告得各盡其情。不致有隱蔽之患。而刑罰斯中矣。凡茲所舉。特不過其効果之一斑。至其理法。則千條萬緒。非茲所能詳也。

要之法律者國民行爲之規則而安定社會之秩序者也蓋秩序所由安定乃國民公守規則之結果故國民行爲之無規則者則其秩序必亂或不顧規則而主張極端之自由或不知規則而安受不當之束縛一則惟知有權利而不知有義務一則惟知有義務而不知有權利兩者不能融合則秩序自無存立之餘地抑思社會者斷非偶然相值之物乃人類互相需而成立者也故個人除對於一己有自營之權利復對於社會有協助之義務彼徒知有權利者則無協助之公共心是謂放棄公德而徒知有義務者則無自營之獨立心是謂放棄人權夫公德所以維繫社會之組織而人權所以保衛社會之分子二者之作用雖不同而於存立社會則一致苟放棄其一者則社會之秩序安有不破壞者乎吾人既知權利義務之不可偏廢則於法律之重要自不言而喻蓋權利義務之實行非藉法律之强制力則不能必公衆之遵守也既知法律之重要則於法治國之重要更不難索解蓋法律之効力實在國民之公認而非在法治國則國民無公認之權也故國民而不知權利義務則已耳苟其知之則法治國之建立其可不努力耶其可不期成耶

(完)

四六

經濟

財政概論（歲入之部）

亞粹

第一章 緒論

第一節 歲入之意義及與歲出之關係

國愈進化則其政務愈繁而所需經費亦愈鉅此財政之原理無以易也經費必有所自出故國家不可不求收入之途且歲必有計以定其額是所謂歲入也歲出之增加以國家進化之程度爲標準而歲入之增加又以歲出增加之程度爲標準是皆無固有之限制惟以比例數推算之耳然量出以爲入固財政上之常軌而當民力疲敝之際則又宜量入以爲出蓋一則爲發達國運起見故不妨取多一則爲休養民力起見故務宜取少所謂因時制宜二者皆不可偏廢彼各國財政之伸縮皆莫不取決於此二者以爲調和之方針獨我中國之財政則殊有與此正相反者此

所以國運既未見發達而民力又不能休養也蓋我國當甲午之役以前財政雖不甚裕而民力尚堪負擔使當局者果有發達國運之決心則正不妨量出以為入舉凡張軍備振庠序整吏治益民生等大政皆可措之實行而無患經費之無出雖一時加賦之餘或不免重斂之謗乎然不數年間國家各種之機關完備而民間之事業遂易振興斯時也吾知必有反謗為譽而交口稱慶者矣惜乎當局者類多食古不化之謬墨守量入為出一言縱有急務良圖亦概諉之經費無出而不憚坐視他國之專美由是荏苒蹉跎遂致國運於萎靡不振此失之量入為出之偏見而不知發達國運之為急也甲午庚子以來內訌外患殆無虛日國債償金以億萬計司農理財無方惟事橫征暴斂一若民脂民膏儘可予取予攜而不足顧恤者噫此又失之量出為入之偏見而不知休養民力之為急也難者曰民力雖極疲敝然國家必不可緩之款項苟非取之於民勢將焉出曰民哉民哉然同一取之於民有有償而取者有無償而取者前者謂之有償收入如官有田林之產額及郵便電報鑄幣製鹽等官業之收入民間使用之代價也是已後者謂之無償收入如租稅是已有償收入雖多亦

不爲害以其與民力爲正比例此增彼亦增也無償收入則斷不宜過度以其與民力爲反比例此增則彼減也今我國民所號苦者乃無償收入之過度也是宜以有償收入補救之必也大興農林鑛工商等官業以圖養民富國之源則苛斂可以不行民力可以蘇復而量出爲入之弊自絕矣

第二節　歲入之原則

國家之歲入其種類較歲出尤爲繁賾其理法較歲出尤爲精密故財政學之所論財政家之所策亦往往詳於此而畧於彼足見歲入之關係重大矣夫以種類繁賾理法精密而關係重大之歲入而漫無原則以範圍之則其紊亂舛誤更何待言若我國今日之歲入是已然則欲救斯弊惟有確定原則推之實行庶乎綱舉目張而無左支右絀之患所謂原則可分爲三類曰均賦之原則曰交換之原則曰營利之原則試分述之如左

(第一)　均賦之原則

國家者公衆之集合體也國家之政務即公衆之事業也故國家之行爲惟以謀公

衆之利益爲主個人之利害所不能計也亦不必計也何則個人對於國家有犧牲其一己之利益而顧全公衆之利益之義務也是以國家之無償收入如各種租稅皆當全國同率而不准有畸輕畸重之制雖國民有不免因此而苦負擔之重者然文明之國民重視納稅之義務故寧自倍勞以取足而不欲仰求國家之減輕此歐米各强國所以屢見增租而不聞國民之求減也

（第二）　交換之原則

國家之政務雖皆爲公衆之利益而設然個人有因此而受特別之利益者如訴訟者得裁判之利益專利者得許可之利益此等利益雖公衆亦隱沾其餘澤然直接受其利益者厥惟訴訟或專利之當事者夫如是則裁判或許可之費用除取償其一部於公衆外更令當事者償其餘之一部固亦持平之道矣國家所取償於當事者之收入謂之有償收入如訴訟費許可費等類皆因與之交換利益而得者也

（第三）　營利之原則

前二原則皆因國家之政務與國民之關係而生惟此原則則不論此關係國家與

私人立於對等之地位經營特種之財產如貨幣軍械郵便電信鐵道鑛山等官業以調和國民生計上之競爭而獲得國家財政上之利潤且此種官業之收入愈豊則國家之經費愈裕而無償之收入遂可減少是亦休養民力之一法也近世「國家全能主義」盛興官業之範圍日漸推廣其勢遂及於國外者爲殖民事業實地經營者雖爲私人而指導保護者則爲政府是亦爲國家營利之一特種而最宜於今日生計競爭之世界者也

第三節　歲入之類別

國家之收入可大別爲二類曰經常收入曰臨時收入是也經常收入云者照例按時以納於國庫之財貨也臨時收入云者其時無常其額不定以納於國庫之財貨也按通常之類別而舉其例則租稅官業等之收入謂之經常收入公債償金等之收入謂之臨時收入而有特別之事實時則此區別不能劃然兩分即當財政紊亂之際累年募集公債而公債變爲經常收入或一時增徵租稅而租稅變爲臨時收入然此究不過事實上之一變例而非理論上之通則又如以經常收入充經常支

出以臨時收入充臨時支出此亦理論上之通則而當財政紊亂之際則此界限亦有難免混淆者所謂事實上之變例也夫歲入之類別由理論上之通則言之則如彼而由事實上之變例言之又如此則吾人當何所適從乎曰凡學問當先求其理而後其法通則所應用者理也而變例所應用者法也茲吾人當先究其理故仍從理論上之分類別爲經常收入及臨時收入二種而述其概略如左列各章焉

第二章　經常收入論

第一節　官產收入

官產亦稱官有財產乃國家私權上所有之財產也私權云者其處置之權限與私人之財產（即民產）同或交易或讓與而要以利殖爲目的故人民欲利用之者必償其相當之價値如寄函必出郵費發電必出報費是已官產之意義如是與所謂君有財產及國有財產皆大有差別君有財產者君主世傳之財產其額有定別於官民財產但能自供取求而不得交易讓與國有財產者國家公權上所有之財產所以供國家公共之用而不得交易讓與及取償價値者也國有財產可大別爲二種曰

一般之國有財產曰特別之國有財產前者之例如河川港灣等類其本來之性質爲公共所有之物且各有使用之權利而不得加以制限也後者之例如砲臺軍艦等類其本來之性質雖亦爲公共所有之物然其使用之權利則有特別之制限而不得委之於公衆也至若官有財產則既非如若有財產之世傳專有亦非如國有財產之公共享有惟以國家私權上所占有之殖產財源爲有償收入之殖產事業或交易或讓與與私人之殖產同其權限不過其所得專以供國家公共之用非如民產之除供租稅外尚有自潤之餘利耳官產可分爲二類曰官地曰官林請分項述之如左

第一項　官地

（第一）官地之管理法　官地管理之法因時與地各有差別可分爲三類（甲）直接管理法（乙）委任管理法（丙）承佃法

（甲）直接管理法　此法曾盛行於古代國家即使其官吏直接管理農產物之生產及販賣而收其利益於國庫者也此時政務簡單農業亦未發達故行此法尚無

甚弊害而今則各國皆廢棄此法因農業發達之後技術最貴熟練非關係疏闊之官吏所能勝任且當政務多端之際官僚必需增加農產之收入有限而管理之費用不貲出入難償故不能不廢棄此法也惟模範農場及農事試驗場爲農業上必不可少之行政機關故仍歸官府直接管理而已

(乙)委任管理法　此法由受委任管理者年納一定之額於政府其收穫逾額時則以一定之比率納其若干於政府乃一種之包租法也此法曾實行於德國以其無効而廢止其故因受任者短管理之智能乏充足之資本遂至所得不償所失云現我國之官地亦有行此法者然受任者往往與官吏互相結托隱其收穫之實數以營其私曲或官吏貪目前之私利苛斂耕種之人致農民則逃避農業則荒廢其弊害不可勝言故此法不適用於今日者也

(丙)承佃法　此法爲現今各國之所通行而三法中之最良者也按此法乃由政府豫定承佃者應納之佃價而招募民人以耕作之既可節省經費勞力又有一定之收入且承佃者與佃地有利害與共之關係自少損害地力之虞有是數益而無

少損宜各國之採用此法也惟承佃法有大小二種大承佃法之耕地歸於少數之承佃者徵特有妨多數農民之獨立且事實上有類委任管理法之嫌故不若從小承佃法使耕地歸於多數之承佃者俾無紛佔壟斷之虞則善美交盡矣承佃法又分爲定期及世襲二種定期承佃法之期限不可過促使其投下之勞力資本足有收益之餘地而後可否則承佃者對於其耕地無久遠之關係而有消耗地力之虞故在官地最多之德國其期限以自十年至二十年爲常其在日本則以二十年以上五十年以下爲期然期限無論長短滿期將近之時承佃者勢不免有枯竭地力以節經費之傾向故英國定例補償承佃者改良土地之費并制限肥料秣草等之使用及佃地以外之耕作德國又定特別契約之承佃法即於佃地以外復貸以各種器具家畜及房舍等而承佃者則於佃價以外復當納付保證金也世襲承佃法者承佃人得永久耕作其地并傳及其後嗣復於一定條件之下許其受授於人而當官地售下之時彼得有先買之權此法經時代之變遷其佃價雖不免有搖動之弊然少枯竭地力之虞且無監督經費之累而又得一定之地價此其所以得與定

期承佃法并採用於世也。

（第二）官地存廢問題　官地之利害如何。即存廢問題之所在也。此問題尚在學界研究之中。有主存置者。有主廢止者。而皆各有其長所與缺點。欲下一論斷。殊非易易。茲姑並列存廢兩說。備研究家之抉擇焉。

（甲）官地廢止說

（一）由財產上觀之。其收入並不見多。此固由官吏事業之不親切。故少効果。然亦由政府管理方法之煩雜也。

（二）官地多則民地少。於國民生計上。不無妨害。且農業之發達。須運用周密之技術。然此不易行於官地。是以由生計觀之。官地宜改歸民有也。

（三）官地之害及於政治上者。即議院權力之被制也。蓋歲入若多出於官地。則政府勢必蔑視議院之財政監督權。且當選舉議員之際。政府不難干涉承佃者之投票也。

（乙）官地存置說

(一)廢止論者雖舉官吏事業之弊。然官地、殊不必政府直接經營。苟代以長期之承佃法、則此弊自去矣。若夫經手繁雜之非難、則對於地方殊非的論。且國家或地方團體募集公債之際、官地實爲其取信之基礎、而況土地之收益、生計上有漸次增加之理。苟欲維持政府之利益、尤不可不保存乎。倘一旦售爲民有、是不啻以國家久遠之利益、供個人現在利益之犧牲矣。

(二)廢止論者以官地爲有害國民生計、然此種非難、不難以適當之承佃法除却之。且政府領有土地、尤便於行適當之承佃法。或有時售出小區域之地、以應社會政策上之需要。至論者以官地爲縮小民業、亦非確論。蓋官地若歸民有、則租稅勢必加重、其妨害國民生計、恐較之官地尤重也。

(三)廢止論者所謂蔑視議院云云。此視政府當局者之公德心如何而定。不能一概歸咎於官地之有無也。至干涉選舉之點、則行普通選舉之國、無此患也。即不論此、而政府於軍事上及行政上、多需土地之用。倘土地爲政府所有、則其便利爲何如乎。猶有加乎此者、則官地之收入豐餘、可藉以補助皇室費之不足、可免加稅之煩累也。

右二說雖各有一理然既無非廢止不可之論據亦無非存置不可之理由故殊不必強為購入或故為售出惟因時與地適用其宜其或有當乎

官地售出（售歸民有）之際其方法當若何不可不豫為研究茲舉其要點如左。

當國家有非常之急需如籌防戰等費之際或至不得已而售出官地然此際之售出甚不相宜因戰爭之時土地之價格概係低落且若一時售出巨額之土地則其價格必更為低落故當此際寧募集國債或增徵租稅以應之俟事平之後生計復舊銀根鬆動然後徐待時機售出土地以償還國債如是則既可維持國債之信用又可保持土地之價格有一舉兩得之利焉至售出之部分必擇其於政府不甚利便者或足資調和社會之生計者而其區域必當劃為適當之小分以防兼併之弊而便小戶之需又納付售價之時期方法當為購者謀其方便并宜作為臨時歲入以充臨時費為要因售價有一定限制不能供無限之經常費也惟經常費中之存特別限制者如公債費等則不妨以之補充此例外也。

歷史

拔都別傳（續壬寅年譯書彙編第十二期）

汪榮寶

先是合丹及速不臺率第四軍。從其豫定之計。晝自達郎西里瓦尼亞進軍。越布爾格斯（Burgas）間道。經摩爾達維亞入匈牙利。所過殘破。行經森林中。凡三晝夜。遂達番丹府。大舉攻之。府民嬰壁死守。合丹察其難陷。乃陽退示弱。以窺其懈。府民窺敵兵撤去。果置酒高會相賀。合丹諜知之。引軍掩至。一鼓拔之。進擊匈牙利大都蝸拉丁（Waladin）勢如飄風。城竟陷。縱火焚之。全都皆燼。

尋合丹以所俘俄羅斯人欽察人及匈牙利人。編爲一隊。別令蒙古兵隊督之。使當前敵。圍勒巴府。欽察人有欲離遁者。蒙古兵自後斬殺之。殘酷備至。

於是土民皆逃匿山谷間。齎貨家畜。悉任蒙古兵之掠奪。時値收獲之期。蒙古兵糧乏。合丹欲誘土民使出。乃令曰。若即歸家。吾赦若。否則大蒐山谷。盡殺乃止。土民信

之相將歸蒙古兵營護之令收禾穀比業終聚而殲焉兆奔氏嘗記此慘狀云

有一僧得免於蝸拉丁之袋（爾時蒙古兵殺人割其右耳貯之大袋故云）者記其所目擊之災難云攻城野戰屠戮之慘不忍言矣雖逃走伏匿者不能免其毒手爾時蒙古兵告士民之潛伏者曰汝曹歸家吾不汝虐其安輯汝生士民信而歸者皆使收穀類摘蒲萄比事終遽爲所屠云

既而秋至拔都乃令全軍屯營休兵時出分隊擾鄰疆合丹率之別部冬入奧大利至國都維也納近傍渡多瑙河堅冰圍格蘭（Gran）城苦役囚虜積柴壕外上架大砲及投石機亂射城壁遂破其一方肉薄鼓譟突入破口即時城陷於是匈牙利中堅牢第一之名城粉碎於蒙古兵一擊之下據年代記者言合丹之達多腦河也天寒河冰顧不知其堅否乃留馬匹及家畜於河堤而自引退越三日對岸士民窮蒙古兵之不在渡河竊馬匹及家畜以去於是合丹確知其可渡乃令全軍渡河尋蒙古兵轉戰闍亞利弗哀利府將席卷奧大利會太宗窩闊台凶訃至乃解圍去以故多瑙河以西其被荼毒者僅一小部亦幸而已矣

合丹所部。既攻陷格蘭。及得太宗之凶訃。欲牽制敵軍。乃追擊匈牙利王伯剌。長驅入斯加拉窩尼(Sclavania)過哥羅瓦西亞(Cloatia)至克力薩(Clissa)圍之先是伯剌避蒙古銳鋒。走泊勒司貝而克。更赴阿格拉姆(Agram)聞合丹來攻。倉卒率部兵走達爾馬西亞(Darmatia)尋徙斯波拉多(Spolato)暨特勞忠(Trau)尙懼蒙古兵之追躡。匿亞得亞海(Adriatic Sea)中一島。據兆奔氏說。是時匈牙利都府城砦。其免於蒙古兵之攻擊者。僅三所而已。

伯利既進退失措。惶遽不知所爲。與親族相謀。欲携錢貨航遠洋。既而合撤營引兵向上達爾馬西亞。至耳拉孤薩(Ragasa)府。侵喀達洛(Cataro)進襲特力之斯托(Drivasto)蘇亞基島。屠戮居人。掠奪貨財。經塞爾維亞。與拔都軍合。

爾時東羅馬帝國。聞蒙古大軍之進襲。震動戰栗。俄羅斯人之逃走者。至瑞典。傳警報。波羅的海及北冰洋沿岸居民。皆大動搖。風聲鶴唳。相驚以蒙古兵之至。詭歐洲自八世紀亞剌比亞人侵入以來。未嘗有全土震恐。如是役之甚者也。

太宗凶訃既至。西征諸王相會。議班師之利害。拔都極論班師之不利。曰今我軍連勝。敵衆汛薨都、無闘志者以此時長驅進擊、全土平定不待期年也速不臺以爲不可。曰今大王於族屬爲帝兄子安得不往諸王宿將皆贊速不臺議、乃集諸軍就歸途、遂次。拔都以事與貴由爭、有隙、

窩闊台之殂也、遺詔以曲出（太宗第三子孟卒）之子失列門爲嗣、時察哈台以帝兄故。任喪主、先使太宗后脫烈哥那臨朝攝政、復召集諸王大臣會議定繼嗣、皇后脫烈哥那。心欲長子貴由即位、通意于諸王大臣會、拔都與貴由有隙。且怨立貴由非太宗意、及是托病、足不肯來會。太后遣使者慰諭之、還延累年、終不進、太后不得已。與察哈台議。不俟拔都之至。遽開會議。是爲千二百四十六年、距太宗之殂五年矣。於是就喀剌和林東部揭揭察哈之野、張大幕爲會場、預會者自宗室諸王以下及諸國之使臣、凡二千人、尋議決以貴由爲大汗。行即位式。

先是羅馬教王因諸堅特第四。視蒙古勢盛。恐且盪滅全歐。乃使高弟約翰。與從僧一人。詣薩萊。（在窩瓦河下流爲拔都國都）奉書請和、薩萊人送致之本國、及是預列大會。獻所齎教王書。

上帝之臣僕、教主、因諸堅特告韃靼王及其有衆。於皇上帝布列群神於宇宙使之和諧而無失序動植群品皆秉其彝則而安其族類惟人亦然余聞汝曹入侵諸奉基督教之國殘破其城邑猖狂妄行不知所屆鋒刃所加不擇老弱男女余甚駭愕余順上帝之則日望人類歸於太和是用懇告汝曹自今以後其戢汝凶德不復虐殺基督教徒汝曹既觸上帝之怒無可疑矣惟當懺悔以減汝擧凶人之在此時或邀倖免然怙終不悛則大罰必至吾今遣吾愛弟約翰等奉贄詣王庭以達吾意約翰等皆正直守義深通聖經主之君臣聽從其言必當有所裨益故擇以充使王請以禮待之視猶視我共議修好之事且詳侵寇他國之故與自後王志所在

時乃斯特力于僧徒在和林者甚多。貴由既即位。乃命諸僧以拉丁文作答書。並副以蒙文。

上帝之所佑護、人類之共主、貴由汗、答大教主。汝使者奉國書至。現與我議和。吾聽使者言悉來書之意汝曹果欲罷兵則汝教主及諸帝諸王諸牧長皆當親來

請和。不容躊躇。吾則告以吾意矣。汝書勸我奉基督教。然吾不知其何故當奉也。汝書又曰。汝聞我殺戮基督教徒。駭愕。此何足駭愕。若曹背上帝之意。逆成吉思汗之命。用邪謀殺吾使者。是以上帝震怒。命我殛之。悉以諸國臣附於我。人力不至此。惟上帝之所命。汝西方之民。自稱上帝之徒。蔑視他邦矣。然上帝之所眷顧。果安在哉。吾邦崇敬上帝。故將依其祐護。平一宇內。無間東西。吾曹亦人也。非有上帝之祐護。將焉能爲。

定宗(貴由)立之翌年。名將速不台卒。拔都遣使會葬。千二百五十一年。定宗崩。拔都會宗室大臣。議立拖雷子蒙哥。元史兀良哈臺傳曰

己酉。定宗崩。拔都與宗室大臣議立憲宗(蒙哥)事久不決。四月。諸王大會。定宗皇后問所當立。皆惶惑無敢對者。兀良哈台對曰。議已定矣。不可後變。拔都曰。兀良哈臺之言是也。議遂定。

是時廷議不一。覬覦神器者。且謀亂。定大計。弭大變者。惟拔都是賴。蓋其威望所繫。有足多也。

拔都之再歸俄羅斯也定都于嶲瓦之下流名曰薩萊國號金黨以統馭其所征伏之俄羅斯及他部赫然爲一大國世謂之金黨汗國式曰欽察汗國

方拔都侵入歐洲時使其弟昔班汗率族黨十五万略鮮卑(今西伯利亞)昔班占有鄂畢江及葉尼塞河間廣土治今托波兒斯克朝貢金黨及北京傳襲三百年握此地之主權而風俗則同化于薩木葉特(Samoied 北冰洋岸民族之名)云。

金黨之政治悉川元制汗爲專制之君主其下有元老會議事無大小悉以諮之爲汗輔弼始謁汗者必用薩滿之禮跨火誓無二心否者有刑人民皆負擔租稅有毛革稅有貨幣稅國民亦皆有服兵之義務其軍衛頗發達軍隊悉以騎兵編成分十人百人千人万人各有長編左右兩翼置前衛本隊前拒前哨等臨戰則先弓矢後短兵刑罰有笞放鋼折族等制以拷問爲判决雖貴族不能免俄羅斯諸侯之受嚴刑者亦有數人云。

金黨之版圖跨有吉爾吉思西部、裏海西海間地及高加索山、阿速海、黑海、及多瑙河下流之廣土其民族不獨蒙古韃靼人及今哥力米之諸喀伊斯人而已兼含有伯底乃北人、波爾佛伊人、現今喀爾米克人、及巴斯吉爾人諸族、自餘如土爾古曼人現今之阿斯達拉干人及芬人等、亦爲組織金黨之分子云。

金黨汗從屬于蒙古大汗（即元帝）、貢獻弔賀以時。國家有大事。國使參會拔都薨、至別兒哥時。以忽必烈纂立、滿懷叛志、僅貢方物而已。其後元室衰微、彼此關緊遂絕。自是金黨爲一獨立之汗國。

拔都之創國也。務招致屬地之諸侯。使之來朝。俄羅斯諸侯。皆恭順奉命。朝覲黨地。拜伏帳下。蹈火設誓。瞻禮偶象。其屈辱有不忍言者。諸侯之首先赴召而至者。斯達爾公耶羅斯拉夫。拔都嘉其先至。命爲諸侯長。自是諸侯爭詣黨地。朝謁惟謹。獨幾爾尼古勃公米哈伊爾。秉節不屈。蓋拔都信薩滿教。常然聖火於帳前。異邦人入朝者。則先令僧徒導詣火間。頂禮偶象。故米哈伊爾不能堪。拔都多方論戒之。卒不從甘爲耶蘇教。故受死刑云。

千二百六十六年。即元世祖忽必烈中統五年。拔都薨。拔都性豪邁。有雄略。用兵如神。不可端倪。如攻烏拉的米爾時。乘大公之不在。批亢擣虛。兵不少頓。又如盡殺大公軍於錫弟河上。及其舖之役。皆有風雨飄忽莫能方物之勢。『鐵木眞帖木兒用兵論』（俄國陸軍中將伊瓦寧著日本參謀本部有譯本）云。方拔都進逼諸弗哥羅近傍相距僅二百俄里忽棄其所企之方略捨諸弗哥羅北斯哥（Pskov）斯摩棱斯科（Smolensk）等富饒之市場不顧斷然引陣而去。可謂能洞察危難者也。何則。方春氣暖諸弗哥羅多源林谷澤不利進兵又近府之水草不適於生長原野之馬匹以是飼馬不能無馬疫之虞重以大軍皆由騎兵編制曠日攻圍不能無糧匱之患故也』由是觀之王之深謀遠慮蓋可見矣。

王居案雖以溫顏接人而目光烱烱如炬。見而知為威信之主。又其自奉雖極質素。而遇賓客甚厚。至其敬宗室撫諸侯。元室王族中未有能與比肩者。自王生時與和林交通使命未嘗有間。外國使臣有進見者必先遣詣和林。謁大汗其恭順如此。以是朝廷亦頗倚重之。有事必以咨詢。俄羅斯諸侯及西歐諸君長亦皆感其恩威。多心服者。惟征討之際。窮肆虐殺。是其平生之爽德也。今據諸史家之說及太西之口碑。而尋其逸事。則多有足以使人悚然戰栗者。試舉其一二。埃弗巴阿地、喀羅勃拉德者烈治替之一勇士也方蒙古軍蹂烈治替時此人遠遊未返道聞本國之急則晝夜兼程赴難比至而國既破城市蕭然惟餘焦土伏屍纍纍糜爛蔽野此人慷慨悲憤率所部若干擣敵軍之背奮擊突戰殲蒙古一驍將遂布羅衛率與所部困死重圍中

自拔都來侵百五十年之後各有游敎河上流者其道『昔聞韃靼軍所過之境都市悉遭焚掠野無青草村無人煙道路廢壞田園荒涼今吾遊敎河始知傳說之不我欺也嗚呼昔之豪邑名村肥田豐圃點綴于兩岸邱陵起伏間者一朝爲蒙古兵所蹂躪於今百五十年尚風物蕭索但見廢墟而已』又伊羅維斯基之俄羅斯史。記爲拉的米爾不守之狀其慘淡之況有使人掩卷閉目不欲卒讀者其略曰『蒙軍擣虜城兵無守圍之暇有名之堅城碎於咄嗟之間侯妃率其戚族與僧官貴族市民等共匿神母升天寺蒙古兵斬關突入殺市民奪財貨又大侯侯妃匿樓上一室中悉爲蒙古兵焚死

伊羅維斯基氏。又言『拔都締造金帳之後。布丁口稅則。收斂甚苛重。收稅官率大

兵。所在强制聚斂。加以戰餘之殘敗。都會之凋落。田園荒穢。民多爲奴。其慘不可名狀。幸拔都不復移殖俄國之中部。又不侮奪諸侯之權。不禁絶耶蘇教。故後世得以恢後獨立云。』

自餘史家所記。有類是者。則鐵木眞帖木兒用兵論云。『成吉思汗於歸附納款者。則令結約遣質。籍其戶口。而以蒙古之官吏主其政事。使納國產十分之一。家畜每百賦一頭。以充貢稅。人民每十人則出一人。以備公役。』然則拔都所布之稅則固當以是爲率。而兩者相較。頗復異同。蓋記當時之事者。多出俄人之手。其述拔都之殘酷。要亦不能無過甚之疑也。

拔都以不能平定全歐爲畢世之憾。數圖大舉。常以宗族之紛擾。若國事之叢集。不果。千二百六十五年。決意再征。議先滅東羅馬帝國。略有君士坦丁堡。東與不賽因汗。旭烈兀（成吉思汗第四子施雷之子。封地自楚剌散。阿富汗斯坦。印度河。與都克士山。至高加索山。阿付臘底士。阿都花剌子模。號不賽因國。亦曰伊爾汗國。爲蒙古四大汗國之一。）併力滅回教王。且收海上權。遂以席卷全歐。惜未及出軍而歿。

拔都之病也。薩諸教會徒主新。聽外人進降。彼自知不起。即之遺命立其子薩里答。

論曰。凡含生之屬。有國有家者。則曷嘗不受外侮。困辱戕殺。然或奕世不復。宛轉臣妾之中。或一成一旅。克復餘燼之下。受禍有同。而要終各異者。意以創深痛鉅。彼惟天亡前。洗後揚。此亦維命歟。蓋安危利害者。其亡所以忽焉。困心衡慮者。既蹶終以再振。然則恆河之上。無復吠陀之聲。薩桑之宮。終滅祆教之火者。豈有他術。將惟自致而已。觀蒙古之所以辱俄者。亦可謂至矣。馬首所指。則城郭為墟。烈炬一灼。而萬夫併命。或流離山谷。終殲厥生。或僵死砂磧。儕為枯腊。厥角稅吏之庭。屏息氈幕之下。當此之時。求為狗馬。猶不可得。豈意夫山河再秀。墟緣成都。使既撥之質。復挺童童之姿。數鍛之羽。重有垂天之日乎。是知昔之顛沛者。固將以為福。今之隆隆者。又焉知其後也。蓋不撓不躍。既維物之通論。欲仁斯至。亦在我之自求。衰興倚伏。緊豈有常。鍼膏起廢。抑猶反手。若乃室家既毀。不廢恆舞之蹈。堅冰方至。未有禦寒之術。此則辛有所以痛哭於伊川。先師所以陳戒於焦爛也。

（完）

哲理

加菩提之意加尼亞旅行

社會黨巨子

君武

十九世紀歐羅巴之大競爭爲君主與人民之競爭即政治之革命是也二十世紀歐羅巴之大競爭將爲資本家與勞働者之競爭即社會之革命是也

社會之所以當革命者何也以一機器喻之苟此機器之運動不靈不適於用是必其體件已壞之故而猶謂此機器當一仍其舊不須修理不可得也以同理論之苟一社會之福祚不均災禍屢見是必其組織不善之故而猶謂此社會當一仍其舊不須改造不可得也此社會主義所以大盛於十九世紀之下半期也

社會主義者改造社會之新模範也社會黨人者改造社會之新匠人也社會黨人之學說最新奇而最易移動人之神經者莫如德縣司摩兒之華嚴界（見譯書彙編第二年第十二期）及加菩提 Cabet 之意加尼亞旅行 voyage to Icaria

及加加善提曰縱覽古今萬國之歷史其現象爲何如我思之我重思之是亦惟無序惡德罪過戰爭革命屠戮戕殺災侵禍害諸凶德而已嗚呼豈社會天然之結果固當如是乎我思之我重思之是社會組織之不良也是社會根基之不平等也欲救其弊非改革現社會之組織而變其不平等以爲平等焉不可

加善提又曰立言者衆矣教主之所倡使徒之所傳古教會之所攝凡百哲學家之所宗其說雖甚長乎而皆可以一言蔽之曰圖人羣共同之樂利而已

嗚呼既往之社會沈沈陰霾既如彼矣淺識之士遂多謂人間必終無完全平等的社會出現之一日所謂完全平等的社會者終屬哲人之美麗夢想中之一境而已

加善提曰是不然乃著「意加尼亞旅行」一書以辯證之。

加善提者法蘭西之一大思想家也生於千八百一十五年卒於千八百七十六年。當加氏壯時拿破侖第一既敗路易腓立自爲法國王加氏以倡共和主義之故不見容於法國遂以國事犯之資格被放逐而居於英倫以悲天憫人之心處去國離鄉之境懷才抱志而不得展加氏之抑鬱悲愴可知也。

既而加氏讀德脈司摩兒之華嚴界。翻然有悟。遂一變其向日所主持之共和主義爲社會主義以爲共和主義者不過進於社會主義之初級耳其言曰苟宗教家及哲學家所共主張之學理不謬而圖人群共同之樂利一語不可駁則予之意加尼亞旅行一書終將爲世界人民之好模範無可疑也巴伯夫 Babeuf（法蘭西之社會黨生千七百六十四年至千七百九十一年被殺死）以爲非用破壞手段不能行社會主義予不謂然社會主義者固亦可以辯論勸喩之法傳播之

由是之故。故加氏以小說體著意加尼亞旅行一書。以鮮麗之彩色繪出普通平等社會之實景。

意加尼亞旅行全書之主人翁。即英人卡里司達爾 Carisdall 蓋加普提之著此書也。托名爲卡里司達爾之游記。是游記共分三段。第一段爲意加尼亞國土及人民之詳細情狀。第二段爲意加尼亞之歷史。第三段爲意加尼亞公衆樂利建立之原理。

意加尼亞者。最豐沃之一樂國也。國之西南有大山如帶繞之。西爲海。東爲大河。意

加尼亞國分建一百省地境之長濶民數之多寡皆略相同每一省分爲六團每一團分爲六鄉農舍鱗次秩然有序每一省有一中心聚點之廣市市有街衢白廣濶而徑直光艷而奇麗無愁慘之象僻怪之色如吾儕集居之邑市然無嘈雜之音喧暴之聲如吾儕通商之港埠然形形色色凡與人耳目相觸接者無所不宜艷麗四圍能使人歡文學之藝百工之技莫不畢集宮室之建築盡極優美公衆紀念之碑塔多至不可勝數卡里司達術曰美哉觀乎街衢之麗宮室之美山水之佳公衆建築及國民碑塔之豐華公園之雅適予遊乎其中魂爲之奪目爲之眩心爲之醉其海岸之側有邑名泰拉脈 Tyrma 者尤爲奇麗中之最奇麗觀止矣回憶故國不禁羞愧而汗流浹背也

意加尼亞之工場及農舍莫不雅潔華麗過於歐洲各大國之王宮秩序井然力作者以歡樂而非以勉強也卡里司達兒曰意加尼亞全國之中幾無一寸之曠土原隰芸芸皆以青綠之穀麥覆之葡萄蔓延園亭關關名花滿之小林夾徑村市如畫豐草之場滿以牛羊山谷之間滿以農夫道路修平不紊秩序綠樹夾道菓實離離

雖極靜僻之鄉村亦莫不有極雅潔之街衢極宏敞之花園焉

意加尼亞無不力作之人無不服而歡喜於力作之人或問曰然則亦有惰人乎曰一國之內惡俗而既成也則改革之心必雄善俗而既成也則改革之亦必甚雄意加尼亞之俗凡一人民皆須力作其視不力作者卑賤鄙劣與吾曹之視盜賊無異故語意加尼亞人以英法諸國多盜賊惰人之事意加尼亞人必驚疑而不肯信也意加尼亞之人民必較之世界之一切人民爲最高尙無可疑也意加尼亞之國土必較之世界之一切國土爲最高尙無可疑也

意加尼亞之教規極單簡而不拘於分派兼包而幷容其政府爲公共所組織其官吏由公衆所選舉凡改變政府黜革官吏之事一惟人民之意是從焉

意加尼亞之國中無產業無貨幣乃至無買賣一切平等其力作也爲公共之故其取食也自公共之所國中之一切工場皆其國人之公產也其國人皆有自然人之幸福公共享之以爲是乃作公工者所應得之報酬也

意加尼亞之人民莫不各備夫公德及私德故無嫉妬心無怨恨心無衝激心無擾

亂心無爭鬪心無掠盜心無殺戮心不寍惟是且并不知此等名詞是何意味焉政府之官吏莫不默守夫天職而不敢稍放棄順從夫民意而不敢稍違背刑罰審判諸事乃意加尼亞古昔歷史上之事而今日已絕迹矣意加尼亞人之作工也如己之所能而量擇一業快活歡喜而無煩惱凡其國人莫不整秩序敦親愛崇德行享福利風俗都雅性情敦重智識高尙

加菩提之作此書也乃務與法蘭西之現社會相反異而企圖其能速改良也當此之時魯易腓立白爲法國之王法國之內無論上等社會中等社會下等社會莫不汚下殘虐極不平等政府之與平民相去懸絕富者自私自利而遺貧者以不可受之苦難相忌嫉怨恨而不相親愛也

意加尼亞旅行一書既出世大爲世人之所歡迎平民之困於飢貧久矣忽聞有一新社會焉人人平等資本家與勞働者權力齊同無所主奴豈不喜乎故意加尼亞旅行既出版後雖至苦賤之工人亦莫不合徵資以買其書而讀之夫意加尼亞之社會乃幻想之世界乃未來之世界其誰不知而世人既飽嘗現社會之苦惡舉動

荆棘視聽尙促而試一魂遊新社會之光景覺樂園固不在天上而在人間亦慰情聊勝無也

雖然加菩提者不惟能言之人而實亦能行之人也加菩提旣失敗於本國則與其親信友人去之亞美利加欲實造出其理想中之世界於玆土斯時也加菩提之心雖幼而身則頹然衰矣老驥伏櫪志在千里烈士暮年壯心不已加菩提之慷慨悲憤爲何如

加菩提之旣至亞美利加也無權勢無勇力徒恃其至大之忍耐心及至堅卓之不自私利心逢人而說之雖被感化者不乏其人而卒無赫赫之成功雖然加菩提之理想新社會雖未出世其悲憫天人普度衆生之苦心亦已至矣

亦有讀意加尼亞旅行而遂眞信世界上眞有此國土者多駕舟出國以尋之烟水茫茫島嶼星星莫非蠻族之所居禽獸之所宅草屋數椽老樹迷徑而求所謂意加尼亞者渺然不知其在於何處

加菩提常曰予之區區苦心旣不爲國人之所諒而飄然出國放流轉徙雖然使予

而一日存在世間也，則予所懷抱救濟人道罪惡之菩心，終無一日而可忘。日後一日愈確信人種未來之幸福無窮，而今人莫不有開拓未來文明之責任，不可放棄也。

加菩提之籌畫既不就，以其渺渺之一身，與社會之等等逆境相搏戰，既終不勝，以千八百五十六年頹然失望，退居眉蘇里 Missouri 遂死於此。

嗚呼，加菩提一生高尚之行為及悲慘之命運，必足當後世人之崇拜痛惜無可疑也。加菩提者，實平和之社會革命家也。彼以為苟欲實行社會之主義，以強力不如以勸諭，故終加氏之一身，未嘗與強暴之破壞舉動。嗚呼，世人患無一定之目的耳，既有一定之目的，而達此目的之手段，或以激烈，或以平和，其道固不必相同也。

加菩提以為今社會不平等之種種現象，皆古昔野蠻時代之遺風也。野蠻時代無所謂公理者，強力即公理也。故其人之最有強力者，常能得最大之幸福，而盡免夫力作之勞。於是喀私德 Caste 之制興，有握特權而治人者，有為奴隸而治於人者。以至于今，雖極文明之國，亦不免有不平等之制度，為強凌弱，衆暴寡，不循公理，惟

風俗之是倍嗚呼是豈非今世社會之大黑影乎

請言天理請言人道夫人羣之同居於此世界者固莫非同胞之兄弟也故人人平等各有其義務各有其天職遂各當享受物質之幸福而得其利用惟因政治及社會之不平等也遂以少數之人壓制多數之人多數之人勤勞力作而少數之人安然坐而享其成功豪縱放恣無所不至是豈得謂之爲天理乎卒之富者之惡果爲自私爲頑野爲貪汚爲無厭而貧者之惡果爲忌嫉爲恨惡爲怨妬是豈得謂之爲人道乎誠欲免此惡果也則惟有一法曰革除保守私產之制而建立財產公有之制而已是不能不望諸教育家及立法者心知社會主義之善而發大心以徐圖建植之除遺產授受之制使勞働者不獨肩力作之重任而社會中之產業及工作皆公同分配焉加諾提之目的如是而以爲是斷非忽然一度之破壞所可致而必俟人民莫不瞭然其明其理而後可也故加氏常以爲社會主義者乃人羣將來自然必至之結果雖社會之變遷如何遲速難決而必有公產公工之一日焉此則理勢之所必至也

加菩提曰。社會黨人而誠欲改革社會也則不可不先改革自己自相和親敦睦而示世人以絕好之模範使反對者自然心服恍然知社會主義之於世人固無所不利而爲保固公共幸福必要之具也則孰有不歡迎社會主義者乎

加菩提以爲五十年後社會主義必盛行於世人人圖公共之利益而箇人主義者將爲世人之所永棄而不復道生產供給莫非公利服從公律無歧異者羣之幼稚受公教育如其所學而授以事勤事盡職者受公敬仰及年而息復將其產業交於品東 Pantheon. 品東者蓋加尼亞之西敎師而司理產業授受之職者是也

加菩提之言其終不可行乎不平等者天然之例也世間一切萬物無不平等者必才不等地位不等以至一切皆不等故盈宇宙間皆不平等之現象也應之曰不平等者天行也平其不平乃人治也人世之患莫大於任天爲治任天爲治之弊止於助桀而爲虐是非賴有能自治自克而抱慈悲心之大仁者力投天行之險惡毅然以其身爲一世之大防務矯任天爲治之弊而平其不平焉則人道或幾乎息矣

按列子之華胥國陶淵明之桃花源皆與此等學說最相近然泰西人既立一言。

則必求其能實行於世。而死後幾。故能建立社會主義。而握今世莫大之權力。列陶之徒。放言自恣而無實行其主義之心。故世人亦止以游戲文章讀之而已。此則誠可嘆也。

（完）

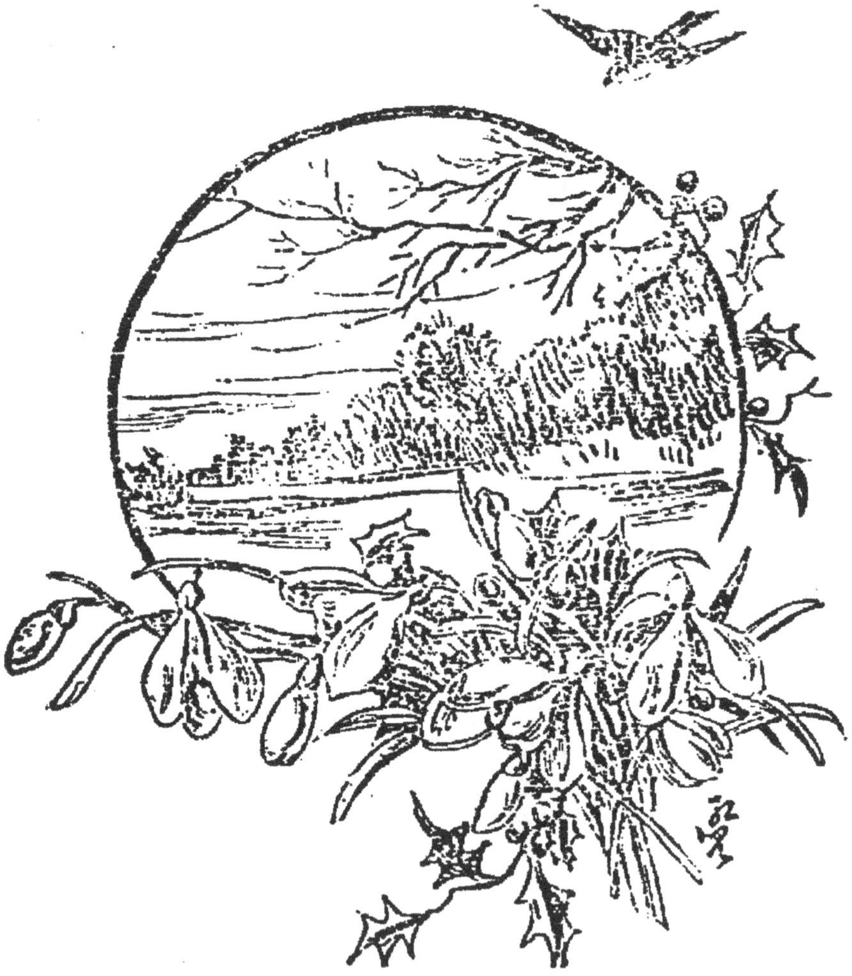

八二

訪問

本欄爲本社員訪問日本諸大家所得一切有益有趣味談片或爲經歷談或爲時事問題均足爲先進導引後進之助實爲本報之特色

日本法學博士田尻稻次郎氏談片

攻法子

田尻氏爲日本著名經濟家現任會計檢查院長兼法科大學教授甲午之役氏適爲大藏次官經理財政使軍資無乏以功得授男爵氏爲人精明刻直而外貌極謙謹崇尚節儉敝衣粗食與書生等居恒出入未嘗坐車社員往訪導入書齋齋甚狹小而四壁皆圖書氏以身葬其中怡然自得也其公事鞅掌而猶不廢學如此社員以中國貨幣前途爲問氏乃言曰中國貨幣之制實爲一大問題但余未至中國故不能知中國之實情如何妄爲懸斷世人於中國種種問題往往憑一二耳食之語以爲吾已知之其實欺人而又自欺而已快一時之談論而不顧事之能實行與否余所不取也惟國家貨幣制度有一定之原則悖此原則即陷入極困難之逆境此不可逃之事實余嘗畧述之今日世界各國均用金本位惟中國及其他墨西哥一

二國爲銀本位故今日銀價大落中國受其損害不淺欲救此弊非改用金本位不可此爲不易之理但以余之意見本位問題於今日中國尚嫌太早蓋本位問題者爲貨幣制度已定者而言中國尚無貨幣制度遑言本位不過空談而已今日中國所急者在豫備改用金本位豫備之法如何謀貨幣制度之統一而已世界各國貨幣之亂雜無有過於中國者各省得隨意鑄造奇矣產銀之國而借用他國銀圓近且通行他國兌換券（即銀票）則更奇之又奇夫貨幣者交通之媒介而國民生計之所托也故非藉國家之威信則必不能流通而無所阻滯各省隨意鑄造其弊不至成色不等重量不齊不止國民之不信用有斷然也至用他國貨幣則非但薄弱國民之愛國心他國以紙券易實銀國民之精髓其不爲所吸取殆盡者幾希故中國今日不先統一貨幣制度則此外諸問題均無着落統一之法在設中央造幣局及中央銀行而已通貨必由中央造幣局鑄出兌換券必由中央銀行發行其餘各省一律停止他國貨幣尤宜設法禁止通行循此而行則數年之後可以議本位問題矣否則不從根本上下手雖今日即行金本位余知其有虛名而無實際也至今日銀

價日賤對外貿易雖大受損害然以余觀之以中國之大人民之衆對外貿易較之對內貿易不過居其一小部分據赫德氏報告每年外國貿總額爲二億萬兩可以知之如中國不全恃外國貿易之國（歐美各國大部全恃外國貿易日本近年亦駸駸入此境地）數年之內當不致大困惟償金一項今日大受損耗然此爲一時之事且所謂自作自受不能以此而遽紊事之次序也余極望中國行金本位惟願中國勿忘根本之改革而已

日本文學博士建部遯吾氏談片

攻法子

建部氏爲文科大學教授氏年壯好學以社會學專門名精通漢學著有「陸象山」一書去歲歸自歐洲即以「西遊漫筆」出版其觀察務窮彼中社會之裏面不爲隨聲附和之語固知其加人一等也氏與社員數往返所得名論甚多茲所錄者爲最近之談片是日社員往訪氏適與文學士某論德國學制將終其言曰……德國無私立大學大學均爲各聯邦公立大學講義大都先以節畧頒示教授再從要點詳解之故事省而易於理會非若日本專用筆記使學生成一寫字機械所謂事倍

功半。他日必宜改良者也。……語畢。乃及中國問題曰中國今日言教育以興起國民之自尊自重心爲第一義今日中國雖爲他國所敗他國侮之曰老大曰病夫然中國人自處則不可存一老大與病夫之見以爲中國國民本來弱人一等而事事處於退讓之地也以中國之歷史之人種之文明余信其他日必能雄飛於地球而今日下手之處全在養成一種自尊自重之國民余有一證中國與俄交涉事事失敗於是世人競謂俄國長於外交俄國多外交家余不謂然使俄國之對手不爲自甘讓步之中國則俄國安能若是之成功哉就其成功觀之而曰彼善外交不知此之玉成之也由此例推之可知今日中國失敗之原因全在自己自暴自棄余故願教育家注意於此歐美國民何人也中國國民何人也有爲者亦若是必先有此精神然後前途之事業有望也

按以上談片、係就諸氏所言、錄其大意、文字之責、記者任之、以後仿此、

講演

本欄爲同人歸雜及日本各政治家演說之稍要者足爲我國之清夜鐘聲者非徒炫長賣若爽也

東三省叢話

社員

日本戶水博士挾政治之學理觀察我國與朝鮮情勢壯游初返早稻田大學生徒咸以當時之所見所聞請博士乃即當時之所寓日者一一演說雖語多瑣屑而其間涉及政治足爲我國之當頭棒喝者正復不少特行附錄於此以爲世之有心東三省者告當場速記不暇計文字之工拙也

予於去年西歷八月二十九日發東京。翌日至敦賀登輪西向。九月朔抵海參威是處日人。以領事館之冊籍計之。僅三千口。然其間來歷不明。未曾向領事館報告者與業經嫁爲支那人之妾者。實數之不僅三千人也。而其中並無富商大賈所稱爲一等商者。祇杉浦德永兩氏。二等商爲數雖夥。然皆無專門之業。如既爲成衣兼市靴帽者。比比然也。是處大商二。一曰阿利倍爾斯。爲德意志人。一曰甸林。爲俄羅斯人皆業雜貨之二店者通港無不知之且其分舖甚多如富拉界依武斐司哈爾濱等處皆有分舖海參威之佳處容或有之然以其缺點論則莫如盜賊充斥矣予之至海參威也正在盛夏非盜賊出沒之時若至冬深則天寒木落行旅爲難雖咫尺之間中途遇盜者往往有之以故夜深人靜呼盜之聲不絕於耳且是處之盜與日本之盜異日本之盜每持刀恐嚇迨至吝而不與始行兇殺人海參威之盜則繩絞斧斫直有殺人於路毫不畏死之概意者俄人之膽怯故必殺人以絕口然後敢掠貨以遁與

予在海參威小住兩星期夫海參威非要塞巨鎭也何淹留至若是之久蓋以調查滿州事情與其至滿州而調查之不如在海參威調查之爲愈何則滿州無日本領事館無書籍可稽海參威則雖無領事館而有貿易事務官因而有書之可查也既勾留旬餘息足既久聞見斯多當將發滿州之際聞有日本官吏四由滿州赴俄羅斯者至克洛武珂地方爲俄國之鐵道官吏所拘詢之鐵道中人則曰因其有過故罰之爾俄政府已責以相當之處分矣然究作何處分日人未知之也日政府向俄

政府諸問。亦終不得要領。歸由貿易事務官二一。急至哈爾濱理處。始得放免。要之日本官商。凡經此鉄道者。無不被俄人刁難。且一經留難後。前往無期。以每日祇發車一次也。此日人所以視此鐵道爲畏途。甚至有避被於臥榻上。藉免搜索者。狡猾者流賄鉄道吏以三四羅布（每一羅布約抵日銀一圓）亦得博其笑而領之云。予聞此言。頗以爲虛且有謂從前之留難地方。必在勃洛司珂。今則在享泰渠矣。享泰渠有車站一。停車甚久。爲滿州界中之第一停車站。蓋非如勃洛司珂之爲西比利亞之中心也。因急函商於哈瑪斐沃總督之大將白漏武珂氏。臨行復說貿易事務官發電照會。及至享泰渠停車後。登街散步。果無俄官相阻。其果電達之力與。抑函商之力耶。要總爲我輩之幸福而已。未幾已直達哈爾濱。

自海參威以至哈爾濱。道凡二日。宛如敦賀之至海參威也。顧欲知海參威之情勢。非得海參威之地圖不可。而絕無購求處。詢之官吏。則曰此間地圖不能互相授受。有之則密爲相示而已。然而哈爾濱之大致。予固已略知之。分三大部。曰司答耳衣哈爾濱。古哈爾濱也。曰挪界角洛德新市街也。曰勃利司答尼棧橋也。此三大部中。

執掌行政事務之官吏。及支配東清鐵道全部之技師長。皆居於古哈爾濱。新哈爾濱。則有日趨興盛之勢。雖當予之至也。四圍街市未盡修築。巍然高聳者一寺院耳。据全市之中心。頗稱宏大。然寺之背面已築成街。而其中或爲平地。或爲廣厦。或建造初竣。或土木方興。在今日未見完備。不數年後。舊哈爾濱之公署。必盡移置於此。勃利司答泥棧橋在司漫客里河岸。是河之端。商業繁盛。日本人之流寓於該處者。雖三部皆有。而要以司漫客里河端爲最夥。又新舊兩哈爾濱。雖中隔平野。而棧橋與新市街。實前後相續。故分觀之得三大部。俄人之意。欲合三大部爲一新哈爾濱市。今之已成街衢者。其一部耳。餘則廣漠無限。一片平原。自勃利司答尼以至古哈爾濱。約有十許里之遠。俄人汲汲經營。恐亦非數年不辦。第地址宏厰。居以五六十萬之衆。綽有餘裕。即至稠密之時。居以一二百萬亦未見隘。且四面空濶。任意推廣。雖集五六百萬衆可也。洵大陸之規模哉。然此間之日本人。今僅五六百耳。此五六百人中。無一不受俄之壓制者。吾試舉一例以明之。當哈阿濱擬設之始。俄人若干。支那人若干。日本人若干。各擇地而居。顧此地爲東清鐵道會社之所有地。固非居之者之所有地也。且與東清鐵道會社立有明約。無論何時。東清鐵道會社。苟有需用即當遷讓。三國人所立之約。初無與也。乃自今時觀之俄人與支那人所居之地雖非居之者之所有而已與有者同其權利且若默認爲所有者然各居之者之姓名皆公然標記於揭示處吾始以爲日本人之姓名或亦皆標記於其間乎而孰知一再尋覓祇得其一人焉問何以祇一人也曰例外也問何爲例外曰此一人者初誤爲支那人而因而標記之是以爲例外也其餘固無復認以爲所有者。日人不服。因而質之於俄之官吏役官吏曰。此地爲俄人與支那人所有分內事也此外之人則不得有焉豈獨爾日本人哉蓋是處之他國人。我日本爲獨多。他如德意志人一二名外。更無他族。我日人因復質之曰。依舊安居可乎抑擇地重遷乎彼官吏則嘿之曰此君之事我勿知也嗚呼日人。今雖安居何時被逐正未可知顧使居而得以營業自由。猶可稍安。乃俄人之令不然。自昔於哈爾濱營業者。除舊業外。不得更營他業。至新近移住之人。則更不得經營生業。已著爲例。雖最初之始日本人之移住者。容獲厚利。以至聞風興起有現今營業之人。然至於今。無論新近移住者。萬無可圖即向有事業之日人亦時時蒙俄人之壓制被俄人詐欺者不知凡幾矣去年四月俄人賽帕司哈會日人以是會之盛也或亦小販賣家之一好機乎因而於會期前數日貸金籌款各赴街市購儲商品以備售賣蓋俄俗於是會時必購置新物如我國之除夕然儲貨待購者固不僅日人也而孰知會之前日俄官下令曰是日日人有懸牌售貨者罰無赦日人恐集衆謀之有黠者曰盍賄之於是醵金五百諛詞以奉之而俄官遂許爲照常商販矣（聽者大笑）嗚呼此固可笑之事也然可憤亦孰有過於是者受俄之束縛於此可見一斑

以今日之情勢言哈爾濱固爲分布軍隊而設者也然其後民政事務亦必移集於此聞俄政府以來年春使陸軍省之忽耳喝而德氏代東清鐵道技師長駐劄於此今之警察署長喀弱耳根氏亦有更調之說夫喀弱耳根者信回回教之土耳其人也俄政府善用客卿向不以國界分畛域稽其官吏土耳其人有之瑞典人有之滿州人有之以大兵駐劄帕米爾與英之印度兵相持故多瑞典人爲之將校意者俄人以併吞世界爲目的其用人遂本世界主義而不限於俄之方域與

往哈爾濱六日。旋向旅順大連進發。夫此沿途之所最足注目者。東清鐵道。與鐵道兩傍之地味與地形也。茲請先以滿州之地形論。自海參威以至尼喀里司喀地多平原。尼喀里司喀非滿州之所有地。蓋滿州近傍。已入西比利亞界。雖時有一二邱陵。界於其間。而大致則率多平坦。爲今日俄國軍隊之中心點。在議時每欲以哈爾濱爲軍隊之中心。以爾哈濱與尼喀里司喀爲滿州之首府。而今則頗有以尼喀里司喀爲軍隊中心之勢。迹其屯積之兵。近二萬人。滿州之兵。敵尼喀里司喀之兵。又將增矣。近日添蓋營房。頗形忙落。尼喀里司喀稍北。有所謂西喝西恰者。即當烏蘇里鐵道之衝之亨來湖邊也。一片平陽。近亦日添營舍。要之揣俄之意。必屯重兵於此。所以備他日滿州有事。易於送往之用。彼滿州撤兵。直兒戲耳。鐵道既成。來往自如。雖自形式上觀之。非不整隊言旋。而所謂言旋者。非旋於俄之內地也。旋於鐵道線路也。前則軍服振振。自回至鐵道線路後。則服飾一變。一若軍服既改。即爲守備隊之證。而與前迥異者。其實長驅直入。有火車以爲之輸送。毫無阻礙。且不費時日也。日本政治家謂滿州撤兵後。形勢一變。而孰知自俄視之。曾無所區別於其間。且

擁兵近地他國人亦不得闌入或較駐劄滿州更爲周密雖滿州境中不置一兵而究之何撤之有

顧尼喀里司喀既爲集兵便利之處而於行政事務亦有將海參威行政廳移置是處之說其亦隨軍事爲轉移與而是處之爲中心點無疑故即我日人果有征俄之意亦非集大兵攻破是處不可

自尼喀里司喀以至滿州率皆山路然入滿州境後則皆平原廣漠山地僅一部分耳而鐵道所經由之處以山路爲多照理論應曆開隧道或紆迴盤旋而上之而此中之工程非咄嗟可辦明矣乃東清之鐵道不然所取之道率皆平坦且此平地中不暇堅築也苟已平坦即橫枕道於上引鐵軌而成之故以如許長之軌道四年間已告厥竣我日本之築鐵道於朝鮮也京釜鐵道費時九年日本人之規模狹小於此見矣聞有以九年爲長欲短至三四年者俄人每以我日人之不善經營漫加譏刺今觀彼之經營誠無事三四年矣如使予而爲東清鐵道之監督也則一二年內必可竣事綫路雖長亦何用以四年爲(拍手大喝采)

滿州地味極形肥沃。細別之以東方爲饒。西方爲瘠。然瘠者極少。甯古塔與吉林以南之地。森木參天。濃陰匝地。所謂滿州森林者。非虛語也。且多牧草而惜無耕種之者耳。如其耕焉。則氣候寒冷。縱無米穀之望。而豆麥雜糧不患不生。以多草故。畜牧甚宜。彼所謂瘠者。自哈爾濱以西。直達奉天。雖瘠猶可爲也。自奉天以至旅順漸形瘠弱。遼陽以西則大瘠矣。山盡赤裸。野無青草。與隔岸之金州半島同。然多鑛物。固無傷其爲瘠也。窃謂安得占領此滿州地而以我日人開之闢之。或有濟於日本之經濟乎。向謂滿州地瘠。取之無用。而不知甲午之際。我日本所占領者。在滿州西部。適爲最瘠之區。而因而作爲標準曰。滿州固瘠而無可爲者。而詎知滿州之肥沃。滿州之豐饒。固有非他處所能及者。無論以何等之凡庸之政治家治理之。亦不患不富。而況我日本。惜哉甲午之不割據滿州也。向使割而爲我有。則自甲午以至今日。我日本之整頓此土者已有年矣。我日本之富亦大增矣。而惜乎此土之未爲我日本有也。

（未完）

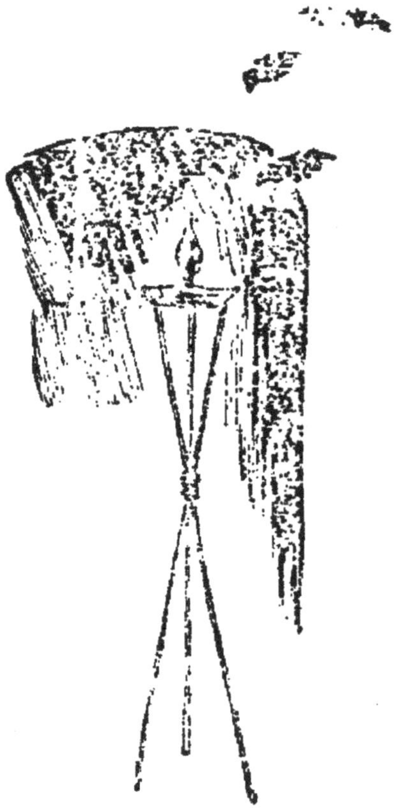

九六

雜纂

◉◉他山集

◉孟子之政治主義

◉◉名家片影錄

◉機外劍客雜著六種

清國留學生會館招待規則

一本館因東渡留學之士人地生疎故特設專部代爲招呼一切凡有函致本館者本館即盡招待之義務

一招待地方有二一在橫濱一在新橋凡由神戶起岸者本館幹事當至新橋招呼由橫濱起岸者本館幹事當至橫濱招呼其神戶上海天津三處均有本館贊成員代爲經理

計開

神戶孫君實甫　神戶海岸仲通清商益源號

上海王君培孫　上海大東門內育材學堂

天津張君亦湘　天津王皋關前日日新聞社

一各省東渡留學者可於就近本館贊成員諸處詢問購買船票一切情形於動身前七日先行函致本館以使至日前往招呼

一天津航路至神戶起岸船抵長崎後可發一信致孫君言明乘坐何船何日何時可至神戶屆時孫君代爲照料神戶易車後可託孫君代爲電知本館（電費約二三角）車於何時抵京本館幹事即至新橋招呼

一上海航路至橫濱起岸可由長崎或馬關函知本館船於何日何時至濱屆時本館幹事至橫濱招呼

一東渡之士行李物件務以少帶爲便其烟酒綢緞各項爲入口應稅者萬勿攜帶免致多生枝節

一到京後或入預定學校之寄宿舍或暫寓旅舍均聽本人自便

一本館招待幹事一切費用均由本館公款供給至本人一切費用由本人自理

一本館各處招呼之人如有更動之時當隨時登報申明

日本東京神田區駿河臺鈴木町十八番地

清國留學生會館啓

本社新書近刊報告

傳記叢書之二
梅特湼
奧大別宰相梅特湼爲千古以來唯一之專制家此傳叙及其瑣事亦無不用專制手段眞千古自由之公敵諸君得毋先睹爲快乎

傳記叢書之三
吉田松陰
吉田松陰爲日本維新時一大人物嘗謀刺幕僚不果下獄後教授徒松陰塾明治功臣半其門下士也此書於吉田傳史外並及維新時情形亦維史史也

政法叢書五編
國際公法
國際法已見於學界矣然斯專門學講何容易是書爲專門學校卒業生宏士英譯以之貢於學界其或稍精一籌乎

泰西十大家傳
如梭格拉拍拉圖奈端邊沁等十人叙其行事體其學說讀者可兩得其益

政治社會新論
首政黨首領論次政黨哲學三新聞勢力曰地方新聞五青年革命之事業等々大問題悉聚於一小冊子矣

發行所 日本東京 譯書彙編社
發賣所 上海四馬路 開明書店

他山集

本欄爲日本名士專爲本社投稿而設、旁及東西各報論議有直接關係於吾國政法界者、隨時搜集亦參考之一助云爾

孟子之政治主義

中季子

有人類斯有國家。有國家斯有政治。以政治爲生涯者。是曰政治家。故政治家者。人類所在之處莫不有之。

世人之言政治者。大都取例於歐美。斯固然矣。歐美各國。政治家輩出。政治論迭興。其研究之程度。已達深遠之境。世人之所以必以歐美爲宗者。非無故也。雖然。人類所在之處。無論何地。必有政治。必有政治家。此又不可疑之事實也。吾是以不能忘東亞。

有五千年之歷史。有二億萬之方里。儼然雄鎮東亞者。非支那大陸乎。支那之言政

治者。必與歐美同一，議論其政治家之行跡。政治上之變遷。必與歐美同一事實，斯固不然。然有一種政治論之存在，則可紬繹而得之，吾得一人，孟子是已。

孟子者何人也。或以彼爲道德家似矣，創性善之說，於儒教中增一異彩，孔子稱仁。而彼復加以義，使儒教之主義益明。孟子之功，稱之爲道德家，洵無媿也，或又以爲文章家似矣，讀「孟子」全篇，其文簡勁徹骨，後世唐宋名家，無不以彼爲摸範，稱之爲文章家，亦無媿也，或又以爲雄辨家似矣。不特蘇張詭詐權變之術，以仁義爲主義，而欲使諸侯朝周，徧說齊梁諸王，卒盡其說，稱之爲雄辨家，亦無媿也。雖然，吾更欲易一方面以觀孟子，吾以爲孟子實一大政治家也，試取「孟子」讀之，其十之八九，莫不爲政治論，而其所謂政治論者，實有始終一貫之主義，吾請就此主義而觀察之。

孟子之至梁也。首爲惠王陳靈臺之章。以申明與民同樂之義。王患人口之不增。則教之以使民以時，王耽遊獵之行樂，則勸之以與民偕樂，或設殺人以梃與刃之間，以明爲民上者之不得率獸殺人。或舉釁鐘以羊易牛之例。以明民命之不可漫棄，其他論好勇。則勸王倣文武之例。以安天下之民。論好貨好色。則告王與百姓同之。而以於王何有解之。其至齊也。與宣王論取燕。則曰。「燕民悅則取之。燕民則不悅則勿取。」其至滕也。則告文公曰。「築斯城也。鑿斯池也。與民守之。効死而民弗去。則是可為也。」綜而觀之。彼一啓口。無不提及民字。其重民之意可見矣。若其最著者。則有曰。

「左右皆曰賢。未可也。諸大夫皆曰賢。未可也。國人皆曰賢。然後察之。見賢焉。然後用之。左右皆曰不可。勿聽。諸大夫皆曰不可。勿聽。國人皆曰不可。然後察之。見不可焉。然後去之。左右皆曰可殺。勿聽。諸大夫皆曰可殺。勿聽。國人皆曰可殺。然後察之。見可殺焉。然後殺之。故曰國人殺之也。如此然後可以為民父母。」

其言如是。凡人才之登庸。國務之經營。乃至生殺與奪之權。孟子以為無不出自國人。其愛國愛民之忱。固本乎仁義之大道。而仁義之外。吾以為猶有一種主義存乎其中也。吾請舉孟子政治主義之原則如左。孟子嘗言曰。

民為貴。社稷次之。君為輕……是故得乎丘民而為天子。得乎天子諸侯。得平諸侯爲大夫。

此數語實爲孟子政治主義之原則。吾得而斷之曰。孟子之主義蓋欲維持歐美之所謂民主義之一種也

難者曰。觀支那之歷史。孰能證其有共和政府之事實乎。以爲主權在百姓。君主僅爲統治機關之說。未見支那之有行之者也。孟子所謂民爲貴君爲輕者。不過形容之辭而已。其意但欲息君主之暴行。而以仁義之道施之於民也。至於爲王侯者。仍有神聖不可侵之大權。安得謂之機關。況曰貴曰輕之語。本非所以表示主權（即統治權之主體）及機關之意也。故以孟子爲主張民主主權論者。是徒飾辭之自娛而已。難者之言如是。雖然吾有辨。孟子平日所稱爲模範。號爲典型者。非堯舜禹湯文武之儔乎。之數人者。其歷史上之事蹟。果何如乎。堯之爲君也。其所以休名籍者。在造歷象。授民時。敷五教。施五刑。使天下坦然。實現黃金世界而已。舜之由濬畝以登帝位也。雖由堯讓之。然非衆望所歸。安能遽膺若是之榮乎。堯之所以登庸之者。不過順民之望而已。禹善治水。舜察民志之所在。故以位讓之。國人懷禹之德。

故默認其傳位子孫其後桀紂暴虐大失民望衆於是湯起而代之武王之於紂也亦然凡此皆以民之志而行者也孟子之所以採爲政治之龜鑑者實有見於民望之重而已質而言之治者之權與位乃國人與之者也是故以民爲權力之淵源與主權發動之處固其所也所謂民爲貴君爲輕者豈啻一形容辭而已哉謂君主爲民生之統治機關吾未見尙有疑義也歷史上明明有其事實孟子亦不過述歷史而已」

難者又曰使以君主爲不過一機關何以孟子於選任解任權限制裁等不明言其方法民主主權之基礎由此種規定而始固漠然之論不足以爲準也則駁之曰難者所不可忘者「孟子」一書本爲政治論非法典也本爲議論非法律之正條也故欲求其正確之明文蓋亦難哉若夫言其梗概則散見於全篇者亦復不少所謂君位係於民望是豈非選任之方法乎安見非如歐美之投票選舉不足以稱選任也解任制裁之方法亦非無言之者王非其人則人去邑空遂至滅亡暴戾殘虐之甚則天下羣起而戮之非其昭然者乎至於爲民施設經營計其休養之方法非所謂權限乎由是觀之難者之言其亦可以息矣

難者又曰。孟子嘗以君主爲民之父母。豈父母之權力受之自子。而爲子之機關。天下安有是理也。父母有父母固有之權力。此人人之所知者。使孟子眞認衆民之權力。何以又稱君主爲民之父母也。則駁之曰。讀書當讀其眞義。以肉眼直讀不如心眼一遍之爲智也。孟子之以君主爲父母者。一喻言而已。由爲民計之點論之。猶之父母之爲其子計如是而已。故君主之何以存在。與父母之何以存在。其源因不同。君主非爲君主而存在。爲民衆而始有君主之地位也。蓋有民衆而後有君主者也。父母則異是。父母爲父母而存在。非爲其子而存在也。有父母而後有子。非有子而後有父母。安得以君主與父母作爲同一觀也。雖其相類者。爲民計與爲子計之一點而已。孟子欲以此點明示君主。故著其辭以示其責任。陽舉之而陰實示以行動之標準也。難者之言。安足以爲吾言之障也。

吾於是請言孟子政治主義之眞相。彼之以民主主權之主義爲原則。斯固不可疑之事實矣。然其所謂民主主權與歐美今日通行之民主主權之意。不無少異。如阿德患司及盧騷等所唱民主主義。其言曰「國家者。人民之集合體也。人民互相立約成一團體使其分子之一人或一部分以立法行爲委之以統治權而管理人民之事務」其言如是孟子之所言非若是之極端孟子認君主並認君主之權惟以此權爲非君主固有之物由民衆公認之而君主始有行使之權利即統治權之行使權由民衆與之是也故如盧騷等說之結果以立法行爲委任之故隨時可以取回孟子之說則惟値非常之時不得已以實力奪之而已阿普立息司嘗有言曰「由當初服從契約(普通默認)人民之所與於君主者非權利之實體不過以行使權讓之而已故君主亦有一種權即通常所見爲君主之統治權者是也然此非爲權利之實體故人民當其統絕可以自由與之他人」孟子之所論與此說殆近惟其論取回行使權必由戰爭而得以孟子之大賢豈必公認所謂「革命權」者特當讓權於新君主時舊君主不欲則其勢不得不動干戈而已至動干戈君主已失其君主之資格作爲一暴民之處分而已不觀其與齊宣王問答之辭乎

齊宣王問曰湯放桀武王代紂有諸孟子對曰於傳有之曰臣弒其君可乎曰賊仁者謂之賊賊義者謂之殘殘賊之人謂之一夫聞誅一夫紂矣未聞弒君

也。

要之孟子之視君主非以爲別種之人類而有神聖不可侵之固有權君主者特人類之生存上與國家之必要上之發生物而已其稱仁義唱民權也非僅以抑君主暴橫收斂之欲而救百姓沈陷塗炭之苦故以策略逞其辨舌以冀其說之易行乃眞有見於君民之關繫君主以民衆之機關而存在歷史上明明有其事實而可以歸納的論斷之故所謂權力之實體仍依然在乎人民惟其行使權則以默認之法付與君主而已使一旦不適輿望則可移而與之新君主而暴主不能終保其地位此孟子之眞主義也吾故曰孟子之主義蓋欲維持歐美之所謂民主主義之一種也。

（完）

是篇爲日本法科大學學生某君來稿本社社員筆譯以極新之理想證極舊之事實而不脫乎法理翻陳出新誠爲一大奇觀雖以吾國學者引伸附會當亦無以出此也譯者識

本欄專搜東西政法名家之短篇雜著及其言行事蹟擇要摘裁譯之足以使人觀感興起蓋實經世家之好伴侶也

名家片影錄

機外劍客雜著六種

耐軒

機外劍客渡邊國武子也子爲日本有數政治家明治憲政之成立子與有力焉此篇爲其二十年前舊著議論出入古今貫徹東西以禪理演政談非大政治家不能有此氣象語云有殺人不貶眼底手脚方可立地成佛有立地成佛底人自然殺人不貶眼方有自由自在分吾於此篇亦云　譯者誌

第一種

政談一夕話

勢　人不可不乘勢尤不可不制勢乘勢僅得爲第二流人物制勢乃得爲第一流人物也勢猶激浪欲左横流者則必右排之欲右奔騰者則必左決之所謂個人主義之與國家主義專制主義之與自由主義改進主義之與保守主義積極主義之與消極主義皆政海中之奔騰衝突也於此奔騰衝突中左支右吾游泳俯

仰烏足以與語勢高處立冷處觀時而乘之時而制之斯之謂司脫孟(執政大臣)

技倆

獨木橋　志士仁人之維持世道人心其猶扶醉漢而過獨木橋乎左轉則自右提之右倒則自左攜之提攜之術雖不同其欲扶醉漢以達彼岸之意則一也世之所謂政黨者立於互相反對之地其相爭起於一見爲左轉一見爲右倒耳今日之世道人心其果將左轉乎抑右倒乎是非慧眼不足以判之

破壞黨　世人往往恐破壞黨如蛇蠍是惑之甚也世界之事物時時不可不破壞不破壞何得成建設不破壞又不建設則此活動之世界早已化爲烏有矣

二力　貴者富者老人當局者得意者皆有維持舊物之力者也賤者貧者少者勞觀者失意者皆有破壞舊物之力者也祇有破壞力則世道人心之統紀必絕祇有維持力則世道人心之發達必滯二力相劑國家與國民莫大之幸福也語曰金石相摩則火生明暗相合則色相成

內閣　不能爲政黨內閣不可不爲強硬內閣不能爲強硬內閣不可不爲政黨內

閣

司脫孟　司脫孟也者不可不有智圓行方之二。裁斷衡情判斷公平叩其兩端而圓融無礙智圓云謂也一朝臨事單刀直入不退一步踔厲風發凜乎有不可犯之概行方之謂也學士文人之不能爲司脫孟智圓而行未方也武人勇士之不能爲司脫孟行方而智未圓也

國家主義個人主義　政府與人民即治者與被治者相合而名之爲國也二者非對峙雙立則其國不國世之執國家主義者欲沒個人於國家中勢必不至有政府而無人民有治者而無被治者不止執個人主義者欲沒國家於個人中勢必不至有人民而無政府有被治者而無治者不止若然則兩者目的達到之日即國家喪失之日也

花月雙紙　白河樂翁花月雙紙中有一節云『爲政者不可不存使世道人心有少年氣世道人心而有老人氣也是國家衰頹之徵也斯眞能通治体之言也夫立憲政体議會開會非少年世道人心之最上政治乎乃者立憲政體立方始議

曾開會僅數十日。而痛嗚其非。斥其不能轉老還童。抑何苛酷之甚也。

天體　天體有引心力而無離心力則諸行星盡爲太陽吸集不成其爲日局統系。有離心力而無引心力則諸行星散飛于雲霄萬里之外。亦不成其爲日局統系分權論者離心力之謂也集權論者引心力之謂也抑漸近論者引心力之謂也急進論者離心力之謂也二者相待而進國民幸福猶二力相待而成日屬統系也前年分權集權急進漸進之統盛天下余付感懷一絕曰。『集分統政權急漸指進路書生俗吏然誰謂識時務』言雖倨傲。眞理卻不可磨。

國是　古人有言曰。『願與諸君共定國是。定政府與政黨所主持之國是。而後駁擊反對贊成一致縱分縱合一任國是之判定是之謂眞政府是之謂眞政黨

全局面　人欲打圍棋必先統觀全局面三百六十一道察其斷續强弱離合之所在而後下手欲指將旗必先統觀全局面八十一道明其攻守利害輕重難易之活機而後下手若徒拘拘於一局一部之微斤斤於一利一害之小者未有不敗北者也世界亦局棋耳故苟具司脫孟手段者必先通觀地球上大勢之所在已

國地位之所存或從外交之機略以定內治之方法或因內治之方針以變外交之政策逆順縱橫變轉自在如大珠小珠落玉盤若者都從全局面經畫而來斯可與言治理若徒跼蹐小局部株守小利害是所謂井底之蛙烏足以語司脫孟哉。

機　欲奪先與欲與先奪是機也欲合先離欲離先合是機也抑左則揚右抑右則揚左是機也鐵盾可直穿風幡可立透是機也余前年落馬傷左手受柔術者松野君之治療談及柔術松野曰『柔之言柔實避實擊虛也不用力則勝』余曰術止此乎松野曰『否拘泥不化早失其柔之為柔矣』余拍掌笑曰『是機也足下知用之一小術而不知用之天下國家也』

第二種

政海一瀾

氣宇氣力　非有起脫宇宙之氣宇決不能擔當宇宙非有粉碎乾坤之氣力決不

能整頓乾坤斡旋政海中人物必先觀其氣宇氣力欲游泳於政海中亦必先養其氣宇氣力

大略大節　士雖不可無大略亦不可無大節天下皆爲非而一毫不爲損天下皆爲是而一毫不爲增是之謂士之大節不有大節者不足以制勢不有大略者不足以乘勢

感情　一國之治安在議論之條理如何感情之溫和如何立於政府而制一國之感情不外依賴光明正大之一個德義節操而已

英毅果斷　天下之事不徒成於深謀遠慮也時而英毅果斷亦成能深謀遠慮而不能英毅果斷終身落於人後反是則殆

大丈夫　大丈夫不可不造成不自欺又不欺人之一副眞骨頭有此一副眞骨頭而后學問才藝皆見活潑之地

趣味　音樂之妙處不存於絲竹繪畫之佳處不落於顏色政事上之趣味亦復如此

蓋世之氣　『人須有蓋世之氣。心大則百物皆通。』此張橫渠之言也。其胸襟度量。自不可及。

屠龍搏虎　衆議院議員某大聲宣言曰。不俟議長之許可而發言者。違則者也。他之一人駁之曰。然則宣言者。即違則者也。宣言者一笑屈服。此之謂政事家屠龍搏虎之機。

四料揀　政事家時而放擲己意。以服從輿論。時而開導輿論。以斷行己意。時而輿論己意雙存並行。時而己意輿論雙方協合。昔者臨濟禪師示晚參以四機四境。所謂奪人不奪境。奪境不奪人。人境俱奪。人境俱不奪是也。後人謂之四料揀。試一轉活用。即作如是觀。政機禪機。初無二理也。

度量氣節　『天空任鳥飛。海濶從魚躍。』政事家不無可此度量。振衣千仞岡。濯足萬里流。政事家不可無此氣節。有此度量。有此氣節。而運用之以才學識。蓋一世之偉人矣。余物色久之。勝海舟翁其庶幾乎。惜已入老境矣。

得意失意　得意時退一步想。失意時進一步想。此智者勇者處世之要訣也

道德　政事家之學問才藝。譬之以煉瓦。其道德塞門德士也。雖積幾千萬之煉瓦。不點綴以塞門德士不成其爲建築之建築。雖抱幾多之學問才藝不一貫以道德不成其爲政事家之政事家。

退一步　堯舜。天子也。而土階三等茅茨不伐。北條父子。天下之執政者也。而終身從五位。安於遠江守相摸守能知此理天下無敵矣。

積極消極　退不能服從國民之輿論進不能斷行自己之意見彷徨中立者殆矣

英靈底．雪竇禪師有云。扶竪宗教須英靈底漢。有殺人不眨眼底手脚。方可立地成佛。吾謂欲游泳政海中者。亦不可不有此手脚。

理勢　知理而不知勢者學者也。乘勢而不顧理者奸雄也。能制勢而赴理斯眞英雄矣。雖然見理則非難而制勢爲難

挽回之策　挽回一國衰頹之勢。必不要多人。唯一人投機奮袂而起踔厲發揚存殺身成仁之氣概。握點沙爲金之靈機。示一國以最好之模範。則天下皆爲之風靡矣。欲游泳政海者。不可無此希望。

（未完）

附錄

◉◉留學界

◉◉歐美雁信

日本
科學儀器專售公司

啓者敝舖創設於明治十五年閱年甚久其間專辦各色理化學器械、藥品、博物學標本、薄有虛名是以遐邇喧傳上自我帝國大學、陸海軍大學、中學、師範學校、下至鄉校村塾苟有所用則未嘗不求諸敝舖也

大清帝國亦輓近孜々求治各省新建學堂鋭意講究新學問以故各學堂爭購理科器械敝舖亦被其庇蔭寔多矣

敝舖本不貪利信義通商定價無二仰承照顧自當分外精選極等以副台命耳肅此懇具

專售品目有單一覧明白便選購顧欲觀者請即致函

日本帝國東京市淺草區七軒町二番地

教育品製造合名會社

最新精繪學校建築模範圖

定價兩圓

此圖爲日本文部省秘本詳列學校房舍一切配置之法自師範學校以至幼稚園無不具備本社不惜工本托文部省代印告成現在吾國各處興建學校苦無善圖可作模範以此圖參考之於應用大有裨益印刷不多務望速購

譯書彙編社告白

開明書店代售各種新書告白

本店專經售各種新學書籍與日本留學生諸君訂有特約凡譯書彙編社及教科書譯輯社所出各書均由本店一手發行並代購日本文及西文各種原書郵寄迅速價格克已賜顧諸君幸垂鑒焉

上海四馬路開明書店謹啓

留學界

本欄詳記留學界之事實、按月報告、凡開會演說、及一切運動有關大局者無不備列蓋謂爲留學全體之機關也可、

本社社員

▲錢恂夏偕復兩氏之送別

陽歷三月七日。爲錢公念劬將有俄行。夏公棣三將有美行。二公皆前留學生監督。留學界中曾受其影響者也。於其行也。不能無惜別。有志者發起開送別會於富士見軒。並請兩夫人同臨。錢公以他事辭。夏公與夏夫人皆臨焉。酒半。金君伯平起說贈別詞。大致謂中國最後之大敵必俄與美何也。俄羅斯據吾國上游。已占絕好之形勢。其國世守大彼得之遺訓。孜孜以侵略爲事。而又量器恢大。不拘小節。宗教風俗。不强人同。且具有與異種人同化之力。其對吾國政策全用牢籠手段。吾國政府漫無把握。將來必受其大愚。舉全國之政治權拱手而獻之俄。將來握吾全國之政治權者必俄國也。今日於吾國生計權上最有勢力者。莫英國若。然英之生產物。不能及美。且國際上變故多端。必將疲於奔命。英與俄之大衝突。終不能免於後日。英

即勝俄。而力已疲。彼時繼英而起握中國之生計權者必推美國何也觀美近來之舉動。已打破蒙洛主義。進而至於帝國主義。見之實事。歷歷可舉。且其工商之發達。駸駸有壓倒歐洲之勢。若移而向亞東。試問誰能禦之。夫中國將來受俄與美之影響有若此。則吾中國曷可漫不爲之備也。備俄之策有三。(一)精練陸軍(二)公開談判(三)密置偵探。備美之策亦有三。(一)振興實業(二)固結親善(三)輸入文明(其逐條說明詳從略)夫俄美對於我之關係。其重且大也若此。而吾國執政者知有此關係者幾人。上既無望矣。不得不望之下。是非多有留學於兩國陰爲之備以爲他日實行之基礎不可今幸兩公分駐兩邦。是殆天假之緣。爲留學者導其先路乎。幸垂留意於獎勵留學之事。果能爲學生謀其便利。則吾國有力前往者。正不乏人。現在留學日本者。已不爲少。歐美留學之途。萬不可緩。願兩先生爲吾國將來政界學界上造一大因果也。幸甚。(下略)說畢。夏公起演答辭。力任爲遊美學生謀其便利。並謝祖餞之意。酣酒劇談。盡歡而散。是日來會者卅有餘人。

▲吳摯甫先生之追悼會

陽曆某日。留東學生與吳摯甫先生有誼者。聞先生之訃。乃開追悼會於留學生會館。來弔者八十有餘人。日本來賓二十有餘人。十時行追悼禮。章宗祥氏首述開會詞。金邦平氏次述日語開會辭。次張孝移氏宣讀祭文。次來賓矢津昌永氏、伊澤修二氏、刑部齊氏諸君宣讀祭文。次章宗祥氏演說。次來賓刑部齊氏演說。迨至十一時有三十分。始禮成而散。

按吳摯甫先生。往歲來日視察學制。備極勞瘁。於日本學校之制度。教育之精神。頗加研究。期歸而見諸實行。洵非泛泛視察可比。故回桐城故里。即謀組織一民立學校。先在日本聘一教師同去。其見義勇爲熱心教育有如此。去歲在留日本。適公使拒送學生事件起。始主調和主義。繼則仗義執言。其對內外政府。皆極力主張保護自費學生及獎勵自費學生之學陸軍者。其筆述談片。盈篋累帙。至今讀之。而不禁爲之神往也。嗚呼。胡天不弔。不憖遺一老。以爲吾國教育界上稍生光采哉。

▲士官學校及速成師範卒業生歸國

陸軍士官學校第二次卒業生二十五人。刻屆聯隊演習期滿。於某日假成城學校復行卒業式。各授以少尉服裝一組。翌日即就歸途。藍君天蔚等六人。則仍續請留學云。

弘文學院自設師範速成科以來。將近週年。而卒業者此爲第二次。計湖北十餘人。江蘇二人。浙江二人云。

▲江蘇同鄉會之成立

各省同鄉會之已成立者。則有兩湖浙江。江蘇繼起。謀亦組成一團体。對於省內而謀自治之起點。對於省外而爲統一之基礎。遂於陽歷二月某日。會鄉人於富士見樓。先是由委員草公約。至是公決之。會分四部。(一)調查部。(二)出版部。(三)教育部。(四)實業部。章程均頗詳備。並經會員決議。發行一雜誌。以爲本會之機關報。其命名曰『江蘇』。

▲湖北學生界及浙江潮之發刊

自湖南同鄉會擬『辦遊學譯編』。省會競辦雜誌。『湖北學生界』與『浙江潮』。及直隸之「直說」均已陸續出版。江蘇之「江蘇」亦可不日告成。其他福建則有閩學叢書之刊。安徽則有勸告內地之文。凡以輸入文明。扶助進步者。至殷且摯已。

▲留學生續抵東京

在東留學人數。將達七百。近頃湖南湖北。各又派來五十人。江南又派視察水陸軍學生十餘人。其他自備資斧而來者。月以十數計。並有自費女學生六人。於前日到東京。一夏姓。一許姓。一金姓。其三則皆廖姓。

▲留學生與日本博覽會

日本於今年三月。開內國博覽會於大坂。各國派人來觀。吾國亦特命振貝子來與其盛。及各省派來者。不下數十人。其中有一人類學會陳列各種野蠻人種。以供人觀覽。擬列中國人。其中抉拾吾國一二舊弊俗。以列之於野蠻人種。留學生聞之。大動公憤。一面致書旅居大坂之孫君實甫。請其就近調查。一面飛函內地。止人來觀。若不獲已。誓以力爭。毋傷國際。不辱國體。後據孫君復函。則云日人聞留學生云云。氣爲之歛。已允設法撤去中國人種一門矣。

按昔法國開萬國博覽會於巴黎。聞亦曾雇吾國人演吾國種種惡俗。窮態極醜。觀者至此吾國人為世界劣種人其時駐法公使某欲止之而不能也日本與我為同種。而亦欲以此污衊我國。無端惹起我學生之惡感情。固屬無謂。然可知劣種人民昔僅見侮於白人今且見侮於黃人矣人必自侮也而然人侮之嗚呼我胡為而被人輕蔑如此耶嗚呼我國民其深省之哉

歐美雁信

本欄由本社與在留歐美諸君特約、按月通信、所載均為彼中最近之現狀、足為吾國觀感者、亦雜誌興起之一端也

美國悟一子來函

復某君書

（前略）此邦學校程度。比德國為下。比日本則高。若於日本高等學校工夫。綽然有餘。當可勉入此邦大學。否則。此一級不能不循序補足。至於尋常語言。半載居留。即可敷用。所難者。通曉 Lecture（講義）耳。（中略）苦工助學之說。在此邦本國學生。貧者大都於課餘兼工。且不盡苦工。但屬勞力之事而已。然體質薄弱如某者。即不能耐。其較輕易者。（如伺候餐桌之類）得之非易。近年工黨日熾。視華工如仇。甚至立會相約不用華工。不購華貨。日前金山工黨。又有勒令各店餐館。停歇華工之舉。此雖私會。然居民畏其橫。偪華工者。咸有戒心。美邦本純乎民政。異日未必無工黨執政之一日。歐美人居留我國者。稍不遂意。便嘵嘵不已。我國人至彼邦則多方限制。既至則又極力斷其生計。充工黨之主義。非盡逐黃人。閉關鎖港不止。在我行之。為萬國痛恨

之拳匪。在彼行之為世界共許之工黨。有强弱。無是非。勢固然也。言之痛心。我國留美學生。實數難得。月前同學等設一學生會。擬聯絡土產之華學生。毋使徒成一美國人。無如諸人散處者多。齊集講演殊非易事。且大都不識漢文為何物。沿太平洋各州村鎮。中小學堂中。頗有黃種。特其父母入籍者多。欲發其愛國之思想。儲為黃種異日之人材。惟重賴我輩之口舌。近擬說一英文學報。尚未有成議也。至官費自費。特為游學來者。寥寥若晨星可數。約計不過二十人。此後總須廣此路。庶足探其文明之根柢。惟來美遊學。畧有數端須者知如左。

(一)能先於日本高等學校工夫。豫備充足。然後來此。專為入大學計。是為上策。

(二)在此每月費用至少約二十元。以美金計約倍日銀 如能粗備一年之費。學期作九個月計約須華銀三百六十圓。 到此之後。俟歇暑時。及他星期假日。謀一勞力之事。以為津貼。或可支持。但第一層以身體强固為主。一年之後。情形較熟。得工事較易。或可全特工作。

(三)以學生來。照例彼不能拒。但路照稍有錯誤。必遭阻駁。合例之照。必須由中國通商口岸海關道發給。必須由該口岸之美國領事畫押。應填年歲等。必須照式全塡。

以上三端、安置妥帖、則一杭萬里。需時不過二旬。異國起居。半載即成習慣。苟立志堅忍。精神充滿、則遊學歐美。自較勝於日本。不然。與其登極巔而躓。毋寧跬步勿躁、敢就所知。以告有志。

法國曾沚氏來函

（前畧）巴黎爲歐洲繁華之地。日人福本誠謂其誘他國人來傾囊橐者。洵非虛語。往者在東京。覺處處昂貴。今以之相況。判若雲淵。（蓋日幣乙圓僅昂中國二角餘、此間二法郎約中國銀元五角、用時則一法郎等于一角、道無人力車、有電氣鐵道車、鐵道馬車、三馬車、皆中下等社會所乘、若我輩同乘、種種不便、則不得不乘道上往來之有廂馬車、此車在巴黎市內、不論遠近、必須一法郎五十生的、再加酒資二三十生的、中國人如欲體面者、則給以二法郎、如此一次須銀元乙枚、若自早至暮、時時乘車、上下不知費若干矣、至于勞働者、及咖啡館、飯館內、無不有酒錢、較中國尤甚、而爲日本所罕有者也、若男僕工資月須有數十法郎、女僕工資則在百法郎左右、其作事皆擇其潔淨輕便者、至如日本所用女僕終日粗細皆作、日夜有十餘點鐘之久、此間殆難得其一焉。）其故皆因人民程度日高。勞苦之事、均有機器代之。于是百物製作、亦日臻精美。人所爲者。皆其高尚工作。而價値因以日昂。況法爲共和之國。其民雖有貧者。亦無有願當至早極賤之事。當不能驕。

貧不知諂。其外觀之情狀如此也。我中國人未來歐洲者。均思來此一游。以爲幸得到此一觀。及處彼國法令之下。又值百物昂貴。其野蠻自由之舉動。不得施行。遽覺其苦不可言。故自來此者。除使館中得行其素。餘則跼蹐不堪。巴黎如此。想倫敦華盛頓柏林彼得堡莫不如是也。（下畧）

本社新書出版報告

政法叢書第三編

日本行政法綱領

行政者國家之活動也國家有種々之機關之活動必爲行政吾國行政機關最爲複雜而又最不完備其原因在行政法不發達故也是書編輯日本行政法之要領解精純正詳簡得宜誠政治家必讀之書也

◎洋裝　全一冊

◎改正定價大洋三角五分

政治叢書第四編

日本國會紀原

◎洋裝　全一冊

◎改正定價大洋五角五分

立憲國之精神何在乎在國會而已今日文明諸國無不以國會爲立國之本日本維新國其志士日以立國會號於衆遂成今日之治此書詳述設立國會時種々變遷迄乎成功前事之師誠爲有志愛國之士所宜急爲研究者也

本社新書出版報告

中學教科 法制新編

◎洋裝 全一册

各國中等學校均有法制教科書爲普及一般政法思想之用吾國法制極不完備故不得不借他國之法制取其可法者滙爲成篇以備參攷而補教科之不足此書詳述日本現行法制敘述簡明而文筆暢達足以爲中學教科書也

◎定價 大洋三角五分

傳記叢書之一 訥耳遜傳

◎洋裝 全一册

訥耳遜爲英國水軍名將其名久已轟於吾國學界此書述其傳史讀之不特可知訥耳遜益可以知英國海軍之成立及英法戰爭之情形至其敘事明白譯筆古雅猶餘事耳

再版 美國獨立史

◎洋裝 全一册

◎定價 大洋六角

是書爲美國姿將氏原著前後各六卷今所譯者爲前六卷其目次如下（一）究地之原（二）殖民之原（三）殖民地之進境（四）合衆（五）自主（六）立憲自開闢以至立國詳細敘述且譯者留學美國有年凡他書事實足以相發明者均隨時摘取插入以期完美實爲專史中之良書凡從事史學者不可不家置一編也

游學譯編 第五冊目錄

光緒二十九年二月十五日

湖北學生界第三期目錄預告 三月朔日發行

論說 ◎論中國之前途及國民應盡之責任

教育 ◎國民教育

農學 ◎論中國農學之早於西歐

商學 ◎論中國商業不發達之原因

軍事 ◎軍國民思想普及論

歷史 ◎歷史廣義內編人種

地理 ◎地理與國民性格之關係

理科 ◎植物學

詞藪 ◎楚信集 楚風集

時評 ◎俄人於西藏 死支那與活支那

雜俎 ◎思潮一勺 亡國之言

來稿 ◎翦辮易服說

國聞

外事

留學紀錄

附湖北調查部紀事

繪圖器

各種科學儀器

各國尺度類

一應俱全

繪圖儀器弊店特設工場自行製造故其製法無不完備與西洋所製者無異其運用之妙價格之廉久爲士林所推重尤爲本店之特色也仕商賜顧者請認明本店招牌爲記貨眞價實庶不致悮

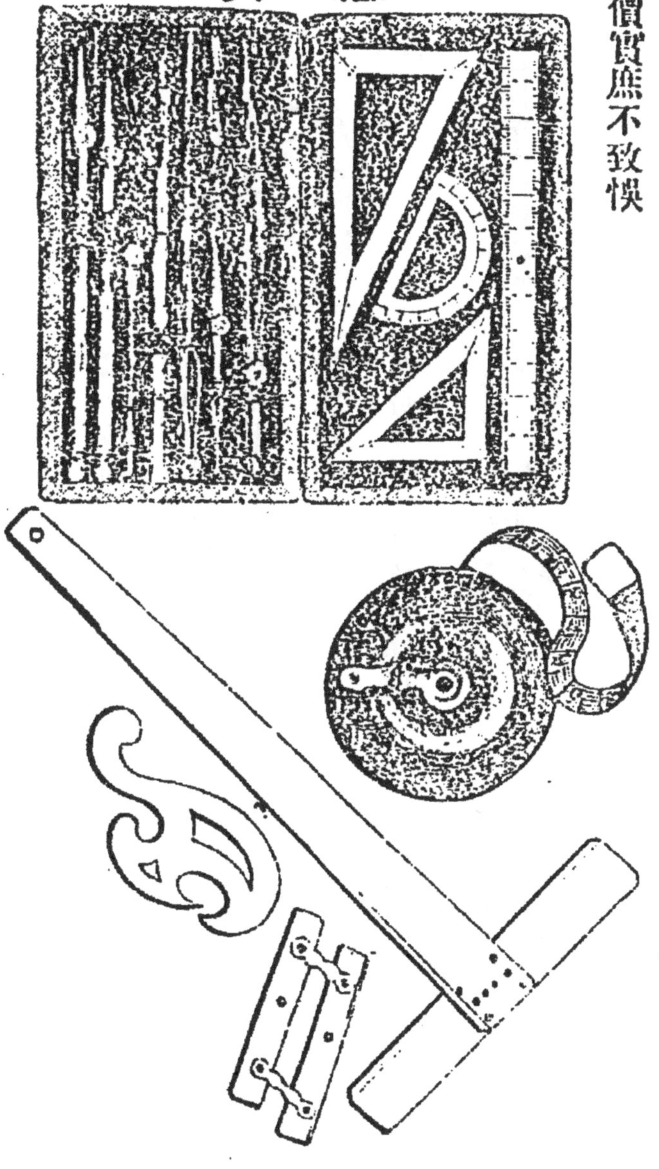

製造發兌本舖

生雲堂 片桐本店

日本東京市神田區表神保町六番地

（電話本局貳千六百參十壹番）

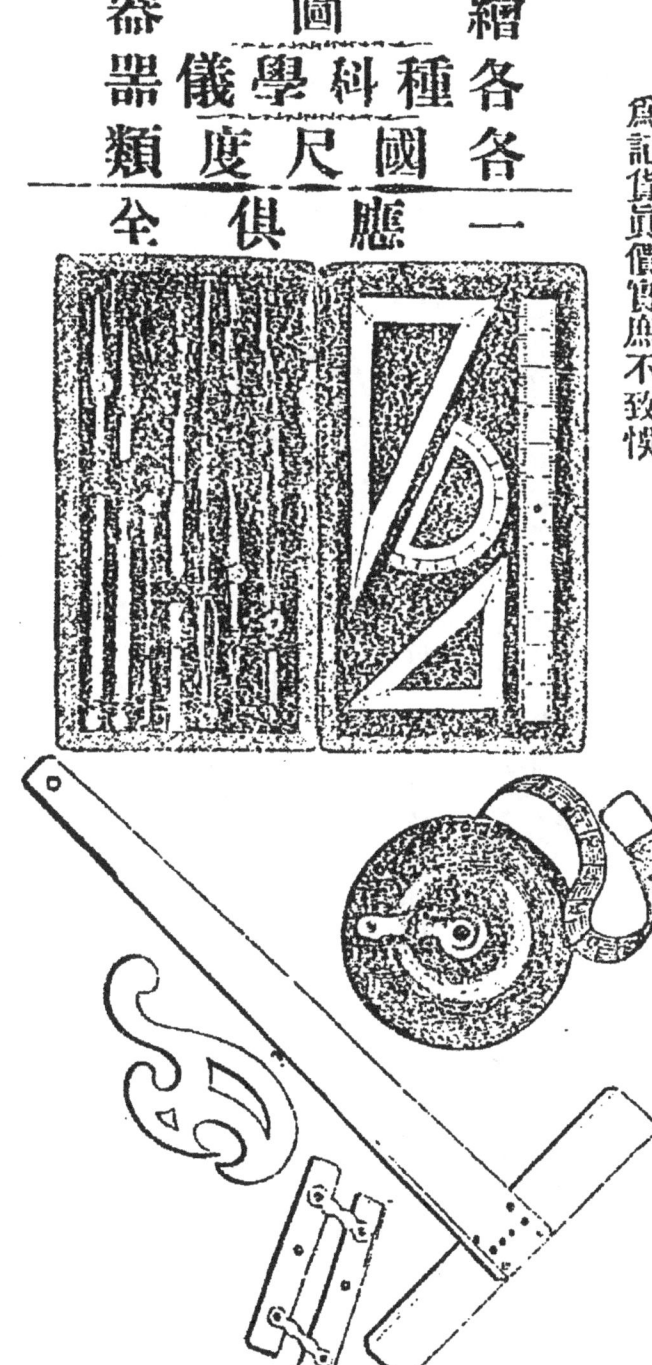

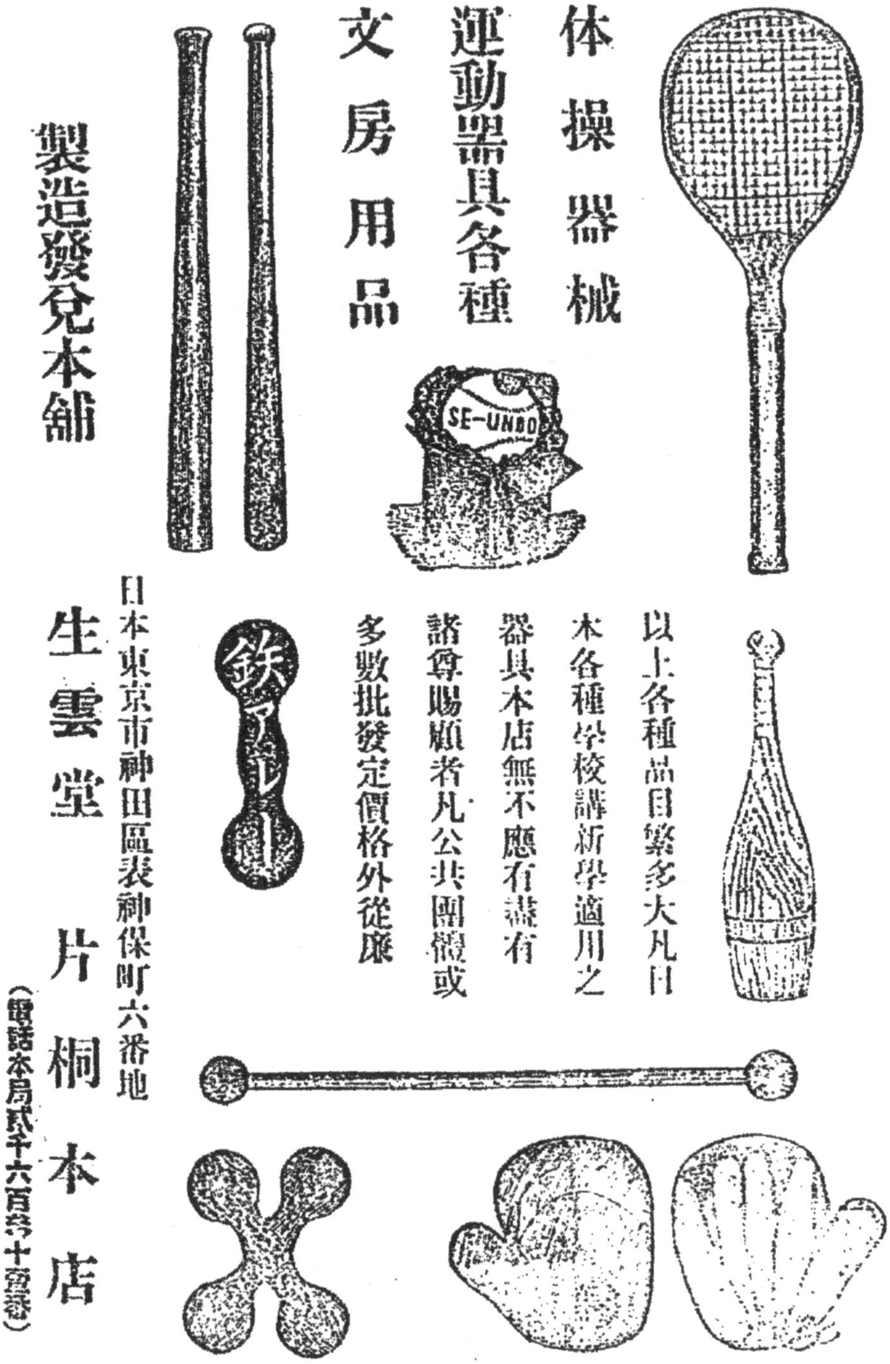
体操器械
運動器具各種
文房用品
SE-UNDO
製造發兌本舖
以上各種品目繁多大凡日
本各種學校講新學適用之
器具本店無不應有盡有
諸尊賜顧者凡公共團體或
多數批發定價格外從廉
鉄アレー
日本東京市神田區表神保町六番地
生雲堂　片桐本店
（電話本局貳千六百參十五番）

浙江潮第二期要目廣告

●社說

◎敬告我鄉人

●論說

◎民族主義論（續）

●學術

◎政法　清英清法商條約所載商權與管轄權之評論及舟小條約之感慨

●哲理

◎續無鬼論（續）　希臘哲學史之概論

●教育

◎教育學

●傳記

◎鄭成功傳

●軍事

◎軍國民解

●大勢

◎世界大勢　太平洋之競爭

◎各國內情　俄人之性質（續）

◎國際政局　斯拉夫人種與條頓人種之競爭　極東經營　俄人之東方新政策

●小說

◎逸事小說　古英雄

◎章回小說　自禍記

其餘雜錄及文苑都二十餘門

江蘇

門類

圖畫一
社說二
學說三（政法、教育、軍事、衛生、實業、歷史、地理）
譯篇四（門目與學說同）
小說五
時論六
記事七（本省內國外國留學界
記言八
雜錄九
廣告十

刊例

一 本識為江蘇同鄉會所發刊以輸進文明於內地為旨
一 本識編撰員由留學日本之江蘇學生擔任之
一 本識每冊約六七萬言洋裝百二十頁左右以陰曆每月望日發行

售例

一 全年售洋大二元五角半年一元三角零售每冊二角五分遠處郵費照加
一 欲購本識者請向本處總發行所或分售處購取
一 如有願代售本識者請函知總發行所十分以上九三十分以上八折

第一期准以陰曆三月望日發行

發刊辭
圖畫◉江蘇同鄉會撮影
社說◉江蘇改革之方針◉理想之新黨◉哀江南
學說◉政體進化論◉泰西教育家語錄◉軍事學◉說腦上◉江蘇工業之前途
譯篇◉釋盧騷非開化論◉強兵策◉嚴蟹蛇傳
小說◉破裂不全之小說◉空中旅行記
時論◉黃禍豫測◉其他
記事◉本省要聞◉內國要聞◉外國要聞◉留學界記事
雜錄

總發行所 江蘇編譯部 日本東京神田鈴木町十八番地
總經售處 文明書局 上海四馬路胡家宅

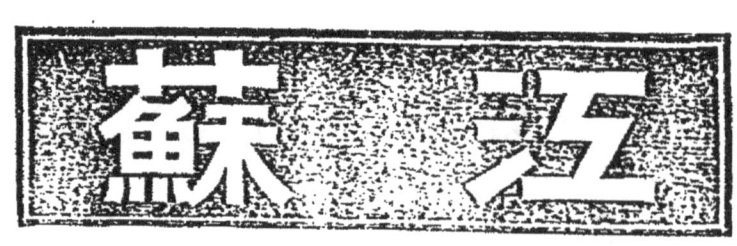

直說第二期目錄

本報自癸卯正月望日出第一期以後即按每月望日發行在東同人可向本社函索即當按期寄送在本國者可向各代售處購索全年大洋一元半年八角零售一角五分郵費按地遠近酌加若內地有願任本社代派者以八折計算但報資必須先惠本社或總經售處方便郵寄

總發行所　日本神田袋町九番地　直說編輯社

總經售所　天津北馬路名賢書局　楊星北先生

東京教科書譯輯社集股簡章

本社爲東京留學生所創設輯譯教科書及附刊有關教育之書先議譯輯中學所完全教科書計廿二種另詳述略及章程中函索即寄奉現已出版物理教科書物理易解生理教科書地文學社會學提綱各種初版出世未幾傳銷荷蒙海內通人謬相推許益發憤擴本社資本用集股法除已集得三百股（計三千）元先行開辦照章以二千股爲足數用特廣告海內添附股本以足數爲限教科書爲學堂所必需苟爲善本銷行必暢獲利自可操券同人志大力綿所敢自信者則出版之書皆由專門家擔任抉擇謹嚴不敢稍存苟且而已海內大雅幸共鑒之茲將集股簡章摘錄於左

一 資本以十元爲一股五股起數方可入社（照日銀計算）

一 集股以滿三百股開辦滿二千股爲足數不再收股

一 本社爲勵學開智起見與集股營業者不同故不別製股單凡附股者由本社掣與收單一紙分利取息悉以此單爲憑

一 本社定以每年終結算一次按股分息（常年六厘）如有盈餘除提三成備作擴充外餘則按股分派

一 凡經附股者不得中途收回股本

一 本社有附刊一門無論社內社外之人凡有輯譯稿送交本社檢定代刊者每年結算時按實售書價提五成歸原稿人餘五成則歸社中其版權則爲本社永有原稿人不得自行翻印

一 海內士夫如蒙提倡捐助本社當公推爲名譽贊成員酬送成書以答高誼

一 本社事務兼發行所暫設在日本東京神田駿河臺鈴木町十八番地留學生會館內如蒙賜信徑寄該處可也

教科書譯輯社啓

東京並木活版所工場

學堂必需教育圖畫告白

◎天地現象掛圖　第壹輯五枚壹組　價金貳圓五拾錢

◎同第貳輯　有日月星天體形狀及雲、雨、霰、雷、暈、虹、火山等之美圖也　貳輯亦同價

◎熱帶植物圖　有椰子、鳳梨、チコ木、甘蔗、ケヒーゴム樹等鮮明美圖　第壹輯五枚壹組　價金貳圓五拾錢

◎海獸類正圖　有獅虎、鰭脚獸、海馬、儒艮、鯨魚等各種海獸之美圖　五枚壹組完結　價金貳圓

◎實業教育掛圖之內漁業圖　[illegible]　第壹輯五枚壹組　價金貳圓五拾錢

◎腔腸動物圖　珊瑚○海綿○海膽○[illegible]○等各異動物數種　五枚壹組完結　價金貳圓

◎人體寄生虫及黴菌之圖　ペスト○コレラ等傳染病黴菌及人體寄生虫放大精圖　五枚壹組完結　價金貳圓

◎世界人種風俗掛圖　エスキモー人○アイヌ人○[illegible]人○北米土人印度人○南洋土人○其他歐米各國人生活狀態圖　第壹輯五枚壹組　價金貳圓五拾錢

◎海藻類正圖　昆布○荒布○海苔其他重要海藻二十餘種之美圖　五枚壹組完結　價金貳圓

◎人體生理解剖圖　人體諸機能[illegible]教授上最適當之掛圖　貳拾枚壹組完結　價金七圓

◎日本水產貝殼正圖　本邦貝殼百餘種之美圖　貳枚壹組　正價金貳圓

◎有毒無毒菌蕈正圖　第壹輯五枚壹組　正價金貳圓

◎爬虫類及水陸兩棲動物圖　蛇鱷魚蛙等之圖　壹輯五枚金貳圓

◎哺乳大動物圖　獅子虎猩々等各種　壹輯五枚金貳圓

◎甲殼動物圖　（エヒ○カニ○等）有甲殼動物五枚金貳圓

◎植物正圖　五枚壹組壹輯起第四輯迄出來壹輯金貳圓

◎魚類正圖　各種之魚類精巧美麗　第壹及第貳輯出來壹輯貳圓

◎鳥類正圖　保護鳥及各種鳥類鮮明美麗　壹輯起貳輯迄壹輯貳圓

◎本邦農業有益有害蟲類正圖　第壹輯起四輯迄出來壹輯付貳圓

◎鑛石寫實圖　金壹張　金參圓

◎養蠶示教圖　八張壹部　金參圓

前所載之外有繪圖畫壹百餘種

◎傳法◎本館圖畫目錄定價一據日本法貨、唐學即書金幾圓幾錢與中國市場價低昂不相關◎欲將本館圖書諸君定價金要先惠但郵送費別照加本館圖書目錄壹冊送致有命、不論遠近即呈上

日本東京新橋出雲町

東京造畫館

譯書彙編社出版及發行書目

(1)政治法律書類

政法叢書第一編 國法學 一冊定價六角五分

政法叢書第二編 歐美日本政體通覽 一冊定價三角

政法叢書第三編 日本行政法綱領 一冊定價五角

政法叢書第四編 日本國會起源 一冊定價八角

政法叢書第五編 國際公法 一冊定價 （近刊）

警察學（總論之部） 一冊定價二角 （近刊）

外交通義 一冊定價八角

日本現行法制大意 一冊定價三角 （近刊）

政治學提綱（上卷） 一冊定價四角 （近刊）

各國國民公私權考 一冊定價一角 （近刊）

法律學論綱 一冊定價一角

近世外交史 一冊定價 （近刊）

最近俄羅斯政治史 一冊定價六角

最近德意志政治史 一冊定價三角 （近刊）

法制新編 一冊定價四角

(2)經濟書類

縮版財政四綱 一冊定價一元 （近刊）

歐美各國最近財政及組織一冊定價四角（近刊）

理財學沿革史一冊定價二角（近刊）

歐洲財政史一冊定價二角

日本財政之過去及未來一冊定價二角

(3)歷史書類

波蘭衰亡戰史（上卷）一冊定價二角五分

美國獨立史一冊定價六角

日本維新活歷史一冊定價三角

(4)哲學書類

生物之過去未來一冊定價二角五分

論理學（卷二）一冊定價二角（近刊）

(5)傳記書類

比律賓志士獨立傳一冊定價二角

(6)小說書類

政治小說累卵東洋一冊定價二角

愛國精神譚一冊定價三角

(7)雜著書類

支那化成論一冊定價六角（近刊）

日本遊學指南一冊定價二角

外國國勢一覽一冊定價一角五分（近刊）

(8)圖表書類

最新精繪學校建築模範圖一冊定價二圓

本編代派所

總經售處上海開明書店

上海

- 新北門外 中西書室
- 棋盤街北 寶學會
- 望平街 中外日報館
- 大馬路東 廣智書局
- 棋盤街 普通學書室
- 棋盤街 新中國圖書社
- 抛球場 掃葉山房
- 二馬路 千頃堂
- 棋盤街 會文堂
- 棋盤街 商務書館

蘇州

- 元妙觀西 東來書莊
- 元妙觀東 開智書室
- 察院前 知新書室

杭州

- 銀洞橋 白話報館
- 菜市橋 浙江大學堂
- 裝卷 安定學堂
- 三橋址 總派報處
- 酒水方橋 東文學社
- 回回堂壁間 史學齋
- 湖州北門內 恒有東典
- 嘉興城內 秀水縣學堂
- 無錫崇安寺 三等學堂
- 無錫北門內道長巷 梁溪務實學堂

- 常州城內打索巷 修學
- 南京夫子廟 明達書莊
- 揚州舊城太平巷尾 王毓仁先生
- 多子街 阜成衣莊
- 新勝大街 華瀛公社
- 蕪湖簡瀏觀南岸 晉康煤炭公司
- 安慶城內拐角頭 藏書樓

江西

- 馬王廟後 南昌派報處
- 百花洲 廣智書莊
- 洗馬池 嘉惠書莊

湖北

- 武昌察院坡 文明書室
- 武昌城內大火巷口 謙吉土莊李玉山先生
- 武昌山後戈甲營土地廟轉 廣林蔣廳
- 武昌倚街 中東書社

廣東

- 廣州府前大馬站北 林裕和堂
- 廣州双門底 萃盧閱報處
- 廣東双門底 樂教書樓
- 廣西潯州府 潯陽圖書館
- 河南開封府北書店街 時中書莊
- 四川成都桂王橋北 成都圖書局
- 北京琉璃廠 有正書局
- 保定府北大街 直棣官書局
- 山西太原府 機器印書局
- 天津北馬路國學會館對門 名賢書畫局

Third No. 1.

明治三十四年一月廿八日第三種郵便物認可
政法學報癸卯年第一期

THE
TSEN FAH SHUI PAO,

A MONTHLY MAGAZINE

OF

POLITICAL AND LAW WORKS.

OFFICE:

No. 18, SURUGADAI-SUJUKICHO, KANDA;

TOKYO, JAPAN.

SOLE AGENCY

KAI-MIN BOOK STORE.

SHANGHAI, CHINA.

譯書彙編

一九〇三年第三卷第二期

國民必攜

政法學報

原名譯書彙編

明治三十四年十一月二十八日第三種郵便物認可（每月一期定期陰曆十五日發行）

目次

癸卯年第二期

前號目次

第三期要目豫告

本報價目表

全年十二冊	半年六冊	每冊
二元五角	一元三角	二角五分

外埠郵費視路遠近照加

廣告價目表

一頁	半頁	一行（四號十四字起碼）
五元	三元	二角

凡欲惠登告白者須於本報定期發刊之前五日交到價須先惠欲登長年半年者價當格外從減

明治三十六年七月十日印刷
明治三十六年八月十三日發行

編輯兼發行者　譯書彙編社（日本東京神田區駿河臺鈴木町十八番地）

發行所　譯書彙編社（日本東京神田區駿河臺鈴木町十八番地）

印刷人　酒井平次郎（日本東京淺草區黑船町二十八番地）

印刷所　東京並木活版所（日本東京淺草區黑船町二十八番地）

總發行所　開明書店（清國上海四馬路老巡捕房東首）

看！看!!看!!!

本學報十大特色

一本報全冊爲葉百廿爲類十數專主實學不事空談自始至終無一篇簡文章一句空泛話爲本報第一特色

一本報社說專演政法原理針對吾國前途取種種重大問題全以學理解決無閃爍兩可之語爲本報第二特色

一本報采東西各大家學說融會貫通而著爲論說 大都直接間接有大影響於政法界者爲本報第三特色

一本報分學術五門各由 專門家擔任 吸液藥府聚精會神務取學燈之光普照大千世界以求學問之獨立爲本報第四特色

一本報搜集易於觸動腦筋之議論事實而著爲警醒錄繪圖列說務使全國國民觸目驚心爲喚起愛國心之助爲本報第五特色

一本報設訪問他山集兩門或述談片或采投稿借旁觀之清議指當局之迷律爲本報第六特色

一本報設研究資料一門專爲研究政法學參考之助或采成法或據新政隨時著譯爲本報第七特色

一本報設歐美通信一門與歐美在留邦人特約按月報告彼中情形爲吾國作緊要通信機關爲本報第八特色

一本報月記留學界事實間附按語集之可成留學生歷史爲本報第九特色

一本報首頁揷畫務取有關於政法界學業上者閱之可起愛國之觀念爲本報第十特色

譯書彙編社出版及發行書目

(1) 政治法律書類

政法叢書第一編 國法學 一冊定價六角五分

政法叢書第二編 歐美日本政體通覽 一冊定價三角

政法叢書第三編 日本行政法綱領 一冊定價三角五分

政法叢書第四編 日本國會起源 一冊定價五角五分

政法叢書第五編 國際公法 一冊定價 （近刊）

警察學（總論之部） 一冊定價二角 （近刊）

外交通義 一冊定價八角

日本現行法制大意 一冊定價三角 （近刊）

政治學提綱（上卷） 一冊定價四角 （近刊）

各國國民公私權考 一冊定價一角 （近刊）

法律學論綱 一冊定價一角

近世外交史 一冊定價 （近刊）

最近俄羅斯政治史 一冊定價六角

最近德意志政治史 一冊定價三角 （近刊）

法制新編 一冊定價三角

(2) 經濟書類

輪版 財政四綱 一冊定價一元 （近刊）

歐美各國最近財政及組織　一冊定價四角　（近刊）

理財學沿革史　一冊定價二角　（近刊）

歐洲財政史　一冊定價二角

日本財政之過去及未來　一冊定價二角

(3)歷史書類

波蘭衰亡戰史（上卷）　一冊定價二角五分

美國獨立史　一冊定價六角

日本維新活歷史　一冊定價三角

(4)哲學書類

生物之過去未來　一冊定價二角五分

論理學（卷一）　一冊定價二角　（近刊）

(5)傳記書類

比律賓志士獨立傳　一冊定價二角

(6)小說書類

政治小說累卵東洋　一冊定價二角

愛國精神譚　一冊定價三角

(7)雜著書類

支那化成論　一冊定價六角　（近刊）

日本遊學指南　一冊定價二角

外國國勢一覽　一冊定價一角五分　（近刊）

(8)圖表書類

最新精繪學校建築模範圖　一冊定價二圓

最新精繪學校建築模範圖

定價兩圓

此圖爲日本文部省秘本詳列學校房舍一切配置之法自師範學校以至幼稚園無不具備本社不惜工本托文部省代印告成現在吾國各處興建學校苦無善圖可作模範以此圖參考之於應用大有裨益印刷不多務望速購

譯書彙編社告白

開明書店代售各種新書告白

本店專經售各種新學書籍與日本留學生諸君訂有特約凡譯書彙編社及教科書譯輯社所出各書均由本店一手發行並代購日本文及西文各種原書郵寄迅速價格克已賜顧諸君幸垂鑒焉

上海四馬路開明書店謹啓

本社新書出版報告

中學教科 法制新編

各國中等學校均有法制教科書爲普及一般政法思想之用吾國法制極不完備故不得不借他國之法制取其可法者勷爲成篇以備參攷而補教科之不足此書詳述日本現行法制敘述簡明而文筆暢達足以爲中學教科書也

◉洋裝 全一册

◉定價 大洋三角五分

傳記叢書之一 訥耳遜傳

訥耳遜爲英國水軍名將其名久已轟於吾國學界此書述其傳史讀之不特可知訥耳遜並可以知英國海軍之成立及英法戰爭之情形至其敘事明白譯筆古雅猶餘事耳

◉洋裝 全一册

再版 美國獨立史

◉洋裝 全一册

◉定價 大洋六角

是書爲美國麥霈氏原著前後各六卷今所譯者爲前六卷其目次如下(一)覓地之原(二)殖民之原(三)殖民地之進境(四)合衆(五)自主(六)立憲自開闢以至立國詳細敘述且譯者留學美國有年凡他書事實足以相發明者均隨時摘取補入以期完美實爲史中之良書凡從事史學者不可不家置一編也

浙江潮第五期目錄

五月二十日發行

總發行所
日本東京牛込區東五軒町九番地
浙江潮編輯所

總代派所
浙江省城萬安橋杭州白話報館
上海英大馬路壽康里永記書報代派所

洋裝百八十頁　每月一回　陰歷二十日發行

全年（十二冊）……三圓二角
半年（六冊）……一圓七角
另售（每冊）……三角
郵稅酌加

法國上議院之外觀

Le jardin de la Salle des Séances du Sénat.

法國上議院之內觀

La Salle des Séances du Sénat.

社說

本欄注意於中國政法界之前途、取種種時事上之大問題、全憑學理以解決之、本報主義綱領之所存、全在於此

論列國外交大勢及中國外交上之失敗

天民

嗚呼、今日之宇宙、一大競爭之宇宙也、强與弱相爭、而弱者敗、優與劣相爭、而劣者亡、此固競爭主體自然之現象、不獨今日爲然、而尤以今日爲最烈、競爭之方略、不必盡出於一轍、然無不以兵事相終始、故兵事者、所以促發競爭之速力、而收其全功者也、

歐洲競爭之大勢、凡三大變遷、其始爲國與國相競爭、其繼爲教與教相競爭、其後則又爲種與種相競爭、自今而後、二十世紀之絕大競爭、必將成爲同盟與同盟相競爭、世變愈亟、則競爭之禍亦愈烈、强與優者獨存、弱與劣者皆將自絕於宇宙間

其幸而僅存者，則亦不過爲奴隸爲牛馬，俯首帖耳，聽强者之束縛驅策刀俎宰割而已。故今日學者，黨主張三帝國主義，其意以爲將來世界上塊然鼎立者，惟此三大帝國，其餘皆將日就於澌滅。何謂三帝國，曰英曰米曰俄是也。英國殖民地徧及五大洲，米則踞温熱二帶之地。俄則兼寒温熱三帶之地而有之，產業之利源，食料之供給，準備資本，及每年人口之增加。三國情形雖不甚相同，然皆占有世界上一大部分，故能在國際競爭現象中獨制勝利。論者之言，雖不足盡信，而要爲治國者所當瞿然深思惕然猛省者也。

同盟競爭之點，在今日已稍露端倪。其一爲亞米利加關稅同盟，其二爲中央歐羅巴關稅同盟，其三爲德國和蘭商業同盟。米國蒙洛主義，向來惟應用於政治上，近日米國輿論將欲用之於商業上。維爾孫將軍曾著亞米利加自由貿易同盟論，其意亦欲以商業上之蒙洛主義，結合亞米利加諸邦，互相一致。以排斥他國商業，米國各新聞紙翕然和之。其事若果見施行，則未始非新世紀商業競爭上之一大現象。

中央歐羅巴之關稅同盟。雖尚未能實行。而為期當不甚遠。同盟之中心。其為德意志墺太利兩國。固不待言。但德國或因此併合墺大利與否。尚懸為未定之問題。蓋德國若於政治上併吞墺大利。其中頗多棘手之處。故將以商業同盟之一政策。盡收墺國併吞之利益。庶事半而功倍。此固德國前相俾士麥克所日夜經營之政策。特以時機未到。遲疑不決。而要為德國政治家一日所不能忘者也。德墺之關稅同盟。若成勢必誘引和蘭白耳義瑞西等小邦。聯絡一氣。以締結中歐同盟。蓋各小邦將來受競爭壓迫甚急。土地過小勢既微弱。不能獨力支持。勢不得不藉此同盟政策以共相進取故也。

德國今帝夙夜籌謀其國。將欲造成一殖民大帝國。故思與和蘭締結商業同盟。庶可以利用和蘭所有各處之殖民地。此固德國長蛇薦食之野心。然在和蘭人亦頗有此意。蓋和蘭見米國之併吞西班牙領土。及英國之征服南阿共和國。己國勢力孱薄。不能抵禦列強。將來必有喪其殖民地之一日。故思與德國互相提携。借德國海陸軍之力。以資防禦。然又恐為德國所併。是以尚遲疑不決。但德國既欲利用和蘭所有殖民地。必能籌畫善策。以迎合和蘭人之意。故此事之成就。亦可屈指豫期者。

外交界生存競爭之作用既如此其激而今日尚不至生大破裂者則列國均勢之故爲之也列國勢力相均故皆不敢首先發難亞非利加之殖民地則又侵略殆盡於是各國之覬覦遂集注於東亞而尤以我中國爲中心點吾中國當此歐亞競爭之衝存亡之機間不容髮吾退一步則敵進一步噬臍之悔其可及乎

吾中國自與各國通商以來。外交上失敗之點。不一而足。其最甚者爲租借地及領事裁判制二大端。毀損國體侵害利權且一切鬬爭皆由此而起辱國禍民莫此爲甚。茲特分列詳述於下。

第一　租借地

國家之成立有三要素。曰土地。曰人民。曰統治組織是也。土地者人類生存之基礎。而國家統治權所及之境界。無一定不移之土地。則不得稱之爲國家。故古時遊牧人民。漂泊於漠沙之上。逐水草而居。雖其間有酋長。有法律。有人民。而不能厠入於國家之列者。以無一定之土地故也。

國家之組織。土地以外。則又爲人民之集合體。人民之數。或數十百萬。或數千萬。雖無一定制限。然必其人數足以完成統治組織之初步。而後國家之實質始得成立。盧騷謂一國人口不過一萬人即足。此在封建時代。或可保全其威嚴。成爲一國。而今日則列邦鼎峙。皆擁廣土衆民。蓄强兵堅艦。以互相抗爭。決非區區人數所能維持於不敗之地者也。

有土地有人民。而無一定之結合力。則仍不得爲國家。蓋所謂國家者。必有治者被治者之區別。與强制法力之結合。以爲媒介。而後國家之組織始完全無缺。故統治組織。尙爲統治組織之中心點。爲統治權。統治權者。國法上之最高權力是也。然此不獨君主國爲然。即在古時民主國亦無不然。蓋民主國以國民全體握有政權。其國民集合則爲統治者。國民分立。則爲被治者。故同一國民。實立於統治者及被治者之兩地位。而儼然分界。若無統治組織。則人人各從其所欲。以爲行動。而國家之一切法令。皆不得施行。其國家亦無由成立矣。

據以上所論觀之。國家之三要素中。若缺其一素。即不能保有其國家。是則土地與國家有絕大關係。不待智者而後知也。故各國於領土之區域及變更。無不兢兢致意。如德意志瑞西白耳義葡萄牙等。皆明示領土之區域於憲法中。領土變更之時。則與憲法變更同一辦法。瑞典那威索遜塞爾維亞等國。則於憲法中揭示領土不可割讓之明文。若欲變更領土。則須經議會之許可。此外法蘭西和蘭西班牙國等。皆設定領土變更之法律。不由法律認定者。不得割讓交換。蓋領土者國民分限得喪之所由定國家勢力之所在其與國家相關係固密着而不可離者也。 六

吾國由甲午一敗。列國乘勢各欲張其勢力圈磨牙豎髮環相逼視而吾締約諸公。夢夢焉昧焉受其恫喝手足罔措於是租旅大於俄租威海於英租膠州於德租廣州灣於法而吾全國海險幾盡入於列強之手蓋自有國家以來外交之失敗未有如此其甚者也。

租借地之成例。——嗎魯忝司謂中古時極多。然史無可徵。今日則惟一千八百九十四年英國與孔哥國締結條約。借受孔哥國地方二十五啓羅密達之長。爲德國所阻。

事不果行。此外則絕無聞者。然則租借地之名目。實吾國所特創。而爲國際法上添一新奇之問題而已。

租借地當然隸屬何國領土。則與租借地主權之問題相連屬。蓋領土者主權所行之範圍也。主權之觀念爲絕對無限最高無上之權力。故主權不可分。排魯培魯謂主權爲最完全之國權。夫主權既爲最高之力。則決不能容他國主權行於自國版圖之上。若以主權爲最完全之國權。則他國權力所行之地。自國主權即無由存在。旅順大連灣條約第一條曰。惟中國帝權不得稍有損礙云云。此不過紙上主權耳。其實在行動者。則爲他國主權。而非我國主權。故利司脫利培魯以此爲割讓之一形式。實有深意。蓋明言割讓。則恐傷害一國國民之感情。且恐他國藉端干涉。故特創此租借地異例。泯割讓之形狀。收割讓之實利。此實列國最狡猾險毒之政略。吾國當局者不之深察。遂墮其術中耳。論者或謂租借地年限定滿以後。則依照條約所定。該租借地仍歸入我國版圖以內。然中俄條約第三款曰。惟既已滿期之後。應準由兩國會商斟酌續租云云。則將來滿租以後。仍可續租。更無疑義。且即使各國肯返還吾租借地。亦必須更結條約。而後吾主權始得收回。故學者或引裸權、虛權、等觀念。以爲比例。夫裸權虛權皆不得爲主權。主權者最高無限之權力。以最高無限之權力。而等於裸權虛權。不能完全施行。則與主權之性質自相矛盾矣。但法理與政略不同。法理上所決不可許之事。在政略上或得行之。今日租借地所有之主權雖仍在我國。而該地上所有之最高權及管理權。則在他人手中。故學者又名此種權爲半主權。

何謂半主權。半主權者。主權消滅之謂。然在半主權國。其主權雖不完全。而內政猶聽其自己主治。我中國租借地之高權及管理權。均委之於外國。然則租借地所關之主權。實幷半主權國之權利而無之。豈不可痛。主權之觀念。爲國法上觀念。自國際法上觀之。則稱對外主權。故主權之觀察方面。區別爲對內主權。對外主權兩種。對內主權者。對自國人民命令強制之權力是也。對外主權者。國內所行一切權利。他國不得干涉侵害之謂也。在主權本體之性質。實唯一而不可分。特觀察點上區分爲兩方面耳。租借地之人民。由外國管轄。我國既無絕對最高之強制權力。是自失其對內主權也。土地既爲他國所管轄。他國實即侵害我國主權之一切行使。是自失其對外主權也。對內主權與對外主權並失。然則國法上及國際法上皆不有主權可知。聚九州之鐵誰鑄此大錯哉。

或謂租借地上我國有主權之体。他國則有主權之用。其言大誤。夫所謂主權者。實兼体用而有之。若僅有其一部。即不得稱之爲主權。蓋於土地上若有主權之体。則此主權即得運用自如。斷不受人制限。未有体存而用不存者也。且所謂主權之用者。係指何物。若謂主權之用。即係管轄權行使權管理權等。則主權之用在是。主權之体亦即在是。若謂行使權之外尚有行使權。管理權之上尚有管理權。則於理不合。權利採之於他人。而謂自己尚能行使。即在私法上亦決無此定例。或以此爲代理行爲。夫所謂代理者。本人能力不足。他人代而行之。權利仍在本人。他人不過代理其行爲。非并本人之名而代理之也。今租借地上一切行政。各國皆以自己之名行之。於我國毫無關係。則不得稱之爲代理行爲。

又或謂一國享有其國權。其行政立法司法等則由各機關分掌而行。故租借地上列國之一切行動。實爲我國國權行使之機關。其言亦誤。蓋國家之統治機關。係國法上所定。非國際法上所定。故不得以他國國家爲自國治國之機關。俄國之於旅大。英國之於威海衛。若謂此兩國係該租借地之事務管理者。實法律上所不能說明。而無由得其解釋者也。

然則租借地上之行爲。既非代理行爲。又非管理機關。他國皆以自己之名行使其國權。則是他國顯然有其主權。夫主權唯一。而不得兩立。他國於此地方有其主權我國於此地方即失其主權可知矣。

或又謂租借與割讓不同。依條約及公文之形式上言之。其言誠然。然依其實質上言之。則又相去幾何。膠州灣九十九年之租借。條約中高權之行使。我國讓與德國。此何等事而可讓乎。上海天津蘇州杭州等處租借。不過居留地條約。使外國居留人民。得自行其警察權而已。無行政司法等權。高權之行使。仍在我國。若膠州灣等租借情形。則與此大異。此實割讓占領之一大變例也。

膠州廣州之租借以九十九年爲期。此係有期租借乎。抑係無期租借乎。聞西洋以九十九爲數之極。然則所謂九十九年者。直不啻無期租借耳。旅大威海以二十五年爲期。而許其續租。一續再續。亦即與無期租借相似。吾不知當時締約諸公。是何肺腑。伍參之肉其足食乎。

第二　領事裁判所

司法權爲國家主權之行使。非他國所得干預。他國人民入我國境。無論何人。均須遵守我國法律向來無外國駐紮領事得行其裁判權之理。外國駐紮領事官若行其裁判權。是即蔑視我國法律其蔑視我國法律實即蔑視我國主權且外國居留地方若任外國駐紮領事官行其裁判權。則是我國國境以內我國主權不能行使反使他國主權行使於我境內喧賓奪主恥莫大焉詬莫甚焉

領事裁判制發源於中古。當十字軍創起之時。歐洲人民於其侵略地方。得享有特別權利。其後各該國人民在外國時。亦遂主張屬人主義。專受自國主權之保護。此實領事裁判權之濫觴。且耶蘇教徒與回回教徒相接。兩教大相衝突。耶蘇教民不甘受回教之管轄裁判。於是仰求本國保護。而寄其裁判權於領事。土耳其與歐洲

各國間締結條約。即爲承認該領事裁判權之開始。其後遂波及東洋各國。而我國當局者不之細察。亦因而大受其辱。

土耳其所關領事裁判權根本之觀念。與今日迥異。當時外國人寄住土耳其者甚多。土耳其對此等外國人。不欲適用自國法律。不欲使自國裁判所裁判外國人事件。其意以爲自國法律。爲與自國土地有密着關係。專適用於自國人民之故而設。且自國制度及法律皆極完全。外國人不能適用云云。於是各外國人所屬國家。勢不得不派遣領事。以從事裁判。此時首先與土耳其締結領事裁判權條約者。法蘭西也。今日土耳其之領事裁判。則不然。蓋今日歐洲各國日進文明。其制度亦極爲發達。而土耳其仍無進步。裁判官官廳法律均不完全。故歐米各國均由本國派遣領事於土耳其。以裁判本國居留人民事件。故今日之領事裁判制與當時之領事裁判制。實大相逕庭也。

領事裁判制。分爲兩種。一爲相互領事裁判制。即兩國國家均有領事裁判權之謂。此例今日甚少。當時惟我國與日本有之。我國人民在日本者。歸我國領事裁判。日木人民在我國者。歸日本領事裁判。甲午一敗。此權遂失。日本人民在我國者。雖仍歸日本領事裁判。而我國人民之在日本者。遂隸日本司法權以下。不歸我國領事裁判矣。二爲單獨領事裁判制。即一面國家專有其領事裁判權之謂。近來我國及土耳其朝鮮暹羅等國所有各國之領事裁判權。皆係單獨領事裁判制。日本於明治三十二年七月與歐米各國改訂條約。各國領事裁判制皆一律撤去。遂成爲完全獨立之自主國。

領事裁判權分爲民事所關領事裁判權刑事所關領事裁判權二項。

第一　民事所關領事裁判權

民事所關領事裁判權。又區別爲四項。一管轄。二訴訟方法。三上訴。四裁判執行是也。

第一項　管轄

管轄分爲三種。一歐米同國人之訴訟。二歐米兩國人相互間之訴訟。三歐米人與土耳其人之訴訟。

一　歐米同國人之訴訟　此種訴訟。被告居留地所屬國領事管轄之。凡民事所關一切事件。外國領事均有此管轄權。惟一千八百六十七年條約。稍加制限。據該條約所載。聲稱土耳其土地。外國人得任意購買。但外國人既購買土耳其土地而爲該地主時。即當拋棄其服從領事裁判權之特權。而隸於土耳其法律之下。自加此制限後。此種地主爲領事裁判權所不能及。

二　歐米兩國人相互間之訴訟　此種訴訟。當時所定原則。亦隸於被告之領事裁判權以下。自一千八百二十年組織混合裁判所。一切事件。均歸此混合裁判所管轄。混合裁判所者。原告被告兩領事管轄區均選出裁判官之謂。其組織方法。由被告所屬國公使召集混合裁判所。設裁判官三名。二名係被告之同國人。一名係原告之同國人。裁判執行。則被告所屬國領事行之。

三　歐米人與土耳其人之訴訟　此種裁判。亦由被告所屬領事管轄。若被告係土耳其人。則由土耳其裁判所管轄之。但實際上外國領事。往往干涉其間。百般要求。故被告雖爲土耳其人。而亦隸於領事裁判之下。此外土耳其尚有一混合裁判所。一千八百四十七年以來。商事及刑事所關事件。均由此混合裁判所管轄之。其裁判所第一審第二審均在君士但丁堡。裁判官則以歐洲人半數、土耳其人半數、組織之。

第二項　訴訟方法

各國法制不同。故各國領事裁判亦因之而異。大約皆依本國之訴訟法以爲裁判。混合裁判所則有特別章程。

第三項　上訴

上訴方法。法蘭西及其他多數國定例。凡屬於區裁判所職務者。槪以此爲終審判決。其餘各國或有許其上訴者。如英國則特設上訴裁判所。以開上訴之途。今日極東領事裁判之上訴定例。雖區裁判所所管轄及地方裁判所事件。均許上訴。譬各區裁判所事件若係隸長崎地方裁判所管轄者。即得上訴於長崎控訴院。但領事裁判之上訴。使內國裁判所爲之。其事頗不便利。且內國裁判所於外國事情不甚熟悉。今使其覆審領事裁判。殊於事理不合。此事所關。學說紛紛。於我國無甚關係。

茲不具載。

第四項　裁判執行

裁判執行之事。該地領事執行之，其執行方法。依本國章程辦理。本國法所不認者。不得採用。

第二　刑事所關領事裁判權

歐米人於土耳其依特別條約。得有刑、事、裁判權。但惟該領事所屬國人相互間有犯罪行爲時。始得使用此權。其後又擴充該條約。凡歐米人所關事件。一般領事裁判所均得管轄。其事件分爲數種。譬如違警罪。則以領事裁判所爲終審。輕罪則領事裁判所爲第一審判決。使得上訴於本國。重罪則領事裁判所但加豫審。直即送交本國領事裁判所之組織雖各國不同。大約領事裁判時。由本國人中選一人爲陪審官。期限一年。陪審官不到。則領事即一人審判亦可。又土耳其所有各國領事。得於警察上彈壓其自國人民。若該人民於居留地中有壞害安寧及風俗或居住不定者。得驅逐出境。埃及國向來亦有領事裁判制。近改爲混合裁判所。以一千八百六十七年、一千八百六十九年、一千八百七十年、一千八百七十三年共四次條約定之。一千八百七十三年之條約。係法英德墺伊等國會合。制定埃及所有混合裁判所據成法。該裁判所當初擬設立五年。其後漸次延期。遂至今日。成爲永久存續之裁判所。各國間互相訂約。其第一、第一審裁判所有三個。裁判官則以歐洲人四人埃及人三人組織之。第一審裁判所之上。設控訴院一所。以歐洲人七人埃及人四人組織之。當命令歐洲人爲該裁判官時。雖由於埃及王命令。而歐羅巴各國實先發議。蓋必首經歐羅巴各國之同意而後埃及王始得任命之。該裁判所所關權限。一爲民事所關事件。二爲刑事所關事件。

一　民事所關事件分爲兩種。一、埃及國中動產不動產所關權利關係之訴訟。二、歐洲人與埃及人所關一切訴訟。

二　刑事所關事件。如重罪、輕罪、違警罪等是也。

混合裁判所權限外事件。除埃及國裁判所專屬以外之事。由領事裁判所裁判之。

又一千八百八十九年六月十七日、英米德三國開伯林會議。於沙模師設立高等裁判所及高等裁判所官任命方法等。該裁判官任命。由英米德三國於歐羅巴人中選出之。蓋即三國意見互相一致。然後任命。萬一三國意見不能一致之時。則使瑞典王任命之。其裁判權限爲左。

一　沙模師土地所有權所關訴訟事件。

二　土地所有權以外之民事訴訟事件。(一)內國人與外國人爭訟。(二)外國人國籍不同者之相互爭訟。

三　刑事所關事件。(一)內國人對外國人所犯重罪及輕罪。(二)外國人不服領事裁判權所犯重罪及輕罪。

要而言之。處今日羣雄角逐之時。外交之道。貴宜講求。孔子論士品曰。使於四方。不辱君命。又曰。誦詩三百。不能專對。雖多奚爲。可見春秋時外交之道。爲一種極重大學問。列國以後。秦始皇一統天下。漢晉相承。此學遂廢。當時雖有匈奴契丹及金遼等國。然不過一二列藩。狡然思啓。蘇武富弼諸公。持躬不屈。千古傳爲美談。未有列强環逼。重門洞開。使節往來。輪船四達。如今日之甚者。故處今日外交之難。亦百千倍於往古一有不愼即爲所挾制蹈瑕伺間詭謀百出而我當局者尚泄泄以承之一遇交涉案件即瞠目咋舌不知所出否則唯唯諾諾有求必應但得苟安便幸福所謂國家之利害若何人民之公益若何皆在所不計也其一二自命爲洋務人員者則又仰望外人之鼻息奴顏婢膝喁喁焉惟恐買禍使我二萬萬方里之廣土四萬萬靈胄之衆民幾等於土耳其埃及朝鮮諸國之列嗚乎誰實爲之而至於此然則處今日而不講求競爭學問摩厲競爭血氣團結競爭勢力發達競爭思想其何以利用此競爭之風潮汨汨浩浩騰涌決潰以立國於此大競爭之宇宙間哉

20

二〇

論說

本欄爲同人自由發揮其思想之地、不拘定格而大都直接或間接有大影響於政治界、與尋常空論不同、

經濟上之支那觀

經濟研究生

讀古今歷史、利權伸張、國力騰展、莫如今日之歐美各國是也。內則鼓勵商工事業之宏盛、外則攫獲貿易交通之利權、目的、諡遂、政策、孰取、曰帝國主義而已矣。不惟一國然。各國皆然。故帝國主義之旗幟。有與時偕進之盛也。

美國之行動於菲律賓羣島。俄羅斯之跳梁於東三省、迹其事事物物而觀之。非本於帝國主義而何、綜觀列國均勢軍備擴張之今日、恐數千年後大同郅治人類樂土之說未可信也、嗟乎、悲中悲慘中慘將來之戰爭豈能倖免乎

戰、惡事也、兵凶器也、夫人知之矣、但防禦外國之侮辱侵害不得不有武備的機關況乎國家之富強莫重乎經濟、當此經濟競爭之世界人人有爭勝之心即人人抱禦侮之念故武備的機關亦自然之勢不得已之舉耳。

二

帝國主義非一致也。有根本於經濟上之發展者。有胚胎於政治上之權略者。前者美之帝國主義是也。後者俄羅斯之帝國主義是也。

美國初則高隱於孟洛主義之下。不鳴不飛。若取遵時養晦之義也。一旦時機之來。有沖天驚人之勢。足以使世界驚駭者。曰農業之進步。曰工業之發達。曰商業之振作等類。令人更僕難終也。挾巨億之資。不求得投放之區。若歐洲各方面既不足當銳氣勃勃之美人。然則如何而後可。早有一放資國之樂土久映於美人之眼簾。曰東亞細亞支那大陸是也。彼對吾極東之抱負大而偉。其在吾國內地之各種事業著著成效。故列國莫不相驚嘆嗟曰。美人極東貿易進步之速。近更有一事例足以相證也。

試看美國近日之狀態。憑其富有之力。昂頭世界睥睨一切。巧將本國鐵道及航業之接續。獨占太平洋貿易之覇權。收買巴拿馬地頸運河會社。優占太西太平兩洋航路之循環相聯也。更於經營極東貿易之餘。擲財富之一部。配分於南美諸邦。美國之經濟上帝國主義有如是者。

試觀俄國辟闔闔之杼軸。竭草野之脂膏。注意於西伯利亞大鐵道之完全。所謂以犧牲供國事者。故俄國戶部大臣烏衣鐵氏之聲聞。雖不能謳歌於民間。然其手腕之敏捷。誠不愧近世財政家之擘畫也。

顧西伯利鐵道之完全。本可握極東陸運貿易之全權（含東亞西歐而言）顧俄羅斯之政事家。視西伯利亞鐵道之完全。若於經濟上之注意。寡政治上之注意多。故利用東亞貿易之如何。耕作西伯利亞大陸之方法如何。漁業問題如何。關稅問題如何。若此類者。悉屬經濟上之重要。而視俄人之注意於此種問題。不如其注意於領土擴張之之念爲愈也。藉助還遼之口實。而租借不凍港。既得不凍港。以爲屯駐海軍之所。尤不可無貯煤炭供需應之地。故達路泥之經營甚力也。既得貯炭供需之地。尤貴乎運輸之利便。故西伯利亞鐵道與東清鐵道之兩線。汲汲焉相聯。俄人猶不以爲足。辱及於愛親覺羅氏發祥之地。而昂然自若。今日之野心驕志已甚。鴨綠江而達雞林八道。故於滿州撤兵事件。終始躊躇。托辭左右國際典禮之不講強弄手段之巧工雖經第三國之忠告亦置若罔聞狼貪野心伊於何極俄羅斯之政

治上帝國主義有如是者

雖然達路泥之工程既竣西伯利亞鐵道與東清鐵道之兩線既聯海上義勇艦隊之增加既成則陸與海之聲勢銜環相應矣今日搭載運輸之効雖未顯著十年之後以此為經濟的大媒介以此為貿易上大機關斷無可疑者也而西伯利亞一方今日為曠漠無人雞犬無聲之境他日者必為層樓高閣人雲煙雨之區也今日幾等於不毛不生之地他日者必為耕作繁盛享貨殖無窮之益也此又不待蓍蔡而決者矣故俄羅斯之將來經濟上之發達亦乘天時地利之勝而大有可為者愼毋謂俄羅斯人種僅知好鬭而不知經濟也況如今日之大藏大臣烏夷鐵氏其人財政手腕之靈敏者自來處理財政上幾許難問題皆有條不紊卒排衆議而決東洋問題彼有極東視察覆命書之著亦可窺見俄羅斯經濟家之一班想人人所樂聞者也茲摘述其要領如左

本官奉皇帝陛下之命巡視西伯利亞鐵道及東清鐵道自起點線以至若點線無不視察一周夫此鐵道之始基起工於先帝亞歷山第三世御宇時也迨

陛下而臨造竣工在陛下爲空前之大建築在本官爲空前之大使命歡洽何如西伯利亞鐵道之利益普及於世界昔則東亞西歐彼此隔膜亞則不知歐之文明歐則不知亞之道德一則頑守其單獨之國粹一則巧炫其日進之强悍千有餘年來不相聞問自西伯利亞鐵道之交通則亞細亞之門戶洞開而歐羅巴之關鍵亦破矣運送低廉發達迅速不必俟腰纏萬貫不必憂水遠山遙由工業上言之亞細亞未製之材料如山如海歐洲人士可憑西伯利亞鐵道而取携焉歐羅巴良品佳製之日出支那朝鮮人民可由西伯利亞鐵道而需用焉且歐羅巴之富紳巨賈可携其資本來掘礦東天然之富源凡若此類謂非西伯利亞鐵道連結之功乎故西伯利亞鐵道之鴻益公道不獨俄羅斯人自炫實爲各國所共認也

以上所言猶屬世界之公共利益茲以俄羅斯一國之利益言之此鐵道成功之後俄國內地必添開幾多新市場西伯利亞一方必添增幾多移住人民因是採西伯利亞之鑛山盛西伯利亞之工業而俄羅斯之生產力增加矣而西

伯利亞可爲開化點之中心矣。此鐵道之敷設也。在世界大工事之一。在今上皇帝陛下大經營之一。後世史家特書大書享萬古不滅之令名榮熱甚焉。故有以鐵道工事敷設費之過鉅而指爲所得不償所失者。則忘其將來利益之鴻大而不足爲評論之當也必矣。

雖然負擔費之浩大。亦吾人所不可不記憶者也。數年間。西伯利亞鐵道。東清鐵道。　帕爾米鐵道。　愛克吉林潘爾若、稽愛里耶濱斯若鐵道等經費。計七億五千八百九十五萬五千九百〇七羅比。合之目下敷設中之貝加爾湖岸迂迴鐵道之費用已達拾億羅比。此項費用猶不能足。更有附屬經費如極東之擴張陸軍。　築造港灣。　增設極東行政廳等費。所需匪尠也。俄國財政家於此類費用常躊躇而不能定。亦無怪其然者也。

烏衣鐵藏相更進而言之曰。

西伯利亞鐵道者。先帝歷山三世陛下。所謂平和的事業教化的任務者也。茲雖工事告竣。而此後困難情形。猶歷歷可數。不可不以忍耐行之也。達路泥市之築港。當俟諸一年之後此港築成該市商業上之利益具備矣可期爲世界市場之中心即可握世界之商權故當市之不動產以俄國商人之所有爲主當市尤宜置石炭貯藏所以備採掘滿洲石炭之用焉。

烏衣鐵藏相又論達路泥及浦鹽(即海參崴)二市之關係曰。

開達路泥市場而浦鹽市之受損無論矣蓋達路泥市既爲不凍港而接近支那之中央市場地位之優非浦鹽市所能及也欲望浦鹽市之繁盛當求於達路泥市之外也以黑龍江沿海州及東北滿洲爲浦鹽市之商業範圍以南方滿洲爲達路泥市之商業範圍達路泥市開設之費用計一八、八五〇、〇〇羅比該市繁盛之後取償不難也滿洲鐵道今日奪浦鹽之利益不少而後日之補償亦正充滿裕如也故浦鹽之損害不過爲一時之現象爾。

烏衣鐵藏相結論之辭曰。

東清鐵道及旅順大連灣者是爲太平洋之不凍港非俄國東方進行之第一步者乎

島衣鐵葳相所謂經營東方之要旨如此彼意見之一班可窺矣俄人之積年計畫朝夕打算曰領土擴張主義而已矣上下營營朝夕不怠無非實行其主義也期此主義之直達不得不本源於國民之膨脹期國民之膨脹不得不本源於經濟之發展試讀中古以降國民發達之歷史而恍然矣由政治學上國家學上觀之有國家私人之別由經濟學上觀之無論國家無論私人俱務經濟之發展固無區別者也近世經濟學者目經濟的帝國主義曰武裝的經濟政策曰國際的經濟關係皆指對外關係而言而語源於歐美列國之間彼等所實行運用者也一言以要之曰商略

今日英俄德法勢均力敵國民之智識程度無甚差池雖各持野心相挫相持卒不能發而發諸闇昧衰弱未開半開之國捷足先得惟日不足有若南美洲有若南非洲有若濠洲印度有若中央亞細亞有若西比利亞雖各國占領之方法不一有以(一)心理的蠶食者有以(二)財理的蠶食者(三)有以生理的蠶食者要之以第二項爲多若巴爾幹半島之關係若亞那俄尼斯丹問題若非律賓羣島之經略溯以上諸

處實行彼等之主義已令吾悲慘欲絕所謂當年狀況不堪回首者然而列國猶不自足也向之分道自營者今則衆矢集的矣的何在曰支那大陸是也支那者爲世界之最舊國等於埃及印度而其領域宏大人口衆多物產豐富實爲世界寶庫而歐美列國所垂涎不置者也負如此之富藏無怪來盜之相屬當今日之衰弱不得不嘆如何以應付也豁之列國待南美洲待南非洲待濠洲印度待中央亞細亞待西伯利亞方法不同而今日之列國以待吾四百餘洲手段亦異茲不一一說明曷禁馨香禱祝以待愛國之士研究而準備之毋任其經濟的帝國主義之旗幟飛揚跋扈於神洲大陸者也

（未完）

一〇

學術（五種）

本欄爲本報中堅之部、同人所謂政法學界之燈、其光即大發於此、所謂學問獨立時代、亦將由此歷練而成實本報之大本營也、其門類如下

第一類　政治

第二類　法律

第三類　經濟

第四類　歷史

第五類　哲理

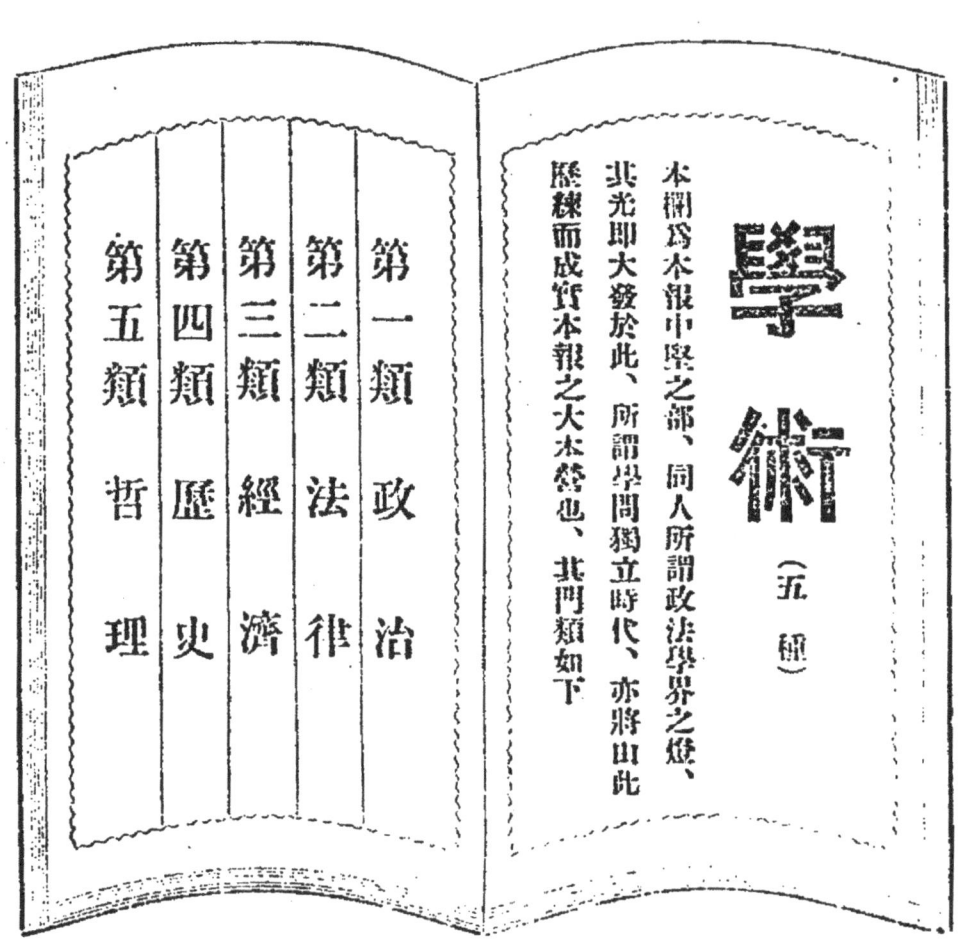

本社廣告

本社所出之譯書彙編自本年一期起改名政法學報內容仍照去年第九期後之彙編而益加精善已登前項廣告閱者幸垂鑒焉

一去年譯書彙編閱資未交者務乞從速寄下以資周轉

一凡去年定閱譯書彙編者今年仍續送政法學報願蟬聯接閱政法學報者即請示知本社或總發賣處即當按期寄奉欵須先惠否則停寄

一本社託上海四馬路開明書店爲總發賣處凡內地不便直向本社交易者可就近向該總發賣處定閱以省周折

日本東京駿河臺鈴木町十八番地

譯書彙編社謹白

政治

立憲論（續第一章）

耐軒

第一章　政體

第二節　政體與國體之區別

政體之分類、前節已略言之、茲更有一不可不明之要點、即國體與政體之區別是也、國體者因一國之主權之所在而定國家組織之謂也、政體者定統治法之形式以活動此主權之謂也、換言之、則國體之分類基於組織、而政體之分類實原於作用也、國體與歷史有直接的關係、故欲更改國體、不得不深察乎歷史上種種之性質及種種之原因、而不可出之輕易、政體則隨社會羣俗之程度為變遷、社會之程度進、則政體亦不得不與之俱進、故改革政體、恒視改革國體為易、往昔學者混國體政體而為一、當政體不能適用之時、欲求其改良、不得不出之於改革國體、故十七八世紀之終歐洲各國革命之結果莫不擴主權在民之說（盧騷之說）以傾覆其統治之主體然究其原始彼人民之希望不過在恢復自由確定權利之界限以防元首之侵奪已耳自學者發明國體與政體之異點於是主張改革政體者以務得參政權爲目的而置君位去留爲例外問題如英國雖迭次革命而仍奉女王爲元后日本以純粹之專制國而改行立憲皆其例也英國邊奇華脫之言曰「吾人之目的在求人民之幸福而非與君爭去留也」日本政治家高田早苗氏之言曰「所貴乎代議政體者爲能普及政治知識於一般之人民而喚起其國家之觀念也」（見高田氏政體論）此皆深明國體與政體之區別者也

今欲明國體與政體之區別不可不明國體與政體之定義試擇各說之簡明者分析以說之

（第一）國體者有永久持續的性質者也政體者無永久持續的性質者也．國體如何而定淵源於建國之歷史而政體之變更則視乎社會之程度故當建國之初設社會之文化未開人人支配於武力而無服從法律之習慣于此而欲養成人民遵法之精神導進於獨立自治則統治之形式不得不取法於獨裁迨社會程度既逐漸發達人民確有足以參與政事之能力則不得不分政權以畀民而專制政治必趨於立憲此自然之理也西哲有言曰「專制政治爲原始國家所不可少唯統治者當存扶進人格之心不可陷人民於奴隷之悲境故當人民有相當之智識即須與以政治上之教育使之習練政事如開國會使之議政開地方會使之自治民選府縣市長使之爲政之類」諒哉言乎爲治者而能知此意也其尙有傾覆國體之虞乎

（第二）國體者以統治權之所在而定政體者以行使統治權之形式而定也 統治權者統治全國之主權也故又名之爲最高權自孟德斯鳩倡三權分立之說各國立法行政司法三大權莫不主張分立然所謂分立者固非各有全能之權力不過各設以獨立之機關與以特殊之權限區別其作用以形成統治權耳故各國憲法上大抵明定國會、政府、及裁判所之權限使之不相牽掣而以統治權歸之元首以期政治上之調和圓滿此統治權或歸之君主（君主國）或歸之大統領（民

主國）皆隨其國體而定而此元首之有無世襲有無責任有無廢讓有無全能皆憲法上重要問題而爲政體區別之根據者也

（第三）國體者政治之主體也政體者政治之從體也。質言之則國體者對外之名詞而政體者對內之名詞也國與國相互之承認在一國主權之所在而非主權行使方法之所在也二者絕不相類故同是君主國體而其政權之行使有直接者（一人政體）有間接者。（君民共治政體）又同是民主國體而其政權之行使有委之一人者（大統領）有委之多人者（寡人政體）自國際法上觀之凡締結條約宣戰擇和諸大權莫不認單獨主權爲唯一之代表而自國法上觀之則凡發號施令除專制政體外莫不經閣臣之副署議院之協贊雖以認可公布之權奉之元首其實祇成爲形式上之具文耳

國體與政體之定義如此則二者之性質其不能相混也明矣。論政體者盍稍留意於其間乎。

第三節　立憲政體與專制政體之比較

立憲之意義。可分為廣義的。與狹義的。以狹義言。則立憲政體。若為君主立憲之獨用名詞。以廣義言。則凡有憲法之國。無不可名之為立憲。特其憲法之範圍。主權之地位不同。故學者區別其稱曰君主立憲與民主立憲

民主立憲之與君主立憲。其性質異。其儀式異。其各種機關之組織亦異。其不能相同也。明甚。雖然其不相同。而適相同者。則皆主國家主權說是也。英國法律家蠻痕 Maine 著有民主政治一書(Popular Goverment)其言曰「近世國家之政體無論其為君主立憲為民主共和。皆不過外形之差別。其主權實皆操之國民也」法國公法家巴德標 Badebna 之言曰立憲國之君主。世襲之大統領也。民主國之大統領。終身或有期之君主也。自二說觀之。益信國家主權之說之非誤。蓋主權不當付之自然人。而當付之法人。學者共認之原則也。國家者。其有法人資格者也。彼君主與大統領。不過為國家法人之代表耳

立憲國之精神作用。全在憲法。民主國之憲法。其由民意制定者。無論已。即以君主立憲國而論。其憲法之制定。誠不過明記治者與被治者之權限。使之毋相侵犯。然

二者之權利既明則君民之戰爭自息而人民喪失之自由得以復之一日以視專制之國大權操之一人生殺與奪唯一人之意思是聽者其得失利益何可同日語宜學者認爲普通善良政體而得推行之於多數國也

日本法學博士小野塚喜平次論立憲政體之優點有二。

(一)政治上之利益。

(1)立憲國之監督機關議院是也議院之設不特庶民得以參政且可監督政府之行爲。

(2)人民而得參預監督機關之組織及選舉之投票是使個人對於國家明其有密切之關係也。

(二)社會上之利益。

(1)人民之自由及權利既得據根本法(憲法)爲保護則人民可安於社會而謀種種之活動以促社會之進步。

(2)人民既享有議政權則凡公共事業自無不注積極的經營養成急公之風氣

反之而專制之弊害及於社會者有三(一)君主操無限之大權人民不特無參政權並身體家屋之自由而亦無之如言論結社居住書信等種種自由凡立憲國家認爲人民之權利者專制國必竭力禁阻也(二)國土爲國民之公產人人皆應得所有權而專制國之國土則皆私之一人可隨意以爲贈與物而人民之私有財產反若貸之於君主(三)賦稅者人民之保險金也取之於民者仍當用之於民若專制國收入之賦稅則不奉於一人即蝕於官吏其用之於民者曾不及什之一也有此種種惡原因遂生種種反動之結果英民因權利請願而起君民之衝突法因賦稅問題而釀革命之風潮其見於歷史者昭然也其有名爲君主專制而大權旁落權貴侍從之臣挾天子而行間接之暴行者學者稱之爲大臣專制大臣專制之結果其影響仍及於君主者何可勝計有國家者當亦讀萬國史而有所感動矣

(第一章完)

八

法律

世界五大法系比較論

攻法子

緒言

今世之國家。所謂法治國時代是也。是故其國之法律愈完備者。則其國愈平治。其國人民之法律思想愈發達者。則其國之地位必愈鞏固。而國權國勢必愈擴張。反是者。則往往國無紀律。人昧權利。他國得而乘之。孱然幾不能與世界各國並存。法國有諺曰。「無法斯無國家」。然則法之與國家。其關係殆猶形之與影歟。人類結合之始。有社會而無國家。國家之成立。以法之發生爲斷。是故世界未有法之不立而能完成其爲國家者也。雖然。今之各國。無不有其固有之法。而或者得舉法治之實或者不能收法治之效者。其故安在哉。凡一國之法。其所以得行於今日者。決非偶然之事。當其發生之始。莫不有其地理、人種、習慣、等種種之關係。其精神之所發現皆足以應當時之用而爲後世之則特其原素有備有不備遺傳至今於是或爲特色或爲缺點優劣之分至事變複雜社會發達之世界乃瞭然不可掩然則今日各國之法其得失長短可由其現行法而知之而推其所以致此之由則非追溯法之起源不能眞知其優劣伏在之處而欲捨短從長未有由也夫各國之法莫不有其系統簡言之則曰法系法之効用各視其法系之優劣如何各國法系之不同猶之世界人種之不同黑種之奴紅種之滅由其智識程度之低下而有機體組織之原素猶有未備也劣種之法系何以異是吾今且就各國法學家所稱爲世界五大法系者比較而論列之（以下據日本法學博士穗積陳重氏之說）

第一、印度法系

印度法系凡奉波羅門教諸國之法律皆屬之其通行之地方即所謂法境者以中央亞細亞及印度各地爲主其根本法即世人熟知之「馬奴」Manu法典此法典相傳爲神授故後世不得妄行變更是以印度法系有靜止之性質然屬於此法系之法律大都有宗教上之關係故其消長亦視宗教之盛衰隆替爲準且宗教的之法

律大都富於存續性而於傳播力則無之故婆羅門教之各國雖無不範圍於其中而其教境以外則繼受其法系者甚希蓋其本性使然也

第二　支那法系

支那法系之基礎在於道德其根本法即秦漢以來之律令支那古時以道德爲治國之本法律者道德之補助作用而已故苟道德之基礎不變則法律亦不輕變是以時世移易而其發達則甚遲蓋重道德而不重法律故也支那法系之法境以亞細亞之東部爲主支那帝國之外日本、朝鮮、安南、等均含在內此法系以德教爲主故不若印度法系之有宗教的及人種的之趨向其消長一唯教旨之盛衰爲準是以其存續性不若印度法系之久而傳播力則較富又此法系以德教爲主故有世界的之性質假令有他種法律本乎更優之德教則闖乎此法系者不憚棄其固有而唯他法系是從故支那法系有不能永久獨立存在之勢加之近世羅馬法系與英國法系之法律漸次侵入此法系之境界以現今之情勢推之五大法系中其最先失其獨立存在者殆無過於此法系也

第三　回回法系

回回法系淵源於莫罕默德之教旨。以「考郎」Kolan 爲其根本法系。其法境極廣。世界各國回回教信者。殆無逾四億。其廣可知。炎土耳其阿拉伯埃及印度波斯及其阿非利加北岸諸國。均其最著者。此法系爲宗教的之性質。故有存續性而無傳播力。然當時莫罕默德曾以兵力播其宗教。故其教旨有政治上之權力。而法系自身無發達之望。又其所謂根本法者。不若印度法系之有神聖法典。故抵抗力極微。而他法系得容易入之。近世土耳其埃及及其他回回教諸國。繼受他國法律者甚多。由是觀之。此法系雖爲宗教的。而有靜止的之性質。然能繼受他國之法律。足以使其國之法律進步。蓋出乎印度法系之上也。

第四　羅馬法系

羅馬法系。以余鐵甯帝 Justinian 之法典「Corpus Juris Civis」爲其根本法。當余帝編纂此法典以前。羅馬法已經種種之變遷。其始純然爲人種的之法律。所謂市民法 Jus Civil 者。專爲羅馬市民而設。其後羅馬征服四隣。於是市民法之外。後有萬國法 Jus Gentium 出焉。萬國法者。合羅馬帝國內各人種間所通行之法。故有世界的之性質。而當其最初之時。萬國法僅行於屬隸諸國之間。故羅馬人大都賤 Jus Gentium。而尊 Jus Civil 迨後斯德克 Stoic 派之哲學者出。以萬國法爲本乎自然法之原理。而爲人類一般通行之法。於是尊卑易地。以世界的人類的之 JusGentium 位乎市府的人種的之 JusCivil 上矣。且羅馬當時擴張版圖。實行其世界帝國主義。萬國法亦最與其政體相符。故余帝編纂法典之時。純以世界的爲主羅馬法之根本法典。既有世界的之性質。宜乎後世開明諸國之私法。無不以之爲模範法也。

中世以來（自十二世紀至十三世紀）羅馬帝國滅亡。羅馬法之勢力爲之一衰。然未幾「鮑唐尼」Bodonin 大學起。顏納林 Pnerins 之徒輩出。專以注釋余帝法典爲事。羅馬法之勢力。於是復振。歐洲諸國之法律家。大都負笈於「鮑唐尼」大學。而諸國大學。又復招致「鮑唐尼」大學之學者。設講筵以授羅馬法。於是羅馬法乃廣行於歐洲各國。自十三世紀以來。歐洲諸國法律。無不基於羅馬法者。自立法裁判以至著書，其不爲羅馬法所支配者，殆幾希焉。羅馬法系之法境，一言以蔽之，今日世界文明諸國，無不屬之而已。然羅馬法之爲模範法，僅指私法之部分而言，至公法則不含在內。此羅馬採世界帝國主義，其基礎與現今之政治組織相異，有以致其然也。

第五　英國法系

伊耶陵 Ihering 有言曰：「羅馬之統一世界，蓋有三次。第一次以兵力，第二次以宗教，第三次以法律」。雖然，羅馬法之統一世界，如上節所述，僅爲私法而止，至公法之得爲世界模範法者，則英國法律是也。論現今文明諸國之母法，以私法歸羅馬法，公法歸英國法，學者間殆公認之，未有非之者也。英國地屬島國，其人民又有守舊之性質，故英國法律，不論公法私法，其始均有人種的性質，不若羅馬法之富於傳播力，此當然之事也。然其結果乃有反是者。論其私法，英之本國雖屬島國，而由英人之散處世界各地，其人種膨脹，於是人種的法律亦往往隨之而擴張於世界各部。至於公法，惟其爲人種的法律，故適足以爲世界之模範法也。英人者最重

六

實利之人民也。然英人又最重公德。且於個人之權利。及關乎公權者。最爲注意。以重實利及重公德之性質。兩兩相濟。故凡事崇尙實際。其發達極確實而無急激變化之弊。觀其憲法及自治制度之發達。以高尙之目的。而藉着實之手段以行之。誠爲不可及之事。文明諸國之奉爲模範法。蓋非無故也。

英法有人種的性質。上既已述之。然英之領地。至今日已遍於世界各國。故英法之性質。猶之羅馬之萬國法。漸次發達。自人種的而進於世界的。加之英國商業及航海業最盛。故關乎此類之法律。其進步尤速。商業等亦有世界的性質。故法律亦隨之而傳播。惟英法之體裁不甚完備。實爲傳播力減小之一大原因。然自邊沁Bentham與奧司人Austin等分析學派輩出。近世英國法律之體裁。亦因之而大備。傳播力之障害。蓋無慮矣。

結論

攻法子曰。吾於大法系之說。吾蓋親炙穗積氏而得之。綜觀諸法系之中。其將來足以支配全世界。而今日已發施其實力者。惟羅馬法系與英國法系。一主私法。一主公法其特色之點不同而皆足以發揮法律之精神與完成法律之効用吾觀用此二法系之國家而不禁爲墨守其國之舊法系以不適用之法律應文化發達之社會若吾支那者危也印度及回回二法系其偏於宗教的性質與法律之要素不相符合姑不具論支那法系以德教爲主此於古昔淳樸時代或足以致其効用而於今日之世界無當也是故五大法系之說特學者之明其沿革派別如是而已至於應用雖曰世界惟二法系又安見其不當也夫法律之原質是曰權利支那法系惟道德是尙而不明權利之爲何物故法律之効用幾於無存也又況古來習慣重道德而不重法律故歷代雖編纂法典大都出於一時之政策而不免於具文又社會一般之思想既不注重於法律故其間從無有名之學者研究其奧蘊倡一新說以爲法界之貢獻是故支那法系之存在特沿革的而已本無永久存在之要素也處此法治國之時代而據一要素不備之法系欲以應今日社會之用蓋戛戛乎難矣故吾敢斷言曰支那不言法治則已欲言法治則惟舍支那固有之法系而繼受羅馬及英國之二新法系然後國民法律之思想得以漸次發達進步法典可期其完成

也彼屬乎支那法系之日本豈非吾支那前事之師哉

一〇

經濟

財政概論（續前稿）

亞粹

第二項 官林

官林者、政府所有之森林也、森林者、樹木繁茂之地面也、以所在之狀爲標準、則可分爲山林與平林、以土地之性質爲標準、則可分爲天然林與人造林（天然林者、其地只適於爲林、不能改作他用者也、人造林者、既可爲林、亦可改作他用者也、）以森林之用途爲標準、則可分爲供用林與保安林（供用林者、專爲供給材木果實者也、保安林者、以豫防災害爲目的、兼及取材而已、）以所有權之所在爲標準、則可分爲御用林官有林公有林私有林及寺院林、請進言森林之効用、其直接者爲生產無限之木材薪炭樹液果實菌蕈等物、其間接者爲防禦土砂之崩流、引導水源之來注、防止飛砂積雪墜石狂風洪水之成災、調和陰晴氣候之劇變、保存山水風致之幽美、無論直接間接、其關於公共之利害甚大、倘委之私家經營、徵特不能全其効用、且恐

有弁髦公益之弊此森林宜歸官有之說所由來試敍官林之利益如左

二

第一　森林之經營須用久遠之計畫方可獲無窮之利國家有永久存在之性質故於斯業最爲相宜

第二　森林事業與商工業異其性質收効甚遲餘利亦少故私人之熱心經營者難得其人且種殖培養採伐運搬之費用及設備交通機關之資本其額甚巨非私人所易負擔而由政府爲之則無此慮

第三　森林於土地氣候大有關係非得政府保護之力不能全其効用因私人有濫伐之弊也

第四　森林縱歸民有亦須政府爲之監督故不如政府直接爲之可省事而節費

以上所舉官林之利益不特於公益上甚爲相宜且於國家財政上大有裨益蓋森林若經營得法其利益必年有所增以其淨利補充政費之一部可減國民之負擔試略舉各國林業收入之額以證之如左表

國名	面積	淨利	每方里之淨利
奧大利	一六〇、〇〇〇方里	八四〇、〇〇〇兩	三圓、四九八
普魯士	四〇〇、〇〇〇	五、四三〇、〇〇〇	一三、五八四
法蘭西	五〇八、〇〇〇	一四、〇二五、〇〇〇	二七、八一〇
比利時	四、一六六	一四二、〇〇〇	三四、三〇二
索克遜	二八、八三三	一、八四五、〇〇〇	六四、五六六
日本	一、二二三、一六六	二六九、〇〇〇	、二二八

觀表中各國林業之利益以索克遜為最鉅以日本為最微其故因索克遜為日耳曼之一部地多森林人好畋獵自昔即注意於林政故其發達最早獲利最鉅也若日本則向以農業為重林地雖多不知經理至維新以後國用日增不得不廣求財源於是劃定林區大興林業三十年來漸見成効今日利益雖微然假以時日材木愈增則其利愈鉅固可豫期而不爽也惟我中國則今日尚無所謂林政故林地之面積幾何林業之收入幾何俱無統計之可查惟任民間自為經營壟斷濫伐毫不

過間以致涸竭水源崩壞山岳氣候爲之不調風景爲之蕭索既於民間衛生上大不相宜復於國家財政上毫無裨益所利者不過數輩管業之徒而已今爲衛生及財政計莫若劃定林區購歸官有講栽培之法定採伐之期其民林之不願售歸官有者聽其仍舊管業惟須嚴定監督之法使不能私售濫伐并教之栽培方法以獎勵之如是則國利民益兩不相悖而國家財源於以增矣

第二節　官業收入

第一項　官辦工業

官辦工業可分爲二類曰行政上之官辦工業曰財政上之官辦工業試分述之如左。

(第一) 行政上之官辦工業　此種工業占官辦工業之大部或以獎勵發達產業爲目的或以保障文書之秘密及刊行之敏捷確實爲目的或以保障製造之秘密及優等物品之製造爲目的或以維持貨幣之信用爲目的雖目的各有不同而以此等工業歸官辦之主旨則一致即不以營利爲目的而以行政爲目的者也茲舉

其最重要者。如左列各種。

（甲）模範工場　凡產業初興之時。其技術必粗。其信用自薄。往往有喪資而中止者。此因私人之資力有限。難爲繼續之謀。故不得不爾。然一國生計上已隱受其害。爲政府者。豈可無以獎勵之乎。獎勵之法。在設模範工場。製造貴重物品及新發明之器具。以示其模範於從事斯業者。現今各國有勸業博覽會之設。亦不外此意也。又如水道、煤氣燈及電燈等業。關係於衛生者至大。倘歸之私人壟斷。不免有危險之處。故各國於此等民業。已陸續改爲官業。不僅爲模範已也。

（乙）印刷局　各國爲保障其文書之秘密。及印刷之敏捷確實。莫不設有政府印刷局。其印刷物除公文、官報、式紙、簿記等書類外。兼製造紙幣、證券、印紙、郵票等信用重大之物品。意在防杜詐僞。而謀統一。原非爲營利而計。然製造既多。則償資本之外。亦有若干餘利者。日本印刷局之經費。（明治三十四年度）爲百七十四萬圓。而其收入爲百九十二萬圓。是餘利十八萬圓也。我國法令簡單。文書俱用抄錄。然往往遲延舛誤。貽害實多。況此後欲實行改革。事業法令。必期公布。文告必求普及。證券必杜

僞造而欲達此目的非立政府印刷局不可倘委之民業乎則縱無遲延之患而不確實之弊必所難免蓋資本鉅而贏餘細非營利者所能心足也

(丙) 造兵廠　製造軍器爲工業中之最秘密者各國有新發明一軍器者即於其兵力有絕大裨助故秘之不遺餘力微特不以示外人即本國人之與軍事無關係者亦不以之相示廠前常列警衛兵以稽查人之出入工匠退廠必露體檢查其秘密有如是者且兵器最忌參差倘使民間隨意製造必至不能統一而失戰時之効用是以各國於緊要軍器皆由政府設廠製造惟於普通軍器之無須秘密者則聽民間製造而利用其自由競爭之結果以賺得廉價之物品於財政上甚爲得宜也

(丁) 鑄幣局　貨幣爲交易之媒介最宜劃一以鞏信用而便流通此其事非國家爲之保證不可保證之法在定貨幣之本位及單位并獨占鑄幣之業以實行本位及單位之制度公衆所有之金塊得隨時持至鑄幣局託鑄本位貨幣出費極廉謂之鑄幣費本位貨幣之外應鑄補助貨幣其實價宜較本位貨幣稍低以防銷鑄之弊而其方式宜較本位貨幣加細以便零碎之用試舉日本之例以證之補助貨幣

之實價較之本位貨幣爲八與九之差（本位幣之純量、爲千分之九百、補助幣之純量、爲千分之八百也、）本位貨幣之方式不過五圓十圓及二十圓三種而補助貨幣之方式則有五厘一錢（十厘爲一錢、百錢爲一圓、）二錢五錢十錢二十錢及五十錢七種是已請進言鑄幣局之組織地點與工力夫鑄幣局因國之貧富大小及金屬之生產與否而異其組織地點與工力固其宜也然其大體則莫先於審擇便宜地方以設立本局而於其周圍設支局復於支局之周圍設精製分析所以分任鑄幣事業而如我國幅員之大以一本局之力斷不足統轄鑄幣事業必因地制宜設立本局數處使當各方面經理之任如美國於斐拉德非亞及加爾尼亞等處設本局數所可以法矣鑄幣局設置地點視其國生產貴金屬與否而異其選如在生產貴金屬之國則本支局與分析所最宜設置鑛山近旁而在貴金屬不生產之國金銀之來源專恃外國貿易則本支局與分析所宜設於緊要通商口岸擇之我國情形貴金屬待採者甚多雖其中已有爲外人索去者而餘地仍復不少宜劃東西南北四礦區擇區中最大鑛山之近傍各置鑄幣局一所而於京師特設鑄幣監督局以統轄全國鑄幣事業而課其盈虛利弊以爲改良之方針鑄幣局之工力最宜伸縮自在蓋鑄幣局爲供一國貨幣之所則全局之工力必期其能給所需而後可然規模若過大無所用其全力平時徒糜經費則所謂過猶不及矣故不若採適中規模而當急需之時則用增俸加工之法以應之或分工人爲晝夜二班傾注全力以應之雖此際工事之需精巧勞力者不免有困難之感然厚其報酬以鼓勵之必所樂從或慮監査夜業不易然方今燈術大進有過燃犀不患燭隱之難也

（第二）財政上之官辦工業　此種工業雖亦含有行政之意義而多半出生利之目的其重要者爲鑛業獨占製造業及自然的獨占工業三種但獨占製造業專以生利爲唯一之目的其他二者則不專以生利爲目的且有時當豫期多少之損失而爲之者也

（甲）鑛業　鑛業者自土地採掘有用鑛物之業鑛物者物理學上總稱爲死物通常以化學成分爲標準分爲左列六種

第一種　元素（金、銀、銅、鐵、錫、鉛、硫黃、石墨、金剛石、等類）

第二種　硫化物類（雞冠石、黃銅鑛、黃鐵鑛、方鉛鑛、紅銀鑛、等類、）

第三種　酸化物（石英、磁鐵鑛、錫石、赤銅鑛、赤鐵鑛、等類、）

第四種　鹵石物（山鹽、螢石、冰石、等類、）

第五種　諸酸塩類（雲母、陶土、石膏、方解石、孔雀石、燐灰石、等類、）

第六種　有機體（石油、炭類、脂樹類等、）

以上鑛物之分類乃依學理而定至鑛業法規所認定之鑛物其範圍雖各國不同而皆較此爲狹大抵六種之中以第一種與第六種之適用爲最廣其他各種皆不過取其一部而已

鑛物所有權及採掘權　近世唱個人自由主義之學者每謂土地所有權不僅限於土地之表面自其表面直上及於蒼穹直下及於地心皆爲所有權之所及故土地所有者不但得隨意耕作其地面或委之荒蕪并可於地上築任何之高閣於地下穿任何之深窟或採取任何之土石鑛物而此權利毫非他人所應干涉者云云然此學說自法理上論之或自計學上觀之皆不免爲謬見也

自法理上論之此學說於國家所有駕乎私人所有權上之最高權置之度外而忘却私權當為公權所制限之原則者也夫國家為公共利益起見不但得於私人所有地上架設電線或於地下穿通隧道且往往得徵收地面故縱使鑛物所有權為土地所有權之一部而此三種所有權既有分離之性質則國家於需用時尚可命其分離況鑛物於法理上決非土地所有之一部乎且夫土地所有權非近代所確定者遠自未有歷史以前始因先占及勞作而發生終由法律之認定而顯著當所有權起源之時彼先占土地而加以勞作之目的固不過在利用地之表面而得人畜之食物至地中所蘊藏之鑛物其有無固非所計及安有思利用之之理且國家之法律所認許私人之土地所有權亦不外認許利用地面之權利而已然則如或學說之以鑛物為土地所有之一部其背於法理昭昭然矣

自計學上觀之鑛物之重要者如金銀銅鐵及煤炭等通常皆結成廣大之鑛床而其鑛床之局在一地主之地下者極稀概係連亘多處私有地之下故欲採掘此等鑛物以應社會之需則必定宏大之規摸投巨額之資本以非常之勞作危難遂行

鑛床全部之採掘而後可若以鑛床歸之地主則因各逞私見而生牽制難期鑛業之發達矣此或學說之不利於國家生計者又甚明也

由是觀之鑛物所有權非土地所有權之一部而爲互相分離之物蓋不容疑矣然則鑛物所有權果誰屬乎曰地下蘊藏之鑛物既非地主之所有則所謂無主之物當然歸之國有地下之鑛床既爲國有則採掘之權當誰屬乎曰於此有二主義焉其一爲鑛業主權(Bergregel)主義即鑛業由主權者自經營之或徵認許稅委人民採掘之此主義曾盛行於歐洲封建時代然在現今文明諸國中除一二君主專制國外無行之者矣其二爲鑛業自由(Bergfreiheit)主義即鑛業採掘權歸之最先占有者無論何人能發見鑛物遵照鑛業法規而採掘之者即取得鑛業所有權此主義自第十二世紀中葉由德意志創行以來漸傳播於歐洲諸國遂至現今文明國大都採用之焉

官辦鑛業之得失　論政府採鑛業之得失所當注意者有三事即考察時勢及國情之如何一也綜合國家財政及國民生計而研究之二也因採鑛業之種類而立

論三也

凡於一時代以官業爲得策而於他時代爲不然者有之又於甲國以民業爲適當而於乙國爲不然者亦有之試由國家財政上論之夫當歐洲之中世租稅制度尙未發達政府雖欲課稅人民而遭豪族及國會之抵抗往往難達其財政上之目的故從鑛業主權之主義因官辦鑛業而求充國庫之財產亦不失爲適當之政策然如現今各文明國租稅制度既臻發達租稅已占國家收入之大部分無須獨占鑛業之利故鑛業以委之人民自由經營爲得策而於鑛山之生產物課相當之租稅以達財政上之目的斯可矣日本有鑛業稅即出此意也更自國民生計上論之鑛之爲業自遵依確實之規律設立遠大之計畫固定巨額之資本以至獲有利益其間必經長久之年月而又需才能技師及練熟工匠之合力經營不可以頃刻中止且其業務之性質往往有害及勞作者生命健康之虞故不可不爲十分保護之豫備然則鑛業者本來爲適於國家及大公司之業是以在國民生計程度之尙在幼稚時代而個人之資本結合力甚爲微弱之國則政府不可不自爲經營採鑛事業然在國民生計

已極發達之國則政府殊不必過爲干涉惟保有鑛山所有權而以採掘收益之權附與人民或併鑛山所有權而附與之政府惟掌行政上必需之監督及財政上之課稅已足爲得策焉

次論因鑛業之種類而官業民業各有得失之故夫一國之鑛物非無盡藏者也採掘窮盡之時期終有到達之一日是以或種鑛物如煤炭者倘許私人自由採掘則或浪費於內地或濫輸於外邦汲汲於目前一時之小利不免有涸竭國家永久富源之虞若是者則宜歸官業然如採鹽之業取材於海水其根源無盡不憂其竭則宜歸民業以廣其用餘若採掘易得而聚在一方之鑛物最適於官業反是則宜歸民業因官業精確而民業普遍也

（未完）

一四

歷史

維也納會議之顛末

攻法子

發端

歐羅巴外交史上有著名之三大會議。其一爲范斯法里亞 Westpharia 會議（一千六百四十八年）其二爲維也納 Wienna 會議（一千八百十四十五年）其三爲伯林 Berlin 會議（一千八百七十八年）是也。范斯法里亞會議之事蹟已遠。其足以引世人之注意者殆希。今日世人所稱道勿衰者十九世紀之外交界而已。十九世紀之外交界實於歷史上開種種新例。而維也納會議適當其開幕之始。其間人材之衆多。事機之巧妙。謀策之縱橫。忽起忽落。幾有令人不可思議之感。前乎此。後乎此。非無會議之事。而從未有若維也納會議之全盛者。維也納會議。蓋爲世界最著名之權威者。政治家外交家鬥智競能之場也。然則欲究歐洲之外交史蹟。維也納會議之役。謂非吾人之先導歟。

其一　四國同盟之準備

維也納會議者巴里條約（一千八百十四年五月三十日）之結果也先是各國約巴里條約調印後二月以內開維也納會議最遲以是年七月下旬爲限乃遲至九月列國主權者及大使始至而會議則延至十一月始開閱二百餘日之久至一千八百十五年六月列國調印始畢其決定書爲二百有九頁之一大冊其間問題之繁多利害之錯綜謀略之複雜於此可想見矣

維也納會議立於最困難之地位者無如法蘭西而運動敏速得占最利益之地位者亦無如法蘭西維也納會議者實十九世紀初期最巧之外交家達里倫 Tollayrand 氏演其最巧伎倆之舞臺也

同盟諸國知對乎維也納會議準備之不可忽也故七月之會延至九月列國之意蓋在固其協同之約而已巴里條約締結之後俄墺普三君主相率赴英京倫敦與攝政爵其親王相會尋旭孟同盟（一千八百十四年三月）舊好也是會也有相互協商密約者數事一爲英國不使西班牙等自耳朋血族同盟再興之事一爲英俄墺普當合自

耳義利蘭爲一王國之事。一爲割丁抹屬國諾威合於瑞典之事。此等協商密約其宗旨不外以四强國之協同決定歐洲再造之問題而於維也納會議必使法蘭西之發言權及投票權受其拘束而已假令列國之協同果若是其鞏固則法蘭西其奈之何。而無如患難相共者。不必其共利益分配於是表面之協商愈圓滑而裏面之利害衝突乃愈不能一日緩矣。

「附」維也納會議列會者人氏一覽表

澳大利皇帝、　俄羅斯皇帝、　普魯斯皇帝　丁抹皇帝。

白范皇亞王、　范登白耳王、　其他德意志諸小邦君主

澳相梅特湼 Metternich

英國代表者葛司蘭

俄國外交家臘司莫司克

普國政法治家吟登白耳 Hatenburg 斯當 Stein

法國全權大使達里倫 Talleynand

其二　四國同盟之議定書及法蘭西之抗議

當法國大使達里倫到會以前英、俄、墺、普四强國已作就議定書二通。其大旨謂此次諸國會議。不過旭孟同盟之延長而爲形式上之一大會議而已。故自巴里秘密條約之所規定以及土地整理等重大問題必先經四國決定然後再示法蘭西、西班牙等二等國與以下之三等國云云。達里倫既到。以此議定書爲不當乃首爭之。

達里倫之爭議曰。「誠如此議定書。是與巴里條約之規定相反矣。和議既成。無所謂四國同盟。法蘭西固亦同盟之一部也。今日列於大會議諸國雖有大小强弱之不同而其權利則不可不平等。所謂列國大會議者諸國相合而成一團體之謂。是故非團體總體決議不得謂之有效」達氏之說。在主張法國權利。而於收攬二等國以下諸國之心。亦大爲得策。故凡屬小弱國。無不贊成法國之提議。同盟四强國。遂亦不得不從。達氏乃更迫四國重議。遂於十月八日決定條項如左。

一、以十一月一日爲總會議開始之期。

一、總會議開始以前。凡重要問題。得由諸強國內議。

一、設各種調查委員。以準備議案

一、調查委員必與所調查之事有關係諸國之全權。始得充之。

一、委員會之組織。英俄墺普之外。巴里條約調印諸強國。即法蘭西、西班牙、葡萄牙、瑞典諸國、均得列入。

一、委員會之職務。在調查議案、及整理提議而止。至議決則由本會議定之。

一、凡議決悉據公法之原則爲準。

議決必據公法之原則一條。達里倫之欲藉此以保護敗後法蘭西之權利。夫人而知之。而其有害四國之感情。固不待言也。當提議時。普國大使哈登白耳擊案厲聲曰。「公法二字果何必言乎。吾人之進退。其必以公法爲準。固可不言而明也」達里倫徐答之曰。「既曰不言而明。言之不更明乎」哈氏之同僚封僕特冷語嘲之曰。「公法者果何用乎」達氏乃正色曰。「子之所以得列於會議席者。惟其有公法故也。豈得以爲無用乎」諸強國不能屈。

達里倫之抗議成。實爲法蘭西第一著之勝利而同盟退陣之兆也。法蘭西非但得四強國同等之權利。又往往集二等國以下諸國以迫四強國。達氏之謀略誠不可及也。墺相梅特涅於此。欲鞏固同盟國之協同。乃以維也納爲全盛之遊樂場。不惜國庫之費。以經營宴會跳舞之事。是時墺大利國庫。每日宴會費支出至五萬圓以上。亦可想見其盛矣。故維也納之役。不特爲政治上之大會議。又實爲社交上之大會議。法人嘗有諺曰。「會議之時跳舞最盛而終一事無成。」蓋嘲之也。

其三　會議時列國希望之利益

維也納會議之役。列國各爲其利益而來。其在強國則欲分配領土。其在弱國則欲維持領土。而介乎兩者之間。於領土無所削減亦無所霑潤者。有一大國焉。則法蘭西是也。列於利益分配之會議。而無分配之望。其地位固在列國之下。然有時以局外者之資格。其措施反綽綽然有餘裕。則又未始非法蘭西獨得之境地也。

俄羅斯之目的。在併芬耳蘭公國及波蘭領土爲一王國。而列於俄皇保護之下。當會議時。俄國不憚公言之。而其達此目的之方法。則在以索孫爲餌。收普魯斯之歡心。并使法國擴張勢力於伊太利。然後以普法之力抑澳大利。此俄之計劃也。

普魯斯之目的。在據千八百十三年加立虛之條約。一面領有蘭因河畔諸州。以當法蘭西。一面領有索孫王國。以抗澳大利。而索孫王始終忠於那破倫。其人之處治。及其地之配置。均普國所視爲重要問題者也。

英吉利之目的。在使大陸諸國權力之平衡。列國互相抵抗。強弱相制。利害相錯。而無暇注目於歐羅巴之外。則英國得乘此時。保其海上之權力。謀貿易之發達。而其最足破英國之計劃者。則俄羅斯之膨脹。及法蘭西之海軍強大殖民地衆多是也。故其方法。首在削法國之領地。以與和蘭。使法國退至莫士河以西。而使普魯斯領有索孫全土。并恢復波蘭舊地。東以防俄。西以制法。使澳大利亦復波蘭舊地。而禦俄於維斯土拉河以外。使伊大利樹其勢力。以爲法國之敵。此英國權力平衡之計劃也。

列國之中。其地位異而其利害同者。則英吉利與澳大利是也。英懼俄之膨脹。澳亦懼俄之南下。英懼法之強大。澳亦懼法之東侵。故拒波蘭王國之復與嚴達奴白之守備以抑俄。藉蘭因諸州與伊大利以制法。英澳之劃策。殆相一致焉。惟其對普魯斯則英爲間接之利害。澳爲直接之利害。其間自不得不異。澳國之意不欲俄之併范耳索使據克拉克之要地。并不欲普之併索孫使據特來司登之要地。故其計劃在使普一面恢復波蘭舊地以當俄。一面延長蘭因方面之領土。以與法境相接。而更建白范里丑王國。與以自法蘭克尼中部至洛倫之蘭因河畔最饒之地。使與普合力當法。而實陰以制普之野心。澳國自計。則復領有密開及納普耳諸地以制爲法之計。此其大略也。

（未完）

哲理

論理學之重要及其效用

君武

講學所以求眞理也。論理學者。求眞理之第一要法也。凡欲學術之發明 Discovery 及顯露 Exposition 非有論理學以爲之基。不能。論理學實一切學術之根源也。欲立說之合理。必須論理學。欲設辯之不誤。必須論理學。欲求眞理而不以論理學。猶之欲御病而不以藥物。必不可也。漢米爾頓 Hamilton 曰。「世界一切惟人爲貴。人身一切惟心爲大」雖然。心之所以爲大者。以其思想有規則。議論有條理耳。若夫野蠻族人之心。不知論理學爲何物。不識研究術學爲何事。則亦何大之有。

論理學者。科學之科學也 The Science of Sciences 泰西學術之所以能有今世之盛者。由十七世紀有倍根之力。攻煩瑣哲學 Scholasticism 而發揮論理學之歸納法。主張以觀察 Observation 試驗 Experiment 講學來也。故英國之論者。以克林威爾爲政界首出之大偉人。以倍根爲學界首出之大偉人。其功德皆不可思議。

按英國有兩倍根。一名羅格 Roger 生十三世紀。一名佛朗西司 Francis 生十七世紀羅格亦主張試驗爲知識之基。有功于學界不細。

論理學既爲科學之科學。則凡百科學雖謂皆論理學原理之勢力所推擴而成可也。故泰西科學名之字尾皆有 Ology 音。如地質學西名 Geology 即論理學推擴於地殼上之意也。生物學西名 Biology 即論理學推擴於生命現象之意也。至於心理學西名 Psychology 動物學西名 Zoology 形態學西名 Morphology 人類學西名 Anthropology 神學西名 Teology 教會學西名 Ecclesiology 無非以論理學爲根源之意。

今中國競言論理學矣。（論理學譯本有嚴氏楊氏之名學及汪氏之論理學。嚴書由英文譯出奇崛難知。）然吾聞據譯本學論理學者十九覺其無趣。是有二因焉。一因中國論理學之向不發達。譯文新異卒難會晤。一因貿貿然學論理學。而毫不知其有何用處。則亦等諸尋常不關緊要之科學。而不虛擲心力以研究之。因常人之情也夫論理學與一切科學之關係既若是其重要也欲吾國新學術之發達非先倡明論理學不可欲吾國人之熱心研究論理學非先告以其用不可然欲言其用須言其法論理學之法有三曰歸納法 Inductive Method 曰演繹法 Deductive Method 曰完成法 Complete Method

歸納法一名分析法 Analitical Method 又名發明事物之法 Method of Discovery 蓋欲發明新學理新藝術非用歸納法則不能也晰而言之歸納法者即由萬殊以求一本之法也而績繹法者則由一本以賅萬殊之法也故績繹法一名綜合法 Synthetic Method 又名灕通教學之法彙分流派推尋部類必用績繹法歸納法由人知推天則績繹法以天則推人知其用不同其重要一也

試以化學之分析及綜合言之分析者離全爲分之謂也綜合者合分爲全之謂也分析之化學者每驗一礦質必全分離之試知其爲何原質所合成而後定其天然之品性是爲化學分析之事反而言之苟稱量一定之原質準其成分配合之而成一新雜質是爲化學綜合之事論理學之所謂分析綜合與物質之分析綜合雖

不同而其性質固無異也

茲略論歸納演繹三法之大旨如下。

歸納法

人類之一切知識必由試驗而得欲吾心之能自創新知識而全不由於試驗此必不可得之事也試驗派之巨子。必推佛朗西司倍根倍根所著之「新教育」Novum Organum 一書有言曰。

人也者天理之通譯使也然其能通譯天理之功。如何則以其觀察天理之心才如何爲斷

故歸納法有二要素焉即前所云觀察及試驗二道是也。

觀察者即觀察事物之變遷以完其本然之天則是也。如天文家觀察夫日月行星恒星之行動。因以漸得天文學之公例氣象學家觀察夫天象之變遷空氣之燥濕風之方向雲之性情以漸得氣象學之公例。地質學家觀察石層之異。古迹之變。以漸得地質學之公例。以至動物學家植物學家礦物學家皆借觀察之力。以新定夫

動植礦物天然公例者。

試驗之所以與觀察不同者。即試驗乃以人力變異現在事物之情狀而觀察其究竟是也。如化學家以電流化分水質而知其爲養輕二氣之所合成。礦學家融合二三種礦質以定其礦物之專性。又如動植物家遷徙其所畜養之物於不同天氣之地。以驗其變異之狀。考其天然之則。皆是試驗之事。無期限之可必。有俟至數年後而得其天則者。有俟至數百年後而得其天則者。一旦得之。則豁然貫通。蓋天則之力其變雖常。其而變度甚微。非人之五官所能覺識。必須積試驗以得之。電也者。固物物之所同具。時時之所常遇也。然古人不知之。其所知者。惟電光北曉磨石琥珀諸事。而皆以爲是不同物。及電機既與有流電池電器出。而電之用乃廣。是其證也。雖然。欲觀察及試驗之有功。則不可無臆說 Hypothesis 及理論 Theory 二者以爲推求事物之基也。茲論其理如下。

(1) 臆說一字。在拉丁爲 Suppositio。凡一現象之不可以直接觀察者。則吾可臆測其原因如何。如吾妄謂鴉片有催眠力。妄說磁石有吸引力。此臆說也。但吾思磁石之所以能吸者。以其體中有電流之故。因此一思而加試驗。試以一磁石與一線輪。Coil of wire 以電通之。則此二者即正相吸。此乃由臆說而得事實也。又如吾以謂地必為熱。此臆說也。因人不能直接以目見實測地中之形狀也。然既有此臆說。而驗之於火山。驗之於沸泉。驗之於礦穴之愈深愈熱。又以日星之體熱為比例。以地殼之發光漸冷漸縮為實證。則可知臆說之非虛。而地心之為大熱無疑。而昔之一臆說今乃變為一已知之事實 A known fact 矣。

（2）　理論一字。有時與臆說一字相混淆。如彗星之理論。地震之原因之理論。其理論或實有皆不可確定。故此等理論皆與臆說無異。所以謂之為理論者。亦姑且如是名之而已。如電之理論有二。一謂電流惟一。常聚積而趨於不足之處。以自補其缺。如水勢之自趨於平面然。二謂電流有二。常相和合。苟分離之。則二電流自然復回。以再相和合。夫此之所謂理論者。即臆說也。因吾人並無確實之證據。以表見電流之情狀也。又如微分子之理論。Atomic theory 大頓 Dalton 謂化學原質皆微分子之所合成。此理論亦臆說。因無人能實示微分子結聚之定形故也。

然則理論何謂理論者對於實行之反面也如吸力之理論自奈端創之而謂世界一切物質之動合皆吸力爲之原因此爲理論因人並不能確定吸力之在於地球何處而實用之故也海客之行船也必賴有算表以定緯度夫海客之用此算表是實行也而天文家之定此算表則理論也又如聲之理論目之理論Lunar theory潮之理論 The theory of the Tides 則皆眞理論也非臆說也因是實科學之普通知識而非憑空臆說之所可比也

（未完）

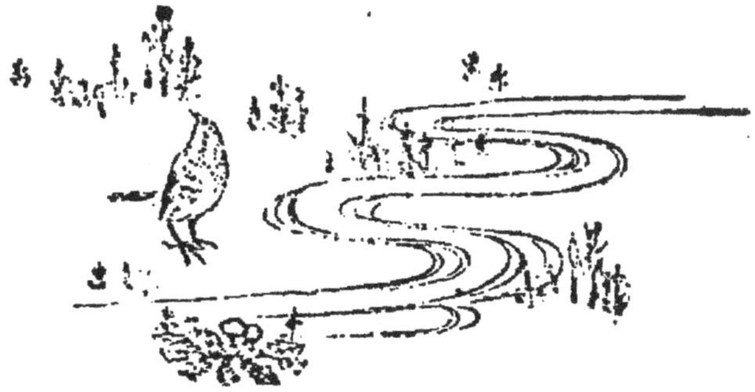

八

訪問談片

日本法學博士 中村進午氏

日本法學博士 山田三良氏

雜纂

警醒繪圖錄

(一)狼吞圖

(二)蠶食圖

(三)對峙圖

名家片影錄

機外劍客雜著六種

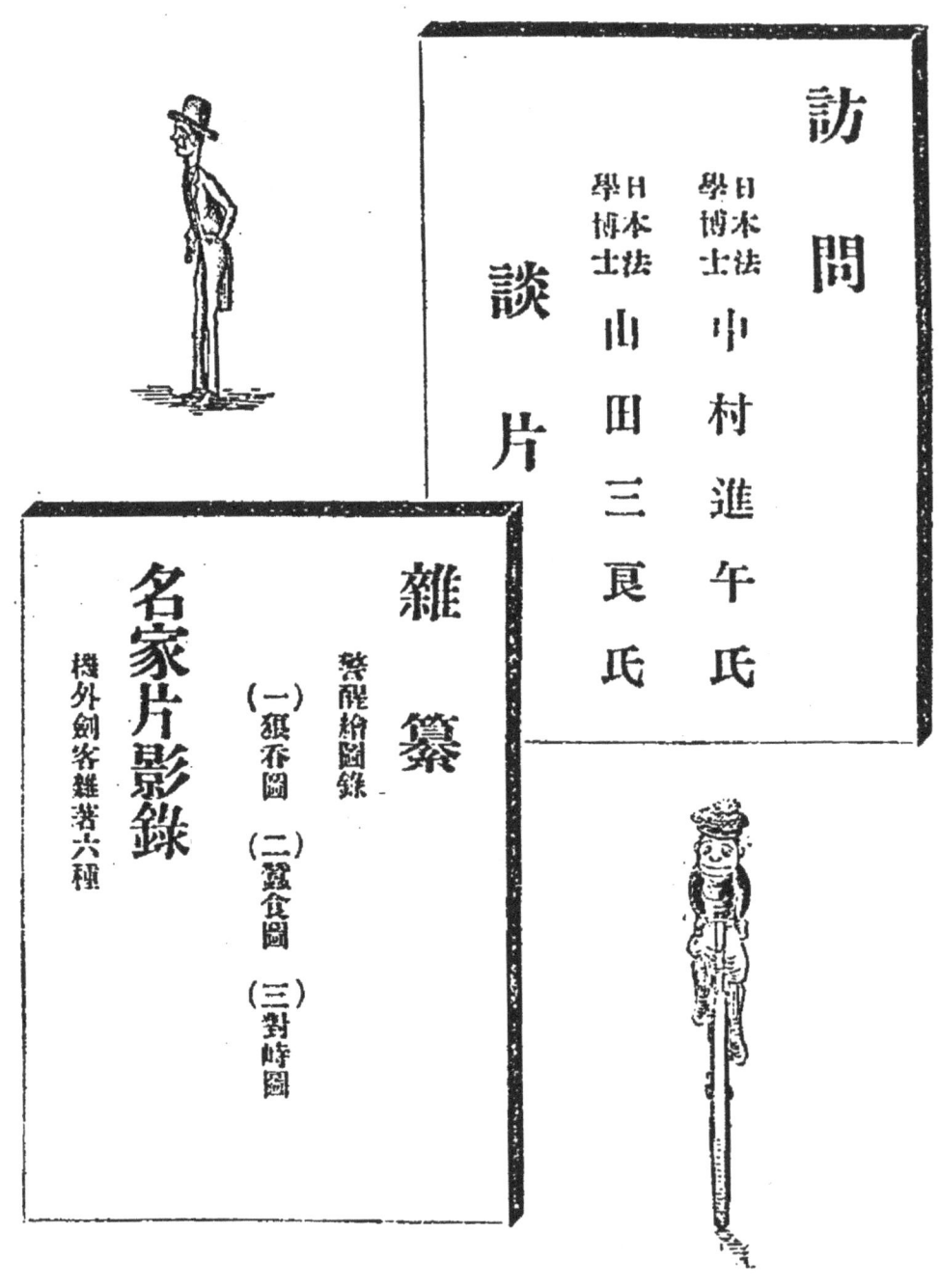

本社新書近刊報告

傳記叢書之二　梅特湼

奧大利宰相梅特湼爲千古以來惟一之專制家此傳敘及其刑事亦無不用專制手段眞千古自由之公敵諸君得毋先睹爲快乎

傳記叢書之三　吉田松陰

吉田松陰爲日本維新時一大人物嘗謀刺幕族不果下獄後教授徒松陰熟明治功臣半其門下士也此書於吉田傳史外並及維新時情形亦維新史也

政法叢書五編　國際公法

國際法已見於學界矣然斯專門學識何容易是書爲專門學校卒業生富士英譯以之貢於學界其或稍精一籌乎

泰西十大家傳

如梭格拉禘拉圖奈端邊沁等十人敘其行事臚其學說讀者可兩得其益

政治社會新論

首政黨首領論次政黨哲學三新聞勢力四地方新聞五十年革命之事業等々大問題悉彙於一小冊子矣

發行所　日本東京　譯書彙編社
發賣所　上海四馬路　開明書店

訪問

本欄爲本社員訪問日本諸大家、所得一切有益有趣味談片、或爲經驗談、或爲時事問題、均足爲先進導引後進之助、皆爲本報之特色、

癸卯六月余等卒業於早稻田大學歸國有日因歷訪此邦政界學界各名流就我國應用問題叩其意見惜時促言短不盡所懷然他山片石已有足珍者恐或遺忘乃撮錄之以爲紀念焉金邦平唐寶鍔同誌

國際公法　法學博士 中村進午答

問、各國由國際法上。視中國是何等資格。准其入萬國公法乎。

答、中國欲入萬國公法。本無不可。但國家入萬國公法。須有入萬國公法之程度。乃有入萬國公法之資格。公法家之論萬國公法。向祇稱西洋。不及東洋。如俄之馬路天司是也。德之利司托論公法。允日本入而不允中國入。蓋以中國制度不整。雖與以入萬國公法之名。尙不能行萬國公法之實。即以光緒二十三年入赤十字條約之例視之。有入約之名。而不能行約之實。且幷約之不能遵守。故不得與

歐洲文化同視夫國之入萬國公法在事實而不在形式一千八百五十六年土耳其之入萬國公法有巴里條約公認至日本之入萬國公法雖未經各國立約公認然默許已久未見有違言故各國之謂中國不能入萬國公法者乃謂中國程度不及非謂永久不能入也中國而欲入萬國公法在乎養成實力否則各國雖予之入亦如攝者之入赤十字條約有其名而無其實深爲中國惜之

二

問、中國之不能入萬國公法雖云程度不及然程度非一時可以造就敢問其重大理由安在

答、一國多暴亂、異視外人二者皆足以危外人之生命財產外人之生命財產既不得安固外國自不能將中國視同一律矣故中國而欲入萬國公法當去中外之見乃得享大同之福

二、無論歐洲文明法典各國法典勢雖皆同然立法當合文明制度中國之法律已不適於今日中國之國民更不容於今日文明之世界安能遠服西人故外人有治外法權之設國之眞待入萬國公法實在去外人治外法權之後中國而欲

入萬國公法。當先圖去外人治外法權。欲去外人治外法權。尤當先定一神聖法典。務合於今日之文明制度。法典既成。即使不能去治外法權。而國家程度已高。法律爲各國公認。則入萬國公法易矣。試觀暹羅與各國所立條約。無以俟暹羅舊律全革。新法典出後。乃撤去治外法權爲詞。可見法律之不修。不但爲入萬國公法之阻礙。幷爲治外法權之口實矣。

問。中國內亂未定。其勢若大。按照交戰團休之例。能免各國干與乎。設令政府有亂亦然乎。

答。萬國公法。是徵之事後。作爲參攷。事前恃以爲例。未必安有把握。各國之對付中國。所施政策。尤屬可怪。往往因其利害。利用公法。欺騙中國。如內亂勢大。按照交戰團休之例。各國本不能干與。然今日情形。各國視中國如俎上肉。中國不動。尚可延緩。中國有亂。適足以啓其瓜分機會。定來干與。政府有亂。亦如之。蓋勢力相等。信守相若。乃有公法。中國對外政策。向不遵守公法。按以勢力。又相懸隔。故各國之對中國政策。多有出乎公法之外者。中國欲免此禍。當鎮定內亂。上下一心。

實行改革。造爲文明地步。無與外人干與口實。爲當今第一要着。四

國際私法

法學博士 山田三良答

問、國內有治外法權。國際私法可以實行乎。敢問日本行國際私法之沿革。

答、治外法權與國際私法。兩不相立。國內有外人之治外法權。國際私法便不得實行。日本從前外人有治外法權時。祇作爲學問研究。以爲實行私法地步。蓋國際私法。能使國民知治外法權之礙主權。喚起其收回治外法權之念。國民所當深究者也。

問、收回治外法權。實行國際私法。要何程度。用何方法。

答、波斯土耳其支那朝鮮等國。外人均設有治外法權。欲撤去之。當一面造就國家程度。一面改定法典及裁判制度。幷考察各國私法。（如民法商法）洞悉彼此立法宗旨。治外法權既撤。外人權利可以保全。國際私法乃得實行。再改定法典。從性質上尤當先改刑法。

國之程度在於國民國民爲國之一分子分子程度若高則國自强故視國之强弱在視其國民不在視其一二元老支持國政而即可以分其强弱也欲造就國民程度當先施教育用人不拘資格不限門閥

國家欲行改革當合羣力宜化滿漢之分上下一心以拒外人否則自相傾軋內亂外訌一時起矣既合羣力須人人有自覺之念覺中國尚有可持覺外人之不足懼奮發向前勿因俄人恫喝而生畏懼致挫改革之志今日中國所當先爲者在乎改革政治以公平之心開發利源利用國民經濟俄人毫不足懼俄國人口不及中國四分之一人種有八國民階級區別較諸中國愈甚而日見强盛者政治整齊財政脩理而已中國亦祗須推導孔教集合羣力以期國家統一何畏乎歐美何畏乎俄人日本當日改革亦如是也

問中國文明稍遲恐即欲改革政治外人以外交手段壓迫我政府將如之何

答國家海禁大開列强環視而不自省悟文明不增進便有滅亡之慘中國處此情形乃始奮發已是極進之時外交之壓迫在所不免惟有將壓迫最甚地方（意

指東三省而言）作爲通商口岸。或作爲各國公共之地。使外人互相牽掣。而我謹愼外交。實修內政。於鎗林彈雨之中。列強刀俎之下。行我改革之實。此情此境。良堪痛心。中國通商數十年。文明日見退步。雖云中國不自省悟。不自奮發。而未見歐美政府以忠言相告。外人不爲中國憂。而爲各國壽者。何也。中國之强。列國之弱也。列國惟恐中國之不即弱。不速亡耳。安有望中國獨立稱雄之心乎。日本同種同文。叢爾鄰居。不免兎死狐悲之慨。故余將歐美人對中國人心思一言道破。

問、國際私法。究竟作爲國際法乎。抑爲國內法乎。並問日本國際私法之主義如何。

答、國際私法之主義。各國不同。因其主義之不同。於是有作爲國際法者。有作爲國內法者。日本於各項律例。定一法例。作爲總綱。國際私法之範圍。即包括其中。故作爲國內法。日本之適用外國法律條。擇取外國法律。作爲日本法律而用之。大概國際私法。包含於日本法律之內。由條約而定者甚少。中村寺尾博士等。雖作爲國際法之一部。余不謂然。且今日爲此議論者亦不多見。英美主義。較諸日本愈深一層。不認外國法律。惟將外國人之事實。合之英美法律而已。若佛蘭西伊大利。作爲國際法之國際私法。認外國律例。有法例五六條。作爲適用外國律之原則。其實可以引用者。即外國之私法而已。

問有等學說及立法例。何以將國際私法作爲國際法之一部。又國際私法爲國內法之原理何在。

答凡人類。於私權。皆得平等享受。各國私法。除專按其國民之風俗人情及能力之發達遲速而定者外。大率相同。各國私法多有相同者。以他國之私法。視爲本國法律。亦得用之於本國。是爲國際私法之原理。其國際私法之爲國內法。與純然國內法之不同處。國際私法。關乎二國以上之私權。故有外國法律之關係。國內法專定一國內之私權。無他國法律之關係。國內法專定一國內之私權。無他國法律之關係。人見國際私法各國相同者多。故稱爲國際法之一部。其實其相同處。不過事實上偶然適合。其法律均係各國按其民情風俗。自行刪定。不同處甚多。至若國際公法則各國一律。一國不能自安者也。

八

警醒繪圖錄

本欄專輯可以警醒國民之事或為寓言或為事實繪圖列說務使吾國民讀之觸目怵心感發奮起啓其愛國觀念勿視為徒作危言以聳人聽也則作者之意也

古人有言曰長言之不足則咏嘆之咏嘆之不足則手之舞之足之蹈之今日報章雜誌已不為少正不乏激昂慷慨淋漓痛快之文章以當長言以當咏嘆而喚起吾內地之同胞豈淺尠乎然讀外國報紙輙以非薄相加甚謂轟開平之礦不足以破支那人之固拒鑿黃河之水不足以衝支那人之閉塞吾始誦其言猶將信將疑迨證以東遊者之演述方知未必盡無此固無解於內地之冥頑不靈者亦不能無憾於啓導之機關未備啓導之方法未盡殆所謂長言咏嘆猶不足以警醒吾國民之午夢者而必有待於手舞足蹈也夫手舞足踏之作用莫善於到處演說吾輩負笈海外不能化作千萬身將今日厝火積薪之實情手舞足蹈於四萬萬同胞之前誠不能無無憾於夙夜也吾聞東國教育大家伊澤修二氏之言曰欲救愛國心薄弱之國民當以緩性藥急性藥相

輔並行緩性藥者能使之浸潤漸化歷史之養成是也急性藥者能使之振起於一時現情之激動是也昔普法之戰法爲普敗既而法人將普所敗之慘烈及法國國勢阽危之狀態繪圖列說警告國民無不動心無不起臥薪嘗膽之意厥後法人因能一雪其恥也嗚呼吾國今日情勢以視法爲普敗之阽危既更甚嗚呼有啓導內地之責者烏敢自讓吾既欲補乎辨足踏之闕吾更欲收急性藥之效一呼仁人再呼志士其將何術以致之乎吾思之吾重思之其惟效法人繪圖列說之故事或能如補救之願於萬一乎於是作警醒繪圖錄惟如不佞見聞之狹隘恐無以達宏願於萬一儻承同志之士羣起以演述也則幸何如之

癸卯三月　芙峯識於浪華客舍

狼吞圖……蠶食圖……對峙圖

國際競爭之說爲歐西之常談在歐西人士無不熟耳能詳在我支那人中之能解此說者不知於千人中得一人否能解此說而實踐之者不知於萬人中得一人否

按國際競爭之現象大別有二曰狼吞法曰蠶食法狼吞者發於國家之意志併吞

他國領土之謂也蠶食者不僅發於國家之意志兼國民個人之意思侵食其他民種之謂也

觀二者已往之歷史有先蠶食而後狼吞者有避蠶食而徑狼吞者有狼吞與蠶食參互而用令人難以判別者要之狼吞法行之於古代爲多而今則其例不數覯也蠶食法則古今通行而近世尤見其通用也

蠶食法者能醉人於若朦若睡之際斃人於不知不覺之間迨悔悟而有所不及者矣」故曰國際競爭者不獨發於外國政府之意志而明白宣示激烈奉行也往往成於個人之偶然若外國人之傳教者若外國人之居留者若外國人之遊歷者若外國人之雇傭者皆得施其伎倆而造作於穩靜曖昧之間若於無法律之國尤覺其游行自在也

以上云云見於日本昔年陸羯南先生所著國際論中其當時日本內政未整外患猶滋種種新政取法歐西一時客卿登庸而太阿倒持之慮識者憂之

試以陸氏之言中告支那政府中儆支那國民苟有血氣誰不動容嗚呼今日客星

滿座勢殆喧賓當路應對慎忽莫定流弊所至能無杞憂陸氏之言深切著明幸而不中於日本毋使其不幸而中於支那也嗚呼國民。詎無術以警察之者乎

二者之現象。僅僅以狼吞蠶食等形容字寫之。猶不如繪諸圖象足以動人心目一爲尋思有味也茲就日本陸羯南先生之意匠所成三圖排錄於下。

第一圖 狼吞圖 譬之甲乙兩國。乙國爲甲國所侵併。之國之名雖存而其國之主權盡失。謂之既亡之可也。

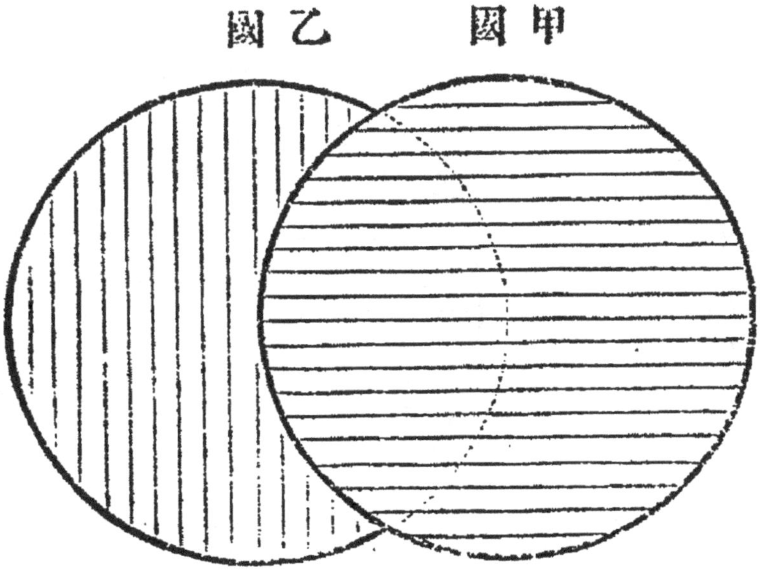

四

第一圖是示敗弱者之國名雖存而其國之主權殆喪實盡矣所謂狼吞之現象是也

第二圖是示敗弱者之國名猶是完全無缺而其國之主權已漸次云亡矣所謂蠶食之現象是也

第三圖是示平等對等國之現象尤足以證明第一圖第二圖之令人寒心也

第二圖 蠶食圖

譬之甲乙兩國。乙國爲甲國所欺凌表則乙國名猶存裏則乙國之實日喪謂之將亡之國可也。

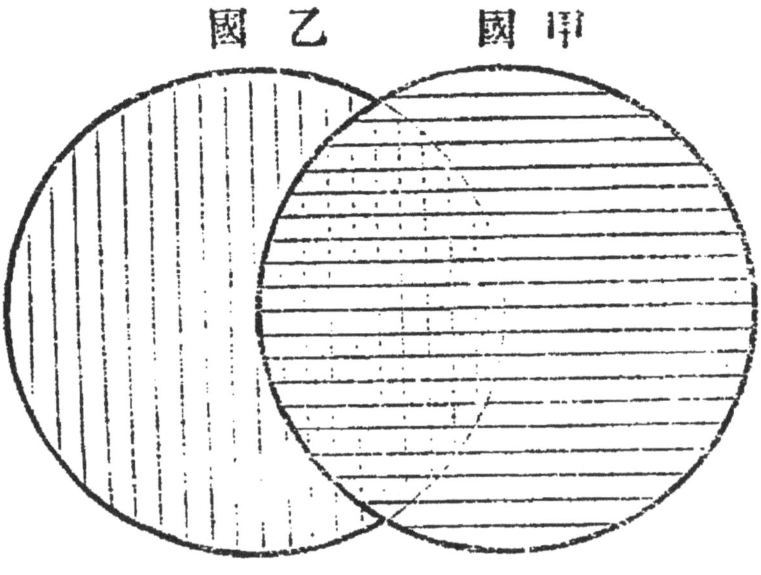

作者之意匠。深恐疏漏不周。推廣　引伸之匡我不逮。不勝幸甚。

蠶食耶狼吞耶。其作用之方法雖殊而結果之効驗則同卒歸於狼吞而已矣苟徵其例見於歷史中者不知凡幾試摘其一二例如左、

美國人之於布哇由蠶食而狼吞即作第一圖之例可也

俄羅斯之於東三省及朝鮮狼吞不得其機試以蠶食之手段即作第二圖之例可也

第三圖對峙圖 譬之甲乙兩國。勢均力敵。交際相等。各不肯下。謂之獨立國可也。

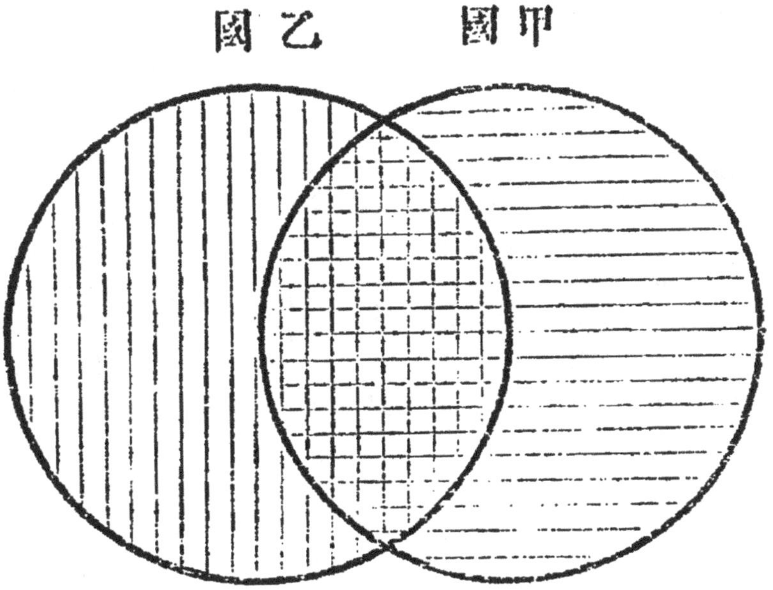

六

今者英、美、德、法、俄、日本、號稱強國、事皆對等、即作第三國之例合也。

昔者阿非利加洲之一邦、名曰阿別希泥耶、當英國之猥吞也、其酋長鐵蛙錄洛士氏未嘗不知之、當其死也、痛哭絕叫曰『英人之猾猾手段、始之以僧侶（即傳教者）繼之以領事、終之以兵士』嗚呼鐵蛙氏之言、豈偶然乎、自來猥吞及蠶食之順序、被其一聲喝破也

國家猶是人身耳、有肉體也、有精神也、有財產也、以視其他之肉體之精神之財產相接觸而互為消長、所謂國際競爭者無他、即強弱之由分也、僧侶之流入、心理的競爭也、領事之設置、財產的競爭也、兵士之派遣、生理的競爭也、猥吞乎蠶食乎、無不備此三要素而得行、鐵蛙氏見到之言、真足令後世國民之猛省者矣

雖然三者之分類、又不過自然之區別、苟由民教齟齬釀成大事而觀之、則僧侶之流入、不僅為心理的競爭、又轉而為生理的競爭矣、由兵艦成喝以拓互市而觀之、則兵士之派遣、不僅為生理的競爭、又轉而為財產的競爭矣、由輸入鴉毒投我嗜好而觀之、則物產之貿易、又不僅為財理的競爭、又轉而為心理的競爭矣、國際競

爭之現象循環相生若此類者不勝僂指世人所熟稱兵戰商戰之外不可不用意區別於此類也

狼呑歟蠶食歟以此三要素爲利用之具然亦不能不經過如許曲折也如狼呑法者以國家之志意併呑他國之生理財理心理之謂也但併呑心理非狼呑法所能盡其長苟非藉宗教及教育之手段斷不能使他國之心理泯滅也故狼呑法者以生理的併呑爲先鋒以心理的併呑爲善後策也若蠶食法則反是以心理的侵食爲始基以生理的侵食爲最後之手段三要素着手之先後即狼呑與與蠶食之所由判也

鐵蛙王「初僧侶次領事終兵士」之臨死絕叫誠哉蠶食法之順序看破矣蓋英人以宗教侵食土人之心理費歲月幾何矣以貿易侵食土人之財理又費歲月幾何矣一旦土人悟其蠶食之野心莫測思有以相抗也孰知英人已調駐劄印度之戍衛兵以試其生理的侵食之便嗚呼是爲蠶食法之慣手段豈惟英人之對阿利希泥耶乎美人之於布哇也亦何獨不然若德意志之於阿路殺士洛而恩則反其道

以行之始也兵力以爲生理的併吞次以掌握其財理之下繼終以教育感化其主人之心理由是觀之狼吞者始則硬手段終則軟手段蠶食則反是以軟手段始以硬手段終

要而言之國際競爭之現象大別有二曰狼吞法曰蠶食法是也極二法應用之妙約有三種曰生理的曰財理的曰心理的此三者是爲二箇方法之要素但運行之順序不同也狼吞法始生理以財理終心理蠶食法始心理次財理終生理蠶食是爲順行狼吞是爲逆施狼吞者抽刀殺人故人見之而驚蠶食者噬人以毒飲人以鴆故人醉於不知今日國際競爭之塲皆類於嗜毒飲鴆之舉而飲之嗜之者未有能自覺悟也所謂庸醫見之若無足重輕者而扁鵲倉公望之流涕也

嗚呼列國之　殖民論　航路擴張論　鐵路敷設論　勢力範圍論　世界政策論莫不注目於吾支那其爲狼吞耶其爲蠶食耶願讀者取吾說而一一證之也嗚呼同胞其爲庸醫見之無足重輕耶其爲扁鵲倉公望之流涕耶願讀者之一一自取而自勵也

一〇

名家片影録

本欄專搜東西政法名家之短篇雜著、及其言行小蹟、採要摘載、讀之足以使人觀感興起、蓋實經世家之好伴侶也

機外劍客雜著六種（續第一期）

耐軒譯

第三種

先進遺響

西鄉南洲　南洲先生居常教人曰。『人毋求勝人當求勝天』又曰『不愛命不好名不戀祿位之人也必困於窮不困於窮者必不能任艱難而成國家之大業』又曰『政之大體在興文振武勵農其他百般事業皆爲三者之助而已』嗚呼此大道學大經濟苟實行之則其人必英雄豪傑其國必富强充實是之謂簡而盡

橫井小楠　小楠偶成二絕句曰『帝王萬物靈使之亮天功所以志趣大神飛六合中』『又曰『道旣無形體心何有拘泥達人能明了渾順天地勢』第一首於圓渾見先生之大節第二首於放縱知先生之大畧。

木戶松菊　松菊先生當維新時，深知大勢所趨。昔舊藩主毛利氏曰，「列藩割據，二
各領封土，分掌兵權利權，而不統一於王室，非所以對於萬國而表對峙獨立之
道也。今日之要，在廢封建，而使朝廷一兵權與利權也。」後謀之西鄉、大久保、板
垣諸氏，而廢藩置縣之業遂成。余謂即此一語，足見先生識見之高超，已傑出時
輩。而況膽大氣壯，心如氷雪，更有足多者乎。

佐久間象山　象山先生嘗有言曰，「日晷一移，千載無再來之今，形神既離，萬古
無再生之我，學藝事業，豈可悠悠。」其生平之勤敏，可見。又有漫述二首曰，「風
雨月如晦，頑犬吠成羣，是亦尋常事，利害何足云。」又曰，「謗者任汝謗，嗤者任汝
嗤，天公本知我，不覓他人知。」其生平之抱負，亦可見先生之學術經濟，眞一世
之雄也。

藤田東湖　東湖先生以敬神尚武爲建國之精神。時人每笑其迂，及今思之，海外
諸強國之所以能跋扈宇內者，大抵以宗教、兵力爲立國之本。先生其眞卓見
已。青山延光敍其爲人曰，至氣魄之大，智慮之明，遇盤錯而不挫，紛擾而不亂，則

不得不推君爲全才。先生之風采面目。躍然現於紙上。

吉田松陰　松陰先生大節大略蓋一世。而其生平之舉措或天眞爛熳。如嬰兒焉。眞曠世之偉人也。先生嘗有所感駡同人曰藩士之常動存形迹嚴分內外此藩士之所以不能爲天下士又不能得力天下士規模褊小吾正悲之而反以誡吾」嗚呼先生當封建之世。而尚爲此言。其吞吐宇宙玩弄六合之猛氣概可想已。

會津憩齋　憩齋先生所著之新論。實足以振作士氣。而使之知憂天下也有曰、『英雄用天下相時弛張雖解脫覊伴縱其所欲爲而天下不敢動搖者其胸襟恢廓足處天下變紀綱振肅足制天下之死命也』又曰『英雄之鼓舞天下唯恐民之不動庸人之糊塗一時唯恐民之或動』一若豫爲今日立憲時代之爲政者而言者。

大久保甲東　甲東先生薨之前一日語某地方官曰。『中興之業之成。期以三十年分之爲三時期第一期即戊辰以降之十年間兵馬倥偬內外多事祇發其端也。第二期即今後之十年。變亂漸平而可言內治。此正諸公惕躬盡瘁。立富強基礎之時也。其第三期即最後之十年。則潤飾繼承之事業。恐將待之後賢矣。嗚呼、先生之觀察大勢。眞洞若觀火哉。

第四種

獅子毬

西國有獸。其名曰獅。猛獸也。其猛烈之氣。不得伸則跳躑不止。故與以毬以消磨其氣。終日弄毬而跳躑遂忘矣。夫文人之弄文學。士之好學。何莫非弄毬類乎。故以獅子毬題此篇

宇宙本自圓滿靈活。人生本自活潑潑地。無不可爲者。事無不可爲之時。唯人自小之。則自居跼蹐矣。故吾人處世。不可無決破羅網。焚燒荊棘。蕩夷汙澤之氣概大是非也。小亦是非也。大得失也。小亦得失也。識其大者爲大人。識其小者爲小人。天下至大也。人民至多也。威權所不可制。詐術所不能籠。唯大公至正。足以服天下心者。乃得而操縱之。此理誰不知之。而實行之者實鮮。陸象山曰。要當軒昂奮發。

莫濕地沈埋在塵寰凡下處。此實殊可驚愕。

靈魂是眼也。宇宙是書也。以活眼讀活書。則事事皆會通。物物皆點頭矣。

大丈夫處世。於受取捨之間。須明決勇斷。取則經天緯地。功名千古。捨則一鉢一衣。樹下石上。何必拘拘施其間哉。

爲政猶圍棋。知彼知己。意在全局。事貴機先。當大局者。於內外之形勢。死生存亡之地。強弱攻守之機。能了然如指掌。則庶幾矣。

戰略之蘊無多子。第一着在立全役之籌策。孫武所謂廟算是也。第二着在神速動員聚中之法。孫武所謂知戰地知戰日是也。第三着在以我全兵攻敵分兵。孫武所謂軍爭是也。

不知兵者。不可以當大局。

山崎之戰。其勝敗決之於先占天王山與否。人生百事。莫不有一天王山。先占者必勝。活眼一瞥。機在一瞬。是之謂戰略眼。是之謂政略眼。古來之大豪傑。莫不獨具此隻眼。

獨逸之老帝維而享姆一世之技倆，無他，能識精悍堪事之畢士麻克與老練通兵之毛而德，而任之而不疑耳。人君務于求人，逸于得人，古言豈我欺哉。今之日本，亦不必要多人也，能通政務者一人，能堪軍務者一人，踔厲風發，有以身殉國之概，則國富兵強，可指日而待也。當局者其果不可奮發興起，勇往直前乎。六

水至清魚不住，人至察士不親。丈夫處世，不可無清濁純雜一口併吞之氣象，不必事事皆透徹，物物皆貫通，故時即大樹蠢蠹，逗漏破綻，亦無傷其爲大人豪傑。其精微之極，則可割蠶絲，剖牛毛；其脫略之處，則可任天地落眉間而不顧。古今來英雄豪傑，不可不具此特色。

司馬德操曰：『儒生俗士，豈識時務，識時務者在俊傑』。欲識時務，須立脚最高處，別具一隻眼，以觀察。徒說是非，論得失，猶不免儒生俗士之見也。

高樓對酒，檻外水色山光，足以賞心悅目，放聲一笑，海闊天空。欲成極大事業，當從這般境象悟繹出來。若窮年兀兀，埋設於是非得失中，能做出何事。

處危疑，弄危機，唯不欺二字，足以了事。不欺己，不欺人，又不欺造化，天地神明，亦將

對面膜拜。而況于含血之倫。

古人曰。能成大事者。先忘成敗。眞千古之達言也。唯實行之則甚難。然或不然。莊周曰。「死生亦大矣。」志氣一發。死生尚不能攖。而況區區成敗乎。是在自斷之何如耳。

第五種

矯世危言

佐久象山翁當幕府之末。出其眼識千古氣蓋一世之氣概。大聲疾呼。以矯世俗之陋習。其言皆不容於世。嘗賦泄泄詩八章。以遣悶。其第一章曰。我艦未半。我壁未成。將者泄泄。蠻方孔偷。其第三章曰。積薪如陵。火發其下。載笑載言。晏然以處。嗚呼。迄今距三十餘年。天下革新。而與翁同此感慨者。尚滿天下何哉。

天下有大機焉。得之則天下服。失之則天下背。此機也。睹之不易。見識之不易。論語云。利天下者。天下啓之。害天下者。天下閉之。生天下者。天下德之。殺天下者。天下賊之。徹天下者。天下通之。窮天下者。天下讎之。安天下者。天下恃之。危天下者。天下雖之。能將此種道理參得透。見得徹。則可免區區權謀術數。何足以語此機哉。爲政猶治水。萬水皆東流。百川悉匯海。不解此理。而曰我能治水。我能爲政。此之謂小丈夫。不足與言大勢也。

土佐之中岡愼太郎嘗著時勢論一篇。痛論時事。其結論有曰。「我神州之危急存亡。至今日而極。國民而不忍坐視者也。則如古人所言。勇者出其力。智者出其謀。藝者出其技。捐身破家。拼光明正大之一死。以盡其忠誠。則政教可立。武備可興。信義可及外國。皇運不足挽。而外藩不足制也。」嗚呼。讀此論而尚不知奮發興起者。必非血性男兒。

某國取某政略。吾欲反對之。當用何政略。欲協同之。當用何政略。某國布某法律。吾欲追隨之。當行何法律。欲妨害之。當行何法律。熟計深算。眼光徹宇內。意氣凌八荒。時而按外交之形勢以變內治之局面。時而定內治之方略以占外交之勝算。以增進國利。發達民力。而歸之於至誠。此政治家之所以爲政治家也。若徒注眼於一局一部區區權利義務之是務。恢廓手段而亦自命爲政治家也。則某非故知矣。

人須有蓋世之氣大蓋天下。非後能容天下。仁蓋天下。而後能懷天下。信蓋天下。而後能約天下。義蓋天下。而後能服天下。此理誰不知之。誰能行之。橫井小南翁居常嘗教人曰。「天下事皆須取第一等經畫斷不可出第二等手段」今天下命爲憂時憤世者多矣。果能不出第二等手段者。有幾人哉。

軍井未達。將不言渴。軍幕未辨。將不言倦。軍竈未炊。將不言飢。冬不服裘。夏不操扇。雨不張蓋。是之謂將禮。與之安。與之危。故其衆可合而不可離。可用而不可疲。以其恩素蓄義素合也。豈特將軍之于三軍爲然哉。志士仁人之待萬民。亦宜如此。同天下之利者得天下之心。擅天下之利者失天下之心。此數之最易睹而理之最易解者也。然能睹此數而解此理者。則落落如晨星。

（未完）

10

附錄

研究資料

（日本鑛律）

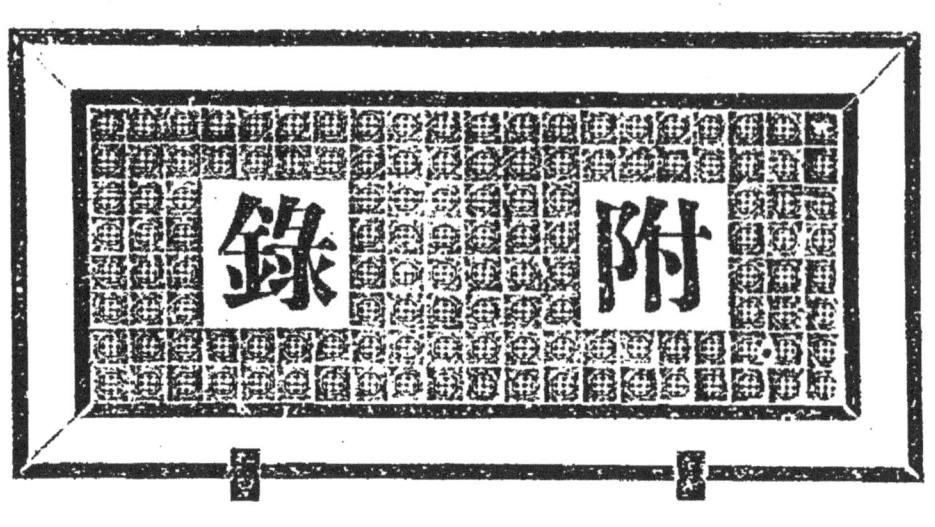

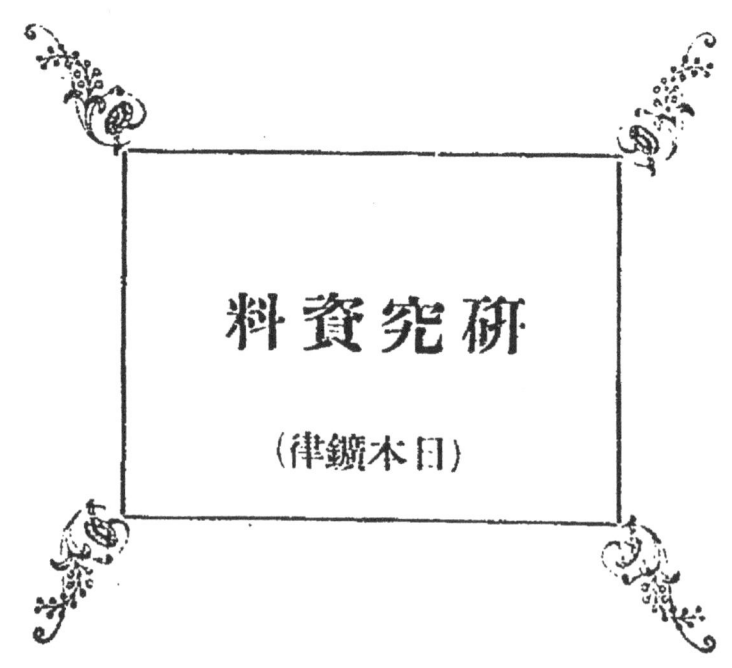

欽命

管理大學堂事務大臣吏部尚書張

會同管理大學堂事務大臣刑部尚書榮　為

出示招考事照得京師大學堂於上年九十月經本大臣兩次考取速成科均已入堂肄業在案現在開辦譯學館招選學生額定一百二十名分習英俄德法日本五國文字兼習普通科學五年畢業優給各項出身升階俱照大學堂

奏定章程辦理並以備外務部及出使各國大臣各省督撫咨取譯員並各處學堂延聘外國文教習之選除先在速成科內選撥肄習尚屬不敷日應續行招考以廣甄陶茲查照前次考試章程略參變通之法其考試仍分兩場第一場試以修身倫理大義一篇中外史學六問算學三問第二場試以中外地理六問物理學二問外國文論一首或筆對數條以上命題每門皆由淺及深者以待通才淺者以試初學各門科學大要取其按目條對粗識源流精覘素學無取瑣細煩難其外國文分為英俄德法日本五國年幼未習者考試可從寬免年歲稍長者必取已經習過之人考試時應即報明如功候較深作外國文論一首功候較淺面詢筆對數條記其分數其年齡取自十六歲以外二十三歲以內為限今定於七月初一日考試頭場初二日考試二場屆期各於本日辰正初刻本大臣親臨大學堂點名考試每場俱謹一日之長棄卷呈閱仰候評定甲乙錄取列榜選歸譯學館肄業

國家需才孔亟養士為先此次開辦之初暫擬不收學費其伙食操衣履紙筆課本均由學堂備給與速成科一律辦理為此先期諭示俾都城及各省一體周知自示之後凡有志習學者各即開具籍貫三代年歲履歷先期在京師大學堂總辦處報名以便造冊該生等務於六月二十日齊集京師各按本籍八旗取具本旗佐領圖片各直省取具同鄉京官印結親身赴本大學堂報到投考統於六月二十八日截止毋得自誤切切特示

右諭通知

光緒二十九年　月　日

告示

實貼

研究資料

本欄擇各國之緊要法令規則條約等足爲吾國前途之助者以資當局之參攷以供學者之研究

日本鑛律

日本鑛律頒於明治二十三年共九章一總則二試掘及採掘三鑛區四使用土地五鑛業警察六鑛夫七鑛業稅及鑛區稅八罰則九附則而別施行細則凡關于鑛產種種辦法皆定有規則簡明而完備其於保護國民權利尤三致意誠吾國目前急宜取法者也故譯之以資當局者之參攷

早稻田大學卒業生　唐寶鍔　誌

第一章　總則

第一條　凡鑛業謂試掘採掘鑛物、及其附屬之事業、

二

第二條　凡鑛物之未經採掘者、作爲國家之物、

此律中稱鑛物者、謂金（除砂金）銀鑛・銅鑛・鉛鑛・錫鑛（除砂錫）安的莫尼鑛・水銀鑛・亞鉛鑛・鐵鑛（除砂鐵）硫化鐵鑛・錳鑛・砒鑛・黑鉛石炭鑛硫黃等鑛・

第三條　凡非日本臣民、不得爲鑛業人、或屬鑛業黨中之人、及爲鑛務公司股主、

鑛業人若係未成年、（年未滿二十者）、或瘋癲白痴瘖瘂等人、當立一至親監督人、代其行事、

第四條　凡農商務省鑛業局及鑛山監督署之官吏、在職中不得爲鑛業人、或屬鑛業黨中之人、及爲鑛務公司股主、幷辦事人等、

第五條　凡照此律、有被撤銷鑛業特許之鑛業人、在同鑛區內、一年之內、不得再行稟請開鑛、以示儆懲

第六條　凡二人以上同爲鑛業時、當舉一人爲總代、豫先稟知所轄之鑛山監督署、其總代於鑛業上一切事件、對政府作爲代表其餘同爲鑛業之人、

第七條　凡同爲鑛業人中有變更、及其採鑛權有買賣・讓渡・附入及稟報罷業等

事、除總代人外、至少須有同爲鑛業人過半數連名稟請、方得照准、

第二章　試掘其採掘

第八條　凡欲試掘鑛物者、須將試掘地之圖樣、隨稟呈請山鑛監督署長、徑其認可、方得試掘、

第九條　凡試掘自認可日起、以一年爲限、

試掘人如於前項期限內、難竣其事業、確有事實可據者、得稟請所轄之鑛山監督署長、酌量展限、

所轄之鑛山監督署長、查其事實確出於不得已者、得准其展限一年、

第十條　凡因試掘而採得之鑛物、經所轄之鑛山監督署長認可者、得以販賣、

第十一條　凡依前條販賣之鑛物、須於三十日內、將販賣價銀百分之一、納呈鑛山監督署長、以爲稅小

前項價銀、如於限內不納者、照國稅延法納辦理、追繳

第十二條　凡欲得採掘特許者、須將鑛區圖樣、隨稟呈遞、由所轄之鑛山監督署

長、稟請農商務大臣、

如稟及圖雖於同時呈遞、則先呈稟、限五十日內、（由遞稟日起算）呈遞圖樣、如限內不交出者、稟作廢紙、

第十三條　凡稟請採掘之人、當證明在稟請地方、確有可採掘之鑛物、

第十四條　凡鑛山監督署長、爲認定鑛物所在起見、須派吏員前往切實踏看者、得令稟請採掘人、豫納吏員出差照章應需之旅費及日費、

稟請採掘人、自奉有前項豫納旅費日費飭知日起、十四日內不豫納者、稟作廢紙、

第十五條　凡鑛山監督署、當備置稟請試掘及採掘鑛物登錄簿、依稟請日時之先後、定其許否、

第十六條　凡稟請日時若同、鑛山監督署長、當將其事飭知各該具稟人、各具稟人自飭知發出之日、當於六十日內、彼此協議、自定就爲稟請之人、若協議不成、其稟一概作廢、若稟請日時雖同、一係試掘、一係採掘、則先就採掘者、定其許否、

第十七條　凡農商務大臣認定可與採掘特權者、則發付鑛業特許證、爲憑、
第十八條　凡鑛物認定、如試掘採掘有害公益者、試掘由所轄之鑛山監督署長、採掘由農商務大臣、駁斥其所請、
第十九條　凡鑛物認定如試掘採掘有害公益者、試掘由鑛山監督署長、採掘由農商務大臣、得將既與之許可及特權撤銷、
鑛業人如有不服前項撤銷之措置者、得於奉到飭知日起、三十日內、向行政裁判所出訴、但不得要求賠償損失、
第二十條　凡既得特許之鑛物採掘權、得賣買讓與及附入等事、
採掘權賣買讓與時、當彼此連名、經所轄之鑛山監督署長、稟請農商務大臣、換取鑛業特許證、若不依此辦法、其賣買讓與、法律上不作爲憑、
採掘權附入、當由彼此連名、在所轄之鑛山監督署長登錄、其未經登錄者、法律上不作爲憑、
第二十一條　凡他人在試掘年限中、於其試掘地內、不得就同一鑛物、稟請採掘、

第二十二條　凡在他人既得認可之試掘地內、就其試掘人未得認可之鑛物、欲稟請試掘採掘者、須先經試掘人承諾、此蓋護試掘人之權起見、除試掘人欲自行稟請試掘採掘、或他人所稟請之試掘採掘、與其所得認可之鑛物試掘之事有礙外、試掘人不得拒絕前項所請、

第二十三條　凡在他人所屬之鑛區內就鑛業人未得試掘許可、或採掘特許之鑛物、欲稟請試掘採掘者、當先經鑛業人承諾、

除鑛業人欲自行稟請試掘採掘、或其他人所稟請之試掘採掘、與鑛業有礙外、鑛業人不得拒絕前項所請、

第二十四條　凡官城・離宮・神宮・皇陵・陸海軍所轄城堡・軍港・要港・火藥製造局・火藥庫及藥・彈庫等周圍百八十丈以內之地、不得試掘採掘鑛物、及為鑛業上使用之事、但軍港要港、徑其鎮守府司令長官許可者、不在此例、

第二十五條　凡自鉄路・馬車鉄路・公路・河湖堤防池沼祀寺墓地公園地・及建築物・至地之表面及地下周圍百八十丈以內之地、非徑所轄官廳或物主承諾、不

六

得爲試掘採掘等事、並無危險之處者、不得拒絕所請、

第二十六條　凡鑛業人每年製爲鑛業施業(作業)案、常年於其前年十月三十日爲限、其開辦之年、則於採掘特許之日三個月內呈請所轄之鑛山監督署長認可、乃得施行、

前項施業案、如認定於坑內保安有害、或其鑛業與其鑛區不適、所轄之鑛山監督署長將其理由示知鑛業人、限期飭令更正、

第二十七條　凡鑛業人、非照經所轄之鑛山監督署長認可之鑛業施業案辦理、不得採掘鑛物、

第二十八條　凡鑛業人如於限內鑛業施業案或改正案不呈出時、農商務大臣得將採掘權之特許撤銷、

第二十九條　凡鑛業人停業一年以上、或自得採掘權特許日、一年內不開辦(鑛業)者、農商務大臣得將其特許撤銷、

第三十條　凡前二條之事、如非由鑛業人過失者、(指不呈出、不開辦言、)不自奉有特許撤銷

飭知日起、十四日内、得開具理由、向農商務大臣陳説、再爲稟請、若農商務大臣不准、自被駁斥之日起、三十日内、得向行政裁判所出訴、

第三十一條　凡鑛業人、當製就坑内實測圖二份、一份呈所轄之鑛山監督署、一份存置鑛業事務所、

前項坑内實測圖、視事業之進步、每六個月、當爲追補改正、

鑛業人如因係隣接他人所屬鑛區之坑内實測圖、須要證明者、得請於所轄之鑛山監督署長、

所轄之鑛山監督署長、爲證明前項起見、須要派吏員前往切實踏看者、得令鑛業人豫納吏員出差、照章應需之旅費及日費等、

第三十二條　凡鑛業人、若毀損或遺失其鑛業特許證、開具事由、經由鑛山監督署長、稟請農商務大臣、再行補給、

第三十三條　凡察覺因詐僞或錯誤而得試掘之認可者、所轄之鑛山監督署長、得將其認可撤銷、若其認可有利害關係之人、謂有得人權利、經其察覺者、其有關係

之人、自認可之日三個月內、得訴請所轄之鑛山監督署長、撤銷試掘之認可、
如有不服前項所轄之鑛山監督署長所判定者、自其判定日起、三十日內、得向
行政裁判所出訴、
第三十四條　凡察覺因詐僞或錯誤而得採掘之特許者、農商務大臣、得將其特
許撤銷、若其特許有利害關係之人、經其察覺者其有關係之人、自特許之日三
十日內、得訴請農商務大臣、撤銷採掘之特權、
如有不服前項農商務大臣所裁定者自其裁定日起、三十日內、得向行政裁判
所出訴、
第三十五條　凡第二十二條第二項及第二十三條第二項之事、如無故不承諾
者、則由關係之人、再第二十五條但字下云云之事、無危險之虞不承諾者、則由
鑛業人、得稟請所轄之鑛山監督署長、爲之判定、
第三十六條　凡如有不服前條所判者、自其判定日起、三十日內、得請農商務大
臣、爲之裁定、

第三十七條　凡鑛業人罷業時、當將其事、稟報所轄之鑛山監督署、繳還鑛業特許證、

第三十八條　凡照第十九條第二十八條第二十九條第三十四條第四十三條及第七十六條、農商務大臣撤銷採掘特許、或照第三十七條鑛業人稟報罷業時、而其既得特許之採掘鑛物權上、雖有抵押權之債主、即爲失其抵押之權、但除第十九條第三十四條外、債主於六十日內、稟請採掘該鑛區時、則不拘其稟請之先後、便與特許、准其接續採掘、

第三十九條　凡鑛業人、每年於正月、當將前年份採得鑛物之量數製產物、及其販賣數目價銀、作業日數等、稟報所轄之鑛山監督署、

第四十條　凡鑛業人、當照農商務大臣所定書式、製成帳簿、記載製產物之數量及販賣價銀等、

第三章　鑛區

第四十一條　凡鑛區、謂採掘鑛物土地之區域、

鑛區之境界、以直線定之、以地表境界線之直下爲限、一個鑛區之面積、煤鑛爲万坪（每坪方六尺、）以上、其餘鑛物爲三千坪以上、均不得過方十万坪、

第四十二條　凡係稟開之鑛區位置形狀、如與鑛床位置形狀不符、認定有損鑛利者、所轄之鑛山監督署長、當飭知其稟人、令其訂正、

其稟人奉有前項飭知日起、三十日內、不訂正者、稟作廢紙、

第四十三條　凡稟得特許之鑛區位置形狀、如與鑛床位置形狀不符、認定有損鑛利者、所轄之鑛山監督署長、得經由農商務大臣、限六十日內、飭令訂正、若不訂正者、農商務大臣、得將既與之特許撤銷、

鑛業人如有不服前項撤銷特許之事、自奉有飭知之日起、三十日內、得向行政裁判所出訴、

第四十四條　凡鑛業人、視鑛業情形、須訂正鑛區之境界及位置者、當將理由書及訂正鑛區圖鑛業特許證、隨稟呈由所轄之鑛山監督署、稟請農商務大臣、農商務大臣、認定以訂正爲要者、則更發付鑛業特許證、（前特許證註銷、）

第四十五條　凡鑛業人稟請訂正鑛區時、所轄之鑛山監督署長認定須派吏員前往切實踏看者、得飭令鑛業人豫納吏員出差照章應需之旅費及日費等、鑛業人奉有前項豫納旅費日費飭知日起十四日內、不繳納者、稟作廢紙、

第四十六條　凡欲將鑛區合併或分割者、當將鑛區分割圖及鑛業特許證隨稟經由所轄之鑛山監督署呈請農商務大臣如有收其採掘權爲抵押之債主時、併須將其承諾書附入、

分割鑛區、不得過第四十一條之限制、

第四章　使用土地

第四十七條　凡爲稟請試掘及採掘起見須要測量他人土地者、當經所轄之鑛山監督署認可、其地主及與土地有關係之人、不得拒絕、若因測量而生出損失時、歸稟請測量之人賠償、

請測量之人、欲入他人土地時、當豫先通知其地主、且携帶測量認可證、

第四十八條　凡於在列各件鑛業上須使用他人土地、由鑛業人請其借貸者、地

主及與土地有關係之人、不得拒絕、
一、為開鑿坑口起見、
一、為設置鑛物、及土石之堆積場起見、
一、為開辦坑路、道路、鐵路、馬車鐵道、運河、溝渠、及溜池等起見、
一、為建設鑛業上緊要之製煉場、及建築物起見、

第四十九條　凡左列各項地主及與土地有關係之人、得拒絕其借貸、
一、借貸之土地、係第二十五條所載者、
一、土地借用人不交第二十五條所定之擔保銀時、

第五十條　凡土地借用之人、於其所借之地、當按地之多寡、納地稅與地主、地主為地租之擔保起見、得令土地借用人、豫先交出土地臺帳簿記所記地價內之若干銀數作為擔保
對其質入土地之地租、及擔保銀、歸質主收領、
因使用土地、致地主及與土地關係之人有損失時、鑛業人當按照賠償、

土地借用人、使用土地既畢、其使用中之地租亦完納時、地主或質主、當將擔保銀與土地換還、

第五十一條　凡土地借用人、使用土地畢時、當照地主之請、將土地復爲原形、然後歸還、若不能復原形時、土地借用人、當賠償其損失、

第五十二條　凡土地借用人延納地租時、地主得將其延納之租價、從擔保銀中扣取、收還土地、

前項土地收還時、如地上有建築物等、當定限六十日以上、要令土地借用人拆卸、若不明土地借用人所之在、則登報紙公告其事、

土地借用人、如於限內（六十日以上）不拆卸時、其建築物歸入地主所有、

第五十三條　凡因鑛業人之請、將土地分割賣與、或借與、而殘餘之地、有礙利用者、地主得請鑛業人令其將土地全部買收或全部借用、鑛業人不得拒之、

第五十四條　凡鑛業人借用之土地、如須使用三年以上、或使用已逾三年者、地主得要請鑛業人將其土地買收、鑛業人不得拒之、

第五十五條　凡地主及與土地有關係人、與請測量之人、或鑛業人間之借貸土地、地租、擔保銀、損失賠償費、或土地賣買價値、協議不妥時、得請所轄之鑛山監督署長、爲之判決、

如有不服所轄之鑛山監督署長所判者、自奉有判定飭知日起、三十日內、若借貸土地、得請農商務大臣爲之裁定、若地租、擔保銀、損失賠償費或土地賣買價値等、得向裁判所出訴、

對前項農商務大臣所裁定者、不得再向地出訴、

第五十六條　凡稟請所轄之鑛山監督署長判定、或農商務大臣裁定、所需費用、照民事訴訟費用之例擔任、

第五十七條　凡鑛業人於地主或與土地有關係之人、經所轄之鑛山監督署長判定之地租擔保銀損失賠償或賣買價値、如有不服、不將其銀類交付地主或與土地有關係之人、及交而未受領者、得將其銀數寄存供託所、(寄銀之所)仍使用土地、(免誤鑛務、)

第五章　鑛業監察

第五十八條　凡關鑛業之監察事務、如下所列者、歸農商務大臣監督、鑛山監督署長行之、

一、保安關坑內及鑛業建築物之事、

一、保護鑛夫生命及衛生上之事、

一、保護地表安全、及公益之事、

第五十九條　凡認定鑛業上有危險之處、或有害公益時、所轄之鑛山監督署長、當命鑛業人豫爲防備、或停止鑛業、所轄之鑛山監督署長欲停止其鑛業時、除礙難遲延之事外、須稟農商務大臣認可、

第六十條　凡前條第一項之事、鑛業人如不即爲豫防、所轄之鑛山監督署長得指揮鑛業人使用之辦事人、及鑛夫等、爲之豫防、此時鑛業人有擔任將其使用之辦事人、及鑛夫、供豫防之用、并一切費用之義

務、

第六十一條　凡照第五十九條停止鑛業之後、其事故息時、所轄之鑛山監督署長當立即解除停止鑛業之命、將其事申報農商務大臣、

第六十二條　凡農商務大臣照此法律撤銷採掘權特許●或鑛業人罷業時●所轄之鑛山監督署長當定限六十日以上、飭令將因鑛業所建設之房屋●及其餘建築物等拆卸、若限內不拆卸、其建築物等歸入地所有、但所轄之鑛山監督署長、爲坑內保安起見、坑內及坑口之緊要建築物、不得除去、

前項之事、若鑛業人所在不分明時、照第五十二條第二項之法辦理、

第六十三條　凡農商務大臣得在此法律範圍之內發出省令、（農商務省之命令）定鑛業警察規則、

第六章　鑛　夫

第六十四條　凡鑛夫、謂採掘鑛物●及從事附屬其鑛務之男女職工、

鑛業人、定其使役鑛夫之使役規則、經所轄之鑛山監督署長認可、然後施行、

第六十五條　凡鑛業人、與鑛夫之間、如無特別約規、彼此得於十四日前通知、解雇役之約、

第六十六條　以下各項、鑛業人無論何時、得解辞鑛夫

一、被處輕罪以上、或其行爲無狀、或不遵守命令時、

一、對鑛業人及其使用之辦事人、有粗暴之行爲時、

一、身体虚弱、不堪作工時、

一、鑛業被禁、或罷業時、

第六十七條　凡下列各項、鑛夫無論何時、得罷其雇役、

一、身体虚弱、不堪作工時、

一、被鑛業人及其使用之辦事人虐待時、

一、不付約定之工錢或酬勞時、

第六十六條　凡鑛業人或其代理人、遇有鑛夫請罷雇時、當給與向来工年限本人之技能工錢。及解雇事由之證明書、

鑛業人如拒不與證明書、或鑛夫認定其證明書中、有不合之事、所轄之鑛山監督署員得申告警察官辦理、

第六十九條　凡鑛業人付鑛夫工錢、當用通行貨幣、

第七十條　凡鑛業人當備置鑛夫名簿、記其姓名年歲籍貫職業雇入及解雇之年月日、

第七十一條　凡農商務大臣、於下記載限制之內、得發省令、定鑛夫工役規則、

一、限制一日十二点鐘以上之就業鐘數、

一、限制女工工役之種類、

一、限制十四歲以下男女職工之就業鐘數、及工役種類、

第七十二條　凡鑛業人於下列各項、當救恤其雇入之鑛夫、其救恤規則、經所轄之鑛山監督署認可、乃得施行、

一、鑛夫非出於自己過失就業中負傷時、補給醫費、及療養費之事、

一、前項之事、鑛夫雖在療養休業中、亦支給相當日費之事、

一、因前項負傷鑛夫死亡時、補給葬費及支給其遺族扶恤銀之事、

一、因前項負傷成廢疾之鑛夫定限支給津貼銀之事、

第七章　鑛業税及鑛區税

第七十三條　凡鑛業人應繳納鑛業製產物價格百分之一、作爲鑛業税、應繳納鑛區每千坪每年洋三角、作爲鑛區税、但千坪未滿之端數、免課（鑛區税）採掘鉄鑛之人、不課鑛區税、

第七十四條　凡前條鑛業製產物之價格、以重要市場之平均市面、（尋常市面、謂不過高亦不過低之時）作爲標準、照農商務大臣所告示之數、但市場無市面時、照其販賣價銀之數、

第七十五條　凡鑛業税前年份限每年三月三十一日繳納、若係罷業之年、自罷業日起、六十日內繳納其罷業年之税不給還、

第七十六條　凡鑛業人於納税期限內、不納鑛業税及鑛區税時、農商務大臣得撤銷其採掘權之特許、有不服其撤銷者、自奉有撤銷飭知之日起、三十日內得

向行政裁判所出訴、

第八章　罰則

第七十七條　凡犯第二十四條第二十五條者、處罰鍰二十元至二百元、

第七十八條　凡未得特許而採掘鑛物、或行詐僞而得特許者、處罰鍰十五元至百五十元、

第七十九條　凡未得認可而試掘鑛物、或行詐僞而得認可、或認可之期限已過、尚爲試掘者、處罰鍰十元至百元、

第八十條　凡犯第二十七條者、及第九十九條之豫防不即動手者、或犯第六十二條但字下云云規制者、處罰鍰十五元至百五十元、

犯第三十一條第一項及第二項者、處罰鍰五元至五十元、

第八十一條　凡犯第十條者、其賣得銀數之半充罰、

第八十二條　凡隱匿第十一條之販賣價銀者、其隱匿銀數之半充罰、

第八十三條　凡照第三十九條應稟報之事項詐而逋稅者、罰其逋稅銀數三倍、

若不關通稅事項者、處罰鍰二元以內、

第八十四條　凡不製成第四十條之帳簿、或怠於記載、或詐爲記載者、處罰鍰二元至二十元、

第八十五條　凡犯第六十四條第二項、及第六十九條、第七十二條者、處罰鍰十元至百元、

第八十六條　凡違犯第六條、及第二十七條、第六十八條、第七十條者、處課金一元至一元九角五分、

第八十七條　凡第八十一條、第八十二條、及第八十三條之事、自首者、則追徵其銀數、不問罪、

第八十八條　凡犯此律者、不用刑法之減刑、及再犯加重數罪具發等例、

第業人係未成年或瘋癲白痴瘖瘂者、犯此罰則時、對其至親監督之人、

第九章　附則

第八十九條　凡此律實施以前、既得許可之試掘人或借區人、於其許可限中、仍

得爲試掘及鑛業、

第九十條　凡此律實施以前、得借區人之許可、借區年限滿期後、欲尚接續爲鑛務者、當於借區滿期以前、照此法律禀請接續、

第九十一條　凡關此法律施行細則、農商務大臣定之、

第九十二條　此法律自明治二十五年六月一日起施行、明治六年太政官第二百五十九號布告之日本坑法、以是日爲限廢止之、

二四

學堂必需教育圖畫告白

天地現象掛圖　第壹輯五枚壹組　價金貳圓五拾錢

同第貳輯　貳輯亦同價
有日月星天體及雲霞、雷、火等之美圖也

熱帶植物圖　第壹輯五枚壹組　價金貳圓五拾錢
有椰子、鳳梨、タコ木、甘蔗、カヒー、ゴム樹等最美圖

海獸類正圖　五枚壹組完結　價金貳圓
有海虎、膃肭獸、海象、鯨其一角等各種動物之美圖

實業教育漁業圖　掛圖之內　第壹輯五枚壹組　價金貳圓五拾錢
有水産類採取○土佐捕鯨取實況○鯨漁其他數圖

腔腸動物圖　五枚壹組完結　價金貳圓
珊瑚○海綿○海月○階老同穴○等奇異動物數種

人體寄生虫及微菌之圖　五枚壹組完結　價金貳圓
ペスト○コレラ等傳染病黴菌及人體寄生虫放大精圖

世界人種風俗掛圖　第壹輯五枚壹組　價金貳圓五拾錢
エスキモ人○アイヌ人○蒙古生蕃人○北米土人印度人○南洋土人○其他歐米各國生用活狀態圖

海藻類正圖　五枚壹組完結　價金貳圓
比布○荒布○海苔其他重要海藻二十種之最美圖

人體生理解剖圖　貳拾枚壹組完結　價金七圓
將人體機能與比教授上最適當之掛圖

日本水産貝殼正圖
本邦貝殼有數種之美圖　貳枚壹組正價金貳圓

有害無害菌蕈正圖
第壹輯五枚壹組　正價金貳圓

爬虫類及水陸兩棲動物圖
蛇蛙○魚等之圖　壹輯五枚金貳圓

哺乳大動物圖
獅子虎猩々等各種　壹輯五枚金貳圓

甲殼動物圖
○エビ○カニ類○等有甲殼動物十枚金貳圓

植物正圖
五枚壹組壹輯金貳圓　第壹輯起第四輯迄出來

魚類正圖
各種之魚類精巧美麗　第壹及第貳輯出來壹組貳圓

鳥類正圖
保護鳥及各種鳥類鮮明美麗　壹輯起貳輯迄　壹輯付貳圓

本邦農業有益有害蟲類正圖
第壹輯起第四輯迄出來　壹輯付貳圓

鑛石實寫圖　金壹張　金參圓

養蠶示教圖　八張壹部　金參圓

前所敘之外有益圖畫壹百餘種

●付法●本館圖畫月錢定價一據日本法貨實準即書金幾圓幾錢與中國市場價抵易不相制●欲購本館圖書諸君定價金要先惠但郵送費別照加本館圖書目錄壹冊送致有命、不論遠近即呈上

日本東京新橋出雲町

東京造畫館

杭州旅行招待社簡章

抗州爲東南一大都會重以西湖山水甲天下故提劍負笈來旅行者趾相錯也然無清潔之旅館無相識之地主人地生疎者殊苦之斯社之設冀爲旅人謀便利於萬一更冀各省各府各縣聞風踵起聯合一氣令隨地皆有賓至如歸之樂其於社會交通或不無補裨賦例各下

一本社對於各級社會不能概盡招待之義務限於左方所記之各類

甲 外國留學生

乙 官私學校之職員及學生

丙 學會職員及會員

丁 報館館主及職員

一本社開亦伊始暫設於杭州萬安橋西白話報館內俟經費稍裕再議另賃房屋

一本社不收房金膳資自理少數人住宿不上一週者其御膳仍由本社供給之

一本社備牀鋪不備被褥

一供給茶水油火餘歸自理

一本社有專誠招待員如閱視學堂遊覽名勝購置品物招待員皆能盡追陪引導之責

一車馬費及途中酒食費旅人自理招待員用費由本社開支

一社友與旅人個人之交際其費用與本社無涉

一旅人欲住西湖本社可爲代謀房屋惟膳宿料均由旅人自理

一本社承認招待之旅人外國留學生須有日本東京浙江同鄉會之紹介書學堂學會會館須有事務所蓋有印章之紹介書或有與本社社友相識之人之紹介書否則幸恕辭謝

一吸食鴉片者概行謝絕如私自吸食經本社察出立即驅逐

一本社經營方始篳路藍縷尚待擴充現以經費支絀致不能一切周備簡褻之處惟祈諒之

癸卯閏五月杭州旅行招待社同人公擬

閩學會叢書廣告

閩縣王學來譯

哲學原理

定價大洋壹角伍分

是書爲日本哲學大家所著詳述哲學研究之法社會發達之由提綱挈要言簡理該譯者以是明達之筆述極高尚之理誠研究哲學者之津逮也

閩縣劉崇傑譯

史學原論

定價大洋貳角叁分

此書爲日本史學大家浮田和民所著博引泰西學說加以論斷瀏覽窮源語語精確洵爲不磨之論譯者文筆條暢足達原書之旨

侯官林楷青譯

人種誌

定價大洋貳角

現今爲人種競爭時代瀏陽唐氏始著各國種類考一書然當時攷據之書其缺出於理想者多徵諸實驗者少此書爲日本鳥居龍藏編纂致證精確故急譯之

閩縣林長民譯

西力東侵史

定價大洋貳角捌分

此書爲日本文學士齋藤阿具所著自十四世紀之季至二十世紀初年凡西洋人于東洋如何擴張勢力及吾亞人如何受侮前後五百年歷歷如繪論斷處尤具史眼譯者文筆簡鍊字字經心

長樂高鳳岐輯譯

泰西格言集

定價大洋一角五分

是書博採泰西名人言論如腓力特列拿破崙華盛頓大彼得畢士麥諸大傑之議論亞里士多德柏拉圖梭格拉底孟德斯鳩盧騷邊沁倍閣克介彌勒約翰卒遜斯賓塞達爾文赫胥黎諸大儒之學說凡百餘家都爲一編單詞片語皆具精理譯筆古雅馴不失原書之意

侯官林棨編譯

國際公法精義

定價大洋貳角

中國閉關數十年交涉徒棘皆坐吾人夙不經心於國際公法故也前此公法譯本多屬陳腐其作者亦不過雜列條文不足以資講求茲編專闡明國際公法之眞理分爲二編上編論國際公法之主體下編論國際上國家之權利義務皆本近今名家之說演繹成書譯者詳稽折衷至當

侯官薩端譯

社會進化論

定價大洋肆角

社會狀態何日不在進化之中然于目前之文明不知所以變遷之理則識見之謬陋自不待言是書爲日本碩學有賀長雄所著分爲三編前二編多據斯賓塞傳之說後一編全出著者研究之心得其於人事之變遷國勢之消長論之

纂譯

海澄楊允昌譯

國際地理學

定價大洋參角伍分

近今地理學之書大部詳言商地勢氣候及產業貿易等範圍殊廣不適于參考之用此書守屋荒美雄所編闡明地理與國際之關係與近今國運之大勢及領地殖[illegible]之沿革言之綦詳論證確鑿解釋顯明誠地理學科中之最佳本也

近刊書目

日本小野塚喜平次著 政治學大綱

日本加藤房藏著 俄國大政策

日本織田萬著 法學通論

日本梶原保人著 政黨論

日本大原祥一著 社會問題

日本石川千代松著 進化新論

日本酒井雄三郎著 今世外交史

日本有賀長雄著 最近時政治史

日本有賀長雄著 近時外交史

發行所

日本東京神田區駿河臺鈴木町十八番地清國留學生會館

上海四馬路巡捕房對面新民叢報支店

福州城內南街黃巷口本會發行所

江蘇第三期目錄

癸卯閏五月朔日發行

（各售每册 大洋二角五分
半年六册 大洋一元三角
全年十二册 大洋二元五角）

郵費照加

總發行所 日本東京神田區駿河臺鈴木町十八番地中國留學生會館 江蘇同鄉會出版部
總經售處 上海棋盤街北段 文明書局發行所

第八期

游學譯編

癸卯五月十五日發行

半年六冊 價銀 八角五分
全年十二冊 價銀 一元六角
零售每冊 一角五分
郵稅酌加

總發行所 日本東京小石川區江戶町二十一番地 湖南編譯社編輯部
上海 總代派所 英界三馬路中蘇報館內 湖南編譯社事務所

每月一回陰歷十五日發行

教科書譯輯社刊行書目

日本東京神田駿河台鈴木町十八番地清國留學生會館

中學地文教科書

定價 大洋九角　洋裝全一册

滄海桑田變換不測說者謂造物之妙而不知實關至理日本神谷市郎以最新之學說明地球之構造論證確鑿說理詳明不特爲教科中之善本抑亦研究哲理者所不可不讀之書也插圖六十餘幅俱用精緻銅板鐫成尤覺燦爛可觀譯筆亦暢達流利

中學物理教科書

定價 大洋六角　洋裝第一卷全

是書爲日本水島久太郎原著義烏陳榥譯補陳氏於日本帝國工科大學校肄業研究物理確有心得故能說理透闢措詞明達於數學公式尤所詳備洵理科之佳本也至其裝訂華麗繪圖精緻尚其餘事

中學生理教科書

定價 大洋八角　洋裝全一册

是書爲美國斯起爾原著暨陽何燏時譯補說理既精致證尤確每篇悉附試驗方法以供臨時參考插圖數十幅用最精銅板明細可愛洵中等生理教科之善本前此得未曾有者也

近刊

中學化學教科書

是書爲吉田彥六郎氏最新之作氏著著化學凡三種本編以法國化學名家與世脫畏兒特博士之說爲主而參以平昔經驗提綱挈領透闢精深不沾沾於公式而公式自無不賅洽爲化學教科中傑出之書

物理易解

定價 大洋一圓　洋裝全一册

是書爲義烏陳榥氏撰旁搜各書博考學說插圖有八十餘幅說理簡明爲物理初步之佳本足與本社前出之中學物理教科書相輔而行

青年教育

近刊

車之於輪舟之於柁四肢百骸之於[illegible]氣也猶教育之於精神也歐洲今日之種種科學有胎息於印度者矣印度何嘗無教育而今亡矣曰惟無精神故有發[illegible]於中東者是也剌伯何嘗無教育而今弱矣曰惟無精神故支那千年來當王提倡之儒生鼓吹之學界奴性畢[illegible]根同[illegible]當廿紀學[illegible]勿傳[illegible]勞敗[illegible]演日前[illegible]年[illegible]年[illegible]度視人格墮落萬丈坑中而不一求解脫[illegible]折懷[illegible]哀何及矣是書專激發青年[illegible]氣成獨立自尊不撓不屈之精神爲主義爰亟譯之以餉我同志對症發藥或將是編

教育志叢第二編

國家教育

近刊

昔我同胞非鬧難於老學究即受業於冒教師而其結果甲則崇拜古人乙則崇拜外人求其卓然特立保我國粹者曠世罕聞是豈學於人之害耶抑不知所以學之害耳日本以學於我而開化亦於歐美而進化其所以得成今日之日本者以其民皆以大和魂爲性質是以保其國之粹也是書爲日本初與教育之事雖事事借資於人仍兢兢不忘乎己國是爲我國教育前車之鑑爰急譯之以供世之有心教育者

教育志叢第三編

教育原理

近刊

是書爲日本東京專門學校文學教育科講義抉歐美大教育家之精義網羅衍衰而成爲製造國民之基礎凡體育智育情育德育及設立學校之原理靡不委曲詳盡言之娓娓經海門李君譯出言簡意賅文筆[illegible]適我國志士結必教育者案一冊此則理想之發達教法之精良什佰時書無俟贅言現已印成不日出書

教育志叢第四編

社會學提綱

定價　大洋二角五分　洋裝全一冊

是書爲美國計亭克斯原著[illegible]陽吳建常重譯自個人之交際以至團體之集合其間若社會之本質活動發達等無不探源提要闡發無遺理論精深譯筆犀利洵哲理中之作品也

本社新刊

中學地文教科書

洋裝全一冊
定價大洋九角

滄海桑田變換不測說者謂造物之妙而不知實關至理日本神谷市郎所著中等地文教科書以最新之學說明地球之構造論證確鑿說理詳明不特爲教科中之善本抑亦研究哲理者所不可不讀之書也插圖五十餘幅俱用精緻銅板鐫成尤覺燦爛可觀

普通經濟學教科書

全一冊
定價大洋陸角

是書爲上海王宰善輯著。王氏留學日本。究心此學有年。出其心得。以公世好。其中採輯之宏富。分晰之精當。誠適於學校教科書之用。至其印刷工緻。裝訂華麗。尤其餘事也。

新書豫告

近已付梓
不日出版

嘉定夏清貽頌來著
中學地理教科書
內國之部

義烏陳槐樂書譯
中學代數教科書
上下兩册

臨桂周家彥役甫著
中學幾何教科書
全一册

教科書譯輯社白

美史譯成

章君伯初游學美利堅有年課餘譯成美史紀事本末十卷原書爲美國哈佛特大學校史學教授姜甯氏著稱專史之善本譯者筆亦是以達之今精即大版厚二冊每部大洋一元

總發行所　上海開明書店

本編代派所

總經售處　上海開明書店

上海
- 新北門外　中西書室
- 棋盤街北　廣學會
- 望平街　中外日報館
- 大馬路東　廣智書局
- 棋盤街　普通學書室
- 棋盤街　新中國圖書社
- 抛球場　掃葉山房
- 二馬路　千頃堂
- 棋盤街　會文堂
- 棋盤街　商務書館

蘇州
- 元妙觀西　東來書莊
- 元妙觀東　開智書室
- 察院前　知新書室

杭州
- 銀洞橋　白話報館
- 菜市橋　浙江大學堂
- 葵巷　安定學堂
- 三橋址　總派報處
- 泗水方橋　東文學社
- 回回堂壁間　史學齋
- 湖州北門內　恒有東典
- 嘉興城內　秀水縣學堂
- 無錫崇安寺　三等學堂
- 無錫北門內流長巷　梁溪務實學堂
- 常州城內打索巷　修學堂
- 南京夫子廟　明達書莊
- 揚州舊城太平巷尾　王毓仁先生
- 多子街　皐成衣莊
- 新勝大街　華瀛公社
- 蕪湖鶴湖觀南岸　晉康煤炭公司
- 安慶城內拐角頭　識書樓

江西
- 馬王廟後　南昌派報處
- 百花洲　廣智書莊
- 洗馬池　嘉惠書莊

湖北
- 武昌察院坡　文明書室
- 武昌城內大火巷口　黃昌王西李玉山先生
- 武昌山後戈甲營十一號[illegible]　廣林蔚廬
- 武昌横街　中東書社

廣東
- 廣州府前大馬站北　林裕和堂
- 廣州双門底　萃廬閲報處
- 廣東双門底　興教書樓
- 廣西潯州府　潯陽圖書館
- 河南開封府北書店街　時中書莊
- 四川成都桂王橋北　成都圖書局
- 北京琉璃廠　有正書局
- 保定府北大街　直隸官書局
- 山西太原府　機器印書局
- 天津北馬路圖書會館對門　名賢書號局

Third No. 2.

明治三十四年一月廿八日第三種郵便物認可
政法學報癸卯年第二期

THE
TSEN FAH SHUI PAO,

A MONTHLY MAGAZINE

OF

POLITICAL AND LAW WORKS.

OFFICE:

No. 18, SURUGADAI-SUJUKICHO, KANDA;

TOKYO, JAPAN.

SOLE AGENCY

KAI-MIN BOOK STORE.

SHANGHAI, CHINA.

譯書彙編

一九〇三年第三卷第三期

國民必攜

政法學報

原名譯書彙編

明治三十四年第三種郵便物認可（每月一期定期陰曆十五日發行）
一月二十八日

目次

癸卯年第三期

前號目次

本報價目表

全年十二冊	半年六冊	每冊
二元五角	一元三角	二角五分

外埠郵費視路遠近照加

廣告價目表

一頁	半頁	一行（四號十七字起碼）
五元	三元	二角

凡欲惠登告白者須於本報定期發刊之前五日交到價須先惠欲登長年半年者價當格外從減

明治三十六年八月十日印刷
明治三十六年九月十三日發行

編輯兼發行者　日本東京神田駿河臺鈴木町十八番地　譯書彙編社

發行所　日本東京神田駿河臺鈴木町十八番地　譯書彙編社

印刷人　日本東京淺草區黑船町二十八番地　酒井平次郎

印刷所　日本東京淺草區黑船町二十八番地　東京並木活版所

總發行所　清國上海四馬路老巡捕房東首　開明書店

看！看!!看!!! 本學報十大特色

一本報全冊爲葉百廿爲類十數專主實學不事空談自始至終無一篇簡文章無一句空泛話爲本報第一特色

一本報社說專演政法原理針對吾國前途取種種重大問題全以學理解決無閃爍兩可之語爲本報第二特色

一本報采東西各大家學說融會貫通而著爲論說 大都直接間接有大影響於政法界者爲本報第三特色

一本報分學術五門各由 專門家擔任 吸液藥屑聚精會神務取學燈之光普照大千世界以求學問之獨立爲本報第四特色

一本報搜集易於觸動腦筋之議論事實而著爲**警醒錄繪圖列說**務使全國國民觸目驚心爲喚起愛國心之助爲本報第五特色

一本報設**訪問他山集**兩門或述談片或采投稿**借旁觀之清議指當局之迷律**爲本報第六特色

一本報設**研究資料**一門專爲**研究政法學參考之助**或采成法或據新政隨時著譯爲本報第七特色

一本報設**歐美通信**一門與歐美**在留邦人特約按月報告**彼中情形爲吾國作**緊要通信機關**爲本報第八特色

一本報月記留學界事實間附按語集之可成**留學生歷史**爲本報第九特色

一本報首頁挿畫務取**有關於政法界學業上者**閱之可起愛國之觀念爲本報第十特色

譯書彙編社出版及發行書目

(1)政治法律書類

政法叢書第一編 國法學 一冊定價六角五分

政法叢書第二編 歐美日本政體通覽 一冊定價三角

政法叢書第三編 日本行政法綱領 一冊定價三角五分

政法叢書第四編 日本國會起源 一冊定價五角五分

政法叢書第五編 國際公法 一冊定價 (近刊)

警察學(總論之部) 一冊定價二角 (近刊)

外交通義 一冊定價八角

日本現行法制大意 一冊定價三角 (近刊)

政治學提綱(上卷) 一冊定價四角 (近刊)

各國國民公私權考 一冊定價一角 (近刊)

法律學論綱 一冊定價一角

近世外交史 一冊定價 (近刊)

最近俄羅斯政治史 一冊定價六角

最近德意志政治史 一冊定價三角 (近刊)

法制新編 一冊定價三角

(2)經濟書類

縮版 財政四綱 一冊定價一元 (近刊)

歐美各國最近財政及組織　一冊定價四角　（近刊）

理財學沿革史　一冊定價二角　（近刊）

歐洲財政史　一冊定價二角

日本財政之過去及未來　一冊定價二角

(3)歷史書類

波蘭衰亡戰史（上卷）　一冊定價二角五分

美國獨立史　一冊定價六角

日本維新活歷史　一冊定價三角

(4)哲學書類

生物之過去未來　一冊定價二角五分

論理學（卷一二）　一冊定價二角　（近刊）

(5)傳記書類

比律賓志士獨立傳　一冊定價二角

(6)小說書類

政治小說累卵東洋　一冊定價二角

愛國精神譚　一冊定價三角

(7)雜著書類

支那化成論　一冊定價六角　（近刊）

日本遊學指南　一冊定價二角

外國國勢一覽　一冊定價一角五分　（近刊）

(8)圖表書類

最新精繪學校建築模範圖　一冊定價二圓

最新精繪學校建築模範圖

定價兩圓

此圖爲日本文部省秘本詳列學校房舍一切配置之法自師範學校以至幼稚園無不具備本社不惜工本托文部省代印告成現在吾國各處興建學校苦無善圖可作模範以此圖參考之於應用大有稗益印刷不多務望速購

譯書彙編社告白

開明書店代售各種新書

本店專經售各種新學書籍與日本留學生諸君訂有特約凡譯書彙編社及教科書譯輯社所出各書均由本店一手發行並代購日本文及西文各種原書郵寄迅速價格克已賜顧諸君幸垂鑒焉

上海四馬路開明書店謹啓

本社新書出版報告

政法叢書第三編

日本行政法綱領

洋裝　全一冊

改正定價大洋三角五分

行政者國家之活動也國家有種種之機關之活動必爲行政吾國行政機關最爲複雜而又最不完備其原因在行政法不發達故也是書編輯日本行政法之要領解精純正詳簡得宜誠政治家必讀之書也

政治叢書第四編

日本國會紀原

洋裝　全一冊

改正定價大洋五角五分

立憲國之精神何在乎在國會而已今日文明諸國無不以國會爲立國之本日本維新國其志士日以立國會號於衆遂成今日之治此書詳述設立國會時種種變遷迄乎成功前事之師誠爲有志愛國之士所宜急爲研究者也

本社新書出版報告

中學教科 法制新編

各國中等學校均有法制教科書爲普及一般政法思想之用吾國法制極不完備故不得不借他國之法制取其可法者滙爲成篇以備參攷而補教科之不足此書詳述日本現行法制叙述簡明而文筆暢達足以爲中學教科書也

◉洋裝　全一册

◉定價　大洋三角五分

傳記叢書之一 訥耳遜傳

訥耳遜爲英國水軍名將其名久已轟於吾國學界此書述其傳史讀之不特可知訥耳遜並可以知英國海軍之成立及英法戰爭之情形至其叙事明白譯筆古雅猶餘事耳

◉洋裝　全一册

再版 美國獨立史

是書爲美國姿將氏原著前後各六卷今所譯者爲前六卷其目次如下(一)覓地之原(二)殖民之原(三)殖民地之進境(四)合衆(五)自主(六)立憲自開闢以至立國詳細叙述且譯者留學美國有年凡他書事實足以相發明者均隨時摘取插入以期完美實爲專史中之良書凡從事史學者不可不家置一編也

◉洋裝　全一册

◉定價　大洋六角

浙江潮第六期目錄

（六月二十日發行）

洋裝百八十頁　每月一回陰曆二十日發行

全年（十二冊）	三圓二角	郵稅酌加
半年（六冊）	一圓七角	
另售（每冊）	三角	

▲總發行所

日本東京牛込區東五軒町九番地

浙江潮編輯所

▲總代派所

浙江省城萬安橋杭州白話報館

上海英大馬路壽康里永記書報

代派所

美國西嘉郤大學校

THE UNIVERSITY OF CHICAGO

COBB HALL.

THE UNIVERSITY OF CHICAGO.

HULL COURT GATE.

校學大郭嘉西國美

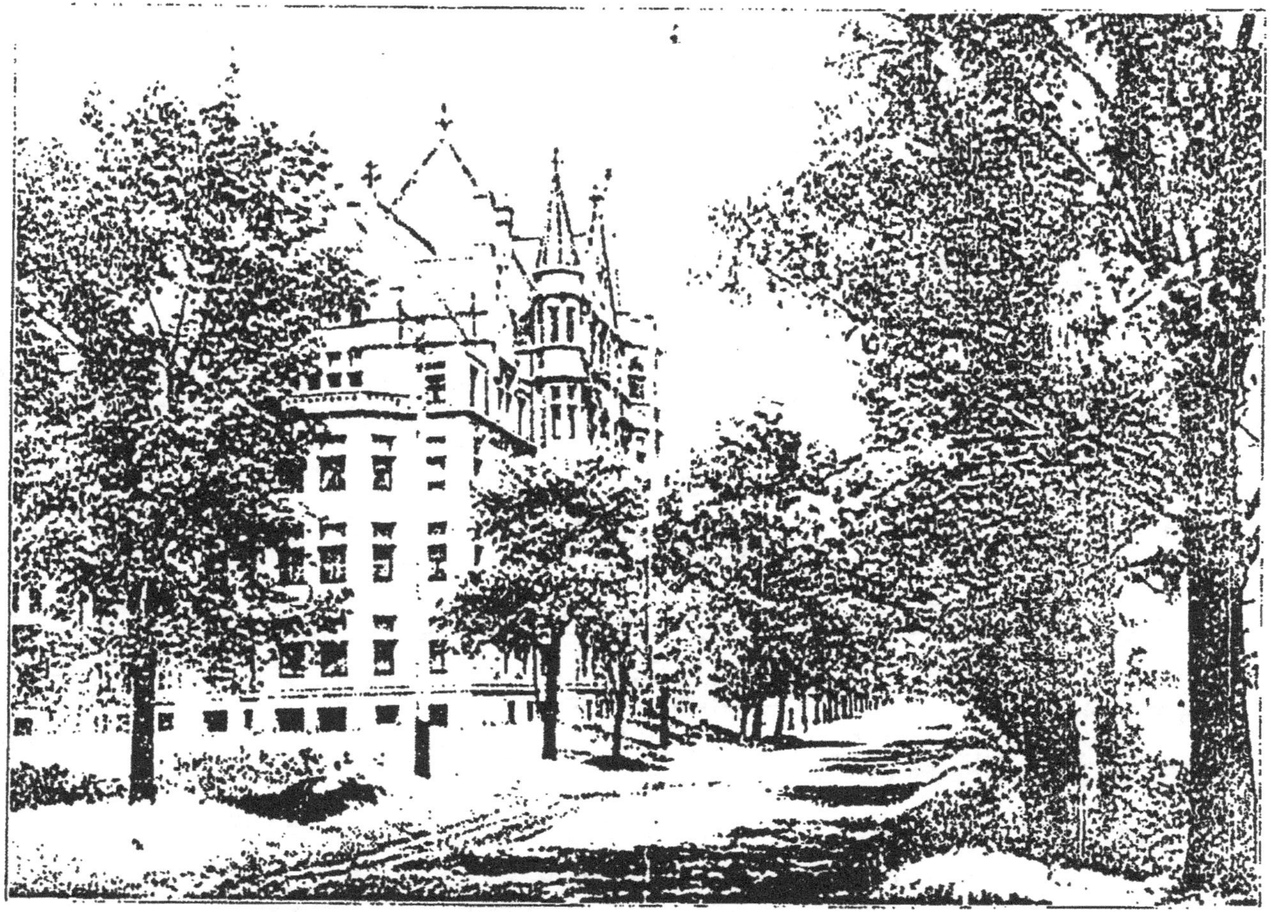

A CORNER OF THE WOMAN'S QUADRANGLE, FROM THE MIDWAY PLAISANCE.

社說

本欄注意於中國政法界之前途、取種種時事上之大問題、全憑學理以解決之本報主義綱領之所存、全在於此

中國外交之前途

瀧川

權謀術數機械變詐之外交此戰國策士縱橫詭辯之風而非今日外交社會之要訣也正義人道玉帛禮讓之外交此黃金時代世界大同之景象而非今日外交社會之趨向也外交家之資格曰敏腕敏腕非術數之謂窺列國之利害而制於機先豈術數家所能望其項背乎外交家之藉口曰信義信義豈禮讓比乎食言而肥朝盟而夕渝焉此外交之所忌也無信義不能立於社會無信義亦不能立於國際社會然則恃信義而國交可以固國權可以伸乎非也國際社會之在今日其強弱競爭之勢也劇甚矣外交家之口則曰增國際之幸福也保世界之和平也而其朝夕所注意者則在擴張己國之利益保全一國之權利無權利可無外交無利益可無

外交西人以外交官方之警察官誠以弭盜賊而平内亂於無形保個人之權利者警察也防侵蝕而遏戰爭於機先保一國之權利者外交也警察則張其目於通衢外交官則揮其腕于國境然此猶消極之外交至積極之外交則又在侵凌他國之利益以擴張己國之權利不觀乎俄乎華俄銀行俄國外交之機關士也東清鐵道俄國外交之常備隊也德法之宣教師乃德法之巡邏卒也日英之長江航路日英外交上之輜重隊也以國民之精神為原動力以國家之權利為目的物列國外交之大勢乃如是列國外交之方針乃如是

外強硬而內怯弱為列國之所窺此中國甲午以前之外交也內怯弱而外畏葸為列國之所迫此中國甲午以後之外交也至甲午一役其致敗之由謂兵器之不精也將士之無能也而當時北洋海軍如火如荼氣吞三島豈不足以一戰而竟屢戰屢敗一蹶不振者政略與戰略相連結之間有一致敗之大原因在原因維何曰外交之不統一廷議之不一致其始也外交上無遠見其後也外交上無成算方事之始駐日使臣有輕日藐之心北洋大臣有遲疑觀望之意及戰已酣只思結託英

俄爲調停之計內廷主戰而疆臣主和疆臣主戰而內廷又主和不統一不一致遂讓成甲午之慘敗中國數十年來種種交涉凡教案商約無非一外交外失敗之歷史甲午之役其較著者也奄奄一息使中國爲垂死之病夫縛其手足而吮其膏血雖有種種遠因其積弱也非一端然其最大最近之原因吾敢一言以決之曰外交之失敗自今以往其不欲救中國則已欲救中國則當自外交始吾鼓吹吾國民使有政治上之能力使知有權利使知有法律使知有教育吾尤鼓吹吾國民使知有外交使有外交之知識使精研外事以備折衝樽俎之選否則波蘭當滅亡之時非無國家思想之志士抱孤憤而救國者印度至今日其國之秀者尤敢大言曰印度者印度之印度而然英國之印度也其傷心人之別有懷抱者則曰吾世界人而非印度人此誰志士非所謂抱愛國之心有救國之志者乎而無如其已晚也而無如其已晚也

有平時之外交有戰時之外交有職后之外交此當分別時期向定外交之方針者也有外交上之與國有外交上之敵國一國之傾向如是一國之傾向如彼利害

不同而敵國與國判焉此當分別國類而定外交之方針者也國民之輿論可爲外交之後援國民之程度可爲外交之前提（如中國民教不和屢起釁於外交日本民力未充故外交條約雖要求行口通商而至今野蠻滋甚）而之國民感情精神意氣有利於外交者亦有害於外交者此當分別國民而定外交之方針者也噫外交豈易言哉吾今與國民言外交吾先言養成外交人才之資格繼言外交上至急至要之問題即吾國對東三省之方針也

第一節　外交人才之資格

曰辨之詭曰論之巧此樽俎才也而外必輔之以信義衷心無主之言必招外人之輕侮曰謀略曰權衡此折衝選也而內必定之以方針反覆不測之情必動列邦之疑忌有卓犖不羈之精神有細大不遺之學識有積久而成之經驗國之所利則趨之國之所害則避之能制人而不制於人夫然後外交上之籌畫者遠夫然後外交上之保全者大若而人者吾其馨香禱祝之矣

法律之威力可以治一國而不能行於國際命令之權能可加於人民而不能加於列國形式上之外交除商議要求懇請之外別無他道以處之此外交之事有時難

於內政萬萬也一言之過失可以破與國之感情一事之疏虞可以損一國之威信外交官之責任不其重乎

今日列國之外交重臣其赫赫之名爲萬國之具瞻其手腕也巧擘畫也精萬國之離合向背能洞見其癥結而無遺然後外交上有成而無敗然通氣脈而助其政略者外之則有公使領事精故實而供其資料者內之則有參事幕僚一國之外交方針可於其人生平之品性主義以卜之然今日當樞軸而爲外交之重臣者其始也何莫非公使領事幕僚書記之人不如是不足以增其學識不如是不足以積其經驗然今日立於其後而爲外交之參謀若幕僚若書記若領事若公使其學識之養成其資格之造就亦非朝夕事也今試舉外交人材所當有之資格以爲吾國民告如通曉外國之語言周知外交之歷史一國之宗教人情風俗慣例典故無論也其國民之嗜好迷信飲食諸細故亦當博訪而周諮之一身之品性不滔於固陋不流於放肆雖儀文末節之微亦有深謀遠謀之存平日於學校教育之外政治家外交家之傳記自記手記日記各國政府刊行之外交往復書類外國之風土記旅行記

皆必讀必閱之書多接外人以廣其常識多考外事以練其思想此外交官資格之大要也

學問積於內經驗積於外然後外交官之資格備然後外交官之品性全爲吾中國計於各重要學校設置外交專門學一科於所要學術之外授以英佛二國之語言然後試驗之採用之任之以吏務以養其識派之於外國以老其才庶幾於外交官之資格或稍備萬一乎

第二節　中國對東三省之外交方針

吁親俄乎畏俄乎旅順割大連失吮我之血者其華俄銀行乎扼我之咽者其東清鐵道乎俄之經營東方其欲逐逐然使俄人欣喜無已者則前日之中俄密約也至今日而大展其翼欲乘勢一攫者則今日之東三省條約也我國欲苟延殘喘支持危局不使俄人之南下則不得不力爭者勢也然使中國陸有堅兵野有鐵甲則撤兵問題之解決又自易易而中國今日之陸軍則訓練尚待他國之聯隊海軍則船艦尚在他國之工廠

吾畏俄吾懼俄畏俄之勢力懼俄之狡猾畏俄而不知拒俄懼俄而不知制俄因畏俄而親俄因懼俄而媚俄此中國數年以來外交上所由輾轉失敗至今日而雖知制俄雖知拒俄終至束手而無策也然至今日而果知拒俄知制俄終不至束手而無策也策何在曰在外交

日本制取遼東俄人出而干涉之感泣而又感泣外交上受俄之牢籠冥冥中已墮其計也美國費島司之周旋外債也則拒之絕之甘心而受俄人之保證借法德國債千六百萬磅此外交上受俄人之高恩而不知大連各口軍艦碇泊權奉天各省鐵道布設權礦山採掘權華俄銀行財政管理權其報償于俄者何啻百千萬磅之膏血也外交之失敗一至於是何復言外交何復言外交雖如是正不得言外交正不得言今日以後之外交

吾聞之外交者兵士之前敵也兵力者外交之後勁也一國無兵力則外交不易言然一國無兵力則外交正不得不言國與國之相見也其直接之競爭不外兵力與外交中國今日兵力無可恃則所恃者只此一綫之外交況當列國利益相衝突相

牽制之時正外交家絕好之時機也俄欲獨占東三省。英美日起而拒之日英美欲開放滿洲俄欲藉中國以拒之此非列國利益牽制之時乎此非外交上可因時制勝之機乎吾爲中國之言外交者助其氣吾爲中國之言外交者壯其膽

外交者何權利而已利益而已外交家之口頭曰正義也交誼也保世界之平和也。而其心中目中則一國之利益而已一國之權利而已權利則擴張之利益則攫取之貴主動而不可受動中國今日北則滿蒙西藏俄人其眈眈也南則廣西問題法人其逐逐也無一非外交家之壁壘場外交家之出張所外交者之所宜注視全局不得坐困于一偶此也

吾爲中國今日外交上之畫策則有三事而其不能盡言不可盡言者則以外亦上有臨機應變知白守黑之道在

一宜利用他國兵力以拒強俄。

外交者因時制宜乘機制勝或利用他國之兵力或利用他國外交上之言論窺列國朝野上下之動靜以立一國之外交政策此外交家百戰百勝之秘術

亦國家生存競爭百年之大計況今日中國不能獨力開戰也明矣獨開戰而不能必勝也明矣恃外交上之籌畫以期決勝於萬一當外交之局者可不深長思乎方俄人之要索也英美起而拒之日本至今朝野有躍躍欲戰之勢此正中國可利用外交之時而不可或不失者也日本自歸還遼東以後與俄爲世仇上下一心且東三省一旦爲俄占有則朝鮮權力必漸歸俄人之手他日九州長崎不能有恃無恐日本之處心積慮欲與俄人開戰者在此其於東三省之利害較之英美不同英美之拒俄在商務之利益所爭在商則僅求開放而已足土地之主權歸之俄人也聽之留保於中國也亦聽之至日本則切膚之患爲將來之大敵中與日利害既同情誼自切此日本之可利用者一也

日本兵力自明治二十八年以後陸軍則增至十三師團海軍則於四月大演習時合戰鬥巡洋諸艦有七十餘艘兵力之雄視東亞久遭俄忌俄之欲占有滿州遲遲而不敢發者懼日本之出死力以爭也或謂俄與法爲與國一旦俄日啓釁俄必聯法以抵日此不足慮之事日英有同盟之約法助俄則英助日

以日本之陸軍而得英之海軍以助之如虎附翼矣此日本兵力可恃當利用其兵力以拒俄者二也

英日同盟其宣言中一則曰保東亞之和平再則曰保東亞之和平且中日交誼近年日以輯睦每藉口於同種文以相往來雖其中別有隱情然中國正可利用其言論使日本箝口詰舌不敢出爾反爾一旦與俄開戰戰勝而後大要索於中國也此則外交上絕好時期可聯爲與國者三也

一利用他國兵力當先與訂約以杜事後要求

他國兵力利用之則爲福不利用之則爲禍此則先與訂約一事外交上所謂先發制人策之萬全者也事後而訂約何如約定而後戰約定而戰則制人者不制於人戰不戰在彼而約之成不成則在我也且俄日兵釁鬱結久矣大有一觸即發之勢使俄日兵釁已開而始訂約則已晚矣開釁以後而中國竟默爾而息乎則以中國之土地供他國之疆場中國將何辭以謝天下且日本戰勝而後無先約以束縛之安保其不要索於中國也

訂約若何。則曰開放有制限中國東三省之地位已處於不得不開放之勢英米之期望者在開放而得通商之益俄之蓄志在訂約而得獨占之利爲中國計兩利相權則取其重兩害相形則取其輕且日本戰勝而後其不能并吞東三省而爲己有亦猶之今日之俄欲占有東三省而諸國必出而干涉之矣中國所恃者僅此中國之敢利用日本之戰而無事後之大患者亦在此然同一開放也制限之設條件之存中國所當先事而爭者在此旅順大連膠州實割讓而非開放開放則統治權必操之中國外人之來此者人人皆當受治事事皆守法度凡一切稅關民政訴訟之權鐵道礦山監督之權斷不能輕以假人與日本訂約之時必先訂定以上數事。然後可利用其兵使與俄戰且中國之約既定則英美諸邦可援例以商之先得一國之允許而後他國可起而圖之也。

一中國今後外交政策當注重於權利利益。

前已言開放之制限矣誠以東三省之開放。日英之宿望也。上海改正通商條約會議時。英日曾提議之。而中國則峻拒之矣。今日而言開放。其勢順。其事易。一以慰英美諸邦之希望。一以抵制俄人之獨占。然吾不敢曰一經開放而保全滿州之道盡於是矣。保全中國之道畢於此矣。當英之開五口通商也。其初意亦只在開放門戶。冀得通商之利益而已。乃中國自開放以後。一若統治諸權可任諸外人而不顧者。何怪其得尺則尺。得寸則寸也。開放不難。難於開放後之管理及開放時之訂約。夫土地吾國之土地。開放則中國開放之。開放後之政權。當操自中國。不待言矣。開放後之商務支配權。亦當自中國有之。凡外人之種種私權與之自中國。取之亦自中國。取與在我。而不在人。夫然後可絕開放之流弊。可收開放後之利益。國與國之交涉。則有國際公法以維之。一國之人民至他國通商遊歷。或婚嫁。或傳教。或設立各種商會。則有國際私法以制馭之。所以保其權利。明定其權限者。則有條約。約章中國向來之失策。在不知分別箇人與國家。不知統治而放棄外國之一商人。一教士。其往來於中國也。則外國一私人耳。其受治於中國主權。與中國之人同。以外國之私人而視爲吾國法律以外之人此誤之甚者也中國之土地一旦借與外人即以租界爲外人之物而不加統治此失策之又甚者也自今以往凡一私人之權利由國家發號施令以許之則可由約章條約以與之則不可且礦山也鐵道也其已許外人開設者。當設法以制限之如鐵道則鐵道條例必布自中國也礦山則採掘章程宜定自中國出有法律以範之有規則以馭之權利或可挽回於萬一利益或可保全於萬一。語曰亡羊補牢。及今爲之猶未晚也。

光緒二十九年七月五日書

14

一四

讀日本板垣伯爵之政黨綱領及政策稿

芙峯

邇來日本在野之有志者憂政府之無能傷政黨之不振慨然有新政黨之創立推伯爵板垣退助氏爲顧問新黨草案起稿有日成於板垣伯爵之手而發表於今日者芙峯生受而讀之曰當明治初年日本政黨方萌之時議論沸騰張皇蹈厲驚動一時顧不免於空言多而實事少也自議會開設以來而實際問題之聲起矣一曰實際再曰實際頗極一時之盛遂使講實際者又僅知一己之利害及一時之利害所謂主義若何主張若何悉目之爲迂闊爲束縛而託名於才智縱橫變通自在之八字以相誇耀至此而主義云者全然掃地矣亦有以主義自命者則所謂自適主義自便主義日本文所謂「御都合」主義是也天下事蓄之愈久發之愈激靜之愈深動之愈烈反動之力斷不可避理固如是空言之極而生反動實際之極又生反動對靜而反動對反動而更反動此亦未始非進步之現象吾得測政黨之迹略而

觀之者也

明治七年板垣伯爵創設立志社十一年再興愛國社有宣言而無綱領十三四年自由黨成立始有綱領不免過於簡單之嫌也

第一章　吾黨者擴充自由保全權利增進幸福圖社會之改良

第二章　吾黨者同心協力克致盡美盡善之立憲政體

第三章　吾黨者使日本全國於吾黨之主義之目的一致協合以達吾黨之目的

十五年伯爵大隈重信氏作改進黨領綱六章之外加宣言書比自由黨稍詳同年福地丸山等諸氏作帝政黨綱領十一章模倣前者而更詳至是而政黨熱之熾烈可謂造極矣爾後不過二三年之久事變迭生各政黨皆抱式微之嘆一時議論不足以動人之耳也二十一年伯爵後藤氏倡起大同團結大聲疾呼僅々以危急存亡數字作當頭之捧喝思想不免單純而局面之展開有望也二十三年板垣伯爵之自由黨再成當日文字特以簡短爲貴

主義　自由主義。

綱領　保皇室之尊榮。期民權之擴張。

內治則省干涉之政略外交則期對等之條約。

圖代議政體之實舉期政黨內閣之成立。

以上條列文字簡短則誠簡短矣然較諸往年實覺其體之可循不似令人無可捉摸者也區々數條件驅驟十年間方奏成績爲得輕易視之耶三十三年侯爵伊藤博文氏起立政友會宣言書幷綱領九章公佈於世雖覺政見茫然要足矯既成政黨虛誇之弊也

今者板垣伯爵於新政黨之草案宣言書綱領主義之外加以政策之名有期諸一時者有期諸永遠者論者非不以爲繁文之嫌論其進步以視前年之自由黨自是不同讀宣言書中左之一項有不憬然悟乎

昔在專制政治之下國民參政之權利猶未享受而有志者組織政黨鼓掌齊鳴自由平等博愛之主義務以解决「個人權利問題」爲已任日就月將如天

之福果得立憲政體之確立是爲日本帝國不拔之基礎也而今時勢一轉政
治上之專制變而爲社會上之專制經濟上之專制故前此爲「個人權利問
題」今此爲「國民的生活問題」前此之問題既解決矣而今此之問題待吾
人之解決尤覺須臾不容緩也

讀綱領中第三章曰「我黨者企圖立憲政體之完美故以德義爲解釋憲法之具」
第十章曰「我黨者政爭不可波及自治團體務以杜絕斯弊爲勉」是較從來之思
想更進一層然其最重之主旨在第九章曰「我黨者調和資本者勞働者之兩間」
全篇中所希望所企圖者不知凡幾要其歸宿之所及莫不在此伯之老年餘事常
以解決此題爲自任亦爲自娛故馳驅各地奔走演說仍不息肩苟天假之年必有
就緒伯者昔則致力於自由而爲藩閥者不僅不失其藩閥并能利用其自由今則
致力於勞働而爲資本者不僅不失其資本更能利用夫勞働世人不可不察者也
蓋以伯之解決此題以視當世之漫然主張者不勝毫厘千里之差也

統而觀之是由政治問題而及於社會問題是由個人權利問題而及於國民生活

問題是由空言而及於實際嗟乎吾邦自甲午以還學士大夫之議論不爲不盛大抵及於政治改革問題者衆及於個人權利問題者寡嗚呼八九年之光陰不可謂短乃終記空言而未見實際者何也毋亦解決問題者之失其序耳是不得不疑也蓋如以板垣氏之說爲斷而個人權利問題者是爲政治之根本也蓋以個人者爲社會之分子即爲國家之分子恐分子脆弱者而全體亦不免於脆弱矣斯言也吾人不可不猛省也假令板垣氏之說即不能斷之於吾邦而問題之指歸不可不早定諸一日否則列強聯袂衆步齊趨光陰逝矣歲不我與要之空言之歲月已長何不祭送而實際之時代不遠欲備歡迎因讀板垣伯之新政黨綱領政策而不禁慨嘆及之計其綱領十章政策二十七項宣言書一篇可謂既詳且密矣其立言也雖按日本今日之時勢而發亦始非足以供吾國有志者參考之助因譯錄之如左

綱領

第一　我黨者執自由平等博愛之主義

第二　我黨者增進皇室之尊榮鞏固國民個人之權利爲期

第三　我黨者。企圖立憲政體之完美。故以德義爲解釋憲法之具。

第四　我黨者。培養個人之智德助長社會之發達勉袪無用之干涉。

第五　我黨者。有時認個人競爭之必要。

第六　我黨者。有時憑法律之効力。爲保護平等、博愛之具。

第七　我黨者。外交以平和爲旨。相互之幸福利益爲目的。惟於東洋問題。務以保全清韓二國相勗勵。

第八　我黨者。社會政策以統一爲要務。以自治團體及私人之經營爲期。

第九　我黨者。期調和資本者勞働者之兩間。

第十　我黨者。政爭不可波及自治團體。務以杜絕斯弊爲勉。

政策

第一項　經濟者。秉世界共通之方法。據積極爲方針。

第二項　民設事業。關乎國家之利害者。國家保護之必要。

第三項　軍事之設備。視乎國力與國家之境遇。

第四項　擴張歸休兵制度。休養民力。及節約軍費。

第五項　擴張殖民制度。保護之獎勵之。期國力之暢溢。

第六項　恢復海關稅權。苟能成功。亦可許外人土地鑛山之所有權。

第七項　貿易則執保護政策。

第八項　現行一切稅法之改正。據左之方針。以負擔均衡爲期。

(一)所得稅之累進稅率額。

(一)據累進稅率。設定相續稅法。

(一)設定侈奢品稅法。

第九項　整理行政財政。淘汰冗員冗費。務以節約政費爲最。

第十項　交通機關之速成。又改正銀行法。以圖金融機關之完備。

第十一項　鐵道、瓦斯、電燈等會社。凡具公共之性質者。務以國家、及自治團體之經營爲例。

第十二項　凡個人及會社之力所不能及者。如地質調查。鑛物之有無。肥料之適否。產物販路之狀況。以及外國之地質鑛植物等。可便殖民貿易之參考者。政府隨時調查通告國民之勿怠。

第十三項　地價修正。賦課均一爲期。

第十四項　完全治水殖林之法。

第十五項　務期設定小作人條例。

第十六項　務期設定勞働局。

第十七項　務期制定工場法。

第十八項　避農工商業衝突之故。豫定實業調和法。庶圖產業之發達。

第十九項　改正議院法。完全立法之權能。

第二十項　選舉權之漸次擴張。

第二十一項　鞏固自治團體基礎之豫備。設定基本財產蓄積法。

第二十二項　圖普通教育之完成。小學校無謝儀之實行。

第二十三項　俾簡易的實業教育普及之。多設貧民職業學校。奬勵之。保護之。

第二十四項　資本家之建立及一般慈善事業之設置皆獎勵保護之不遑。

第二十五項　保護勞働組合生產組合消費組合等之設立

第二十六項　獎勵各地方貯金機關之盛行自治團體中尤以保護細民之金融機關爲要

第二十七項　萬不得已之窮民所謂絕對的救助法者是爲政府及自治團體之責務。

宣言書

政黨者經綸國政之公機關也必定主義必據政策否則是爲私黨縱使組織能成於國家人民之幸福安寧不見其利先見其害也

昔在專制政治之下國民參政之權利猶未享受而有志者組織政黨鼓掌齊鳴自由平等博愛之主義務以解決「個人權利問題」爲己任日就月將如天之福果得立憲政體之確立是爲日本帝國不拔之基礎也而今時勢一轉政治上之專制變而爲社會上之專制經濟上之專制故前此爲「個人權利問題」今此爲「國民的

生活問題」前此之問題既解決矣而今此之問題待吾人之解決尤覺須臾不容緩也此生活問題者於國民之安寧幸福有絕大之關係故我黨鑑乎世界之大勢本乎道理之指歸遵行以上之主義是爲解決之者乎要不敢不出以愼重者也抑聞聚人民組織國家本旨非二在昔大部原人時代聚族而居逐生日盛遂成社會由防護一己之安寧幸福生自衛之觀念充此觀念以及種族以及國家即爲社會發達之順序國家成立之由來也

夫如是、個人賴社會而發成社會亦賴個人而發達故個人者各以意志相修養性格相砥礪方足增進社會之發達否則個人之智德不全即國家之鞏固難期矣蓋個人者社會之分子也分子而脆弱全體亦不免於脆弱矣使人民未脫於奴隸之境域而欲保國之眞富強民之眞幸福猶恐若緣木以求魚也是故國家生存之目的以普及個人之智德及發達個人之自由幸福爲第一要義反是則或者持極端的國家主義說或者持極端的社會主義說而置個人之意志與性格爲無足重輕之列我亦可持極端之說謂之圖國家之自滅可也然則社會成立之根柢既在於個人之成立於是乎個人程度競爭之必要昭昭然矣蓋自由生於競爭使個人各自擴張其範圍則社會之自然發達不待禁禦是則競爭者不啻人類生成之要道也雖然徒狃於優勝劣敗之形勢而不論其他未始非弊害日滋危社會之成立害個人之生存者故國家監督其範圍而除去一切障害是爲爲政之要義也故我黨確認競爭者爲社會自然之化育及國家進步之一大動力也彼斷斷於國家社會主義及社會共產主義者不過人爲造作而已矣而忘其弊害迭生何如我黨所持主義之流弊杜絕幸福增進也是亦不外乎交互自由共受愉快焉爾

且夫社會之無競爭者即社會之無進步也試看封建時代之武士兵農未分以前剛健邁往之氣風尙不息於閭閻闤闠之間迨士襲世職永叨厚祿往往流於遊惰而勵文練武之風反移於中流以下之人民蓋衣食旣充爵祿既定而視競爭若無用之具者矣是故我黨對今日社會政策之實施莫急於利用個人之競爭而杜絕釀成個人腐敗之習凡社會自然之發達莫不出於競爭磨礪之化功人類相愛之道念亦莫不起於彼此相互之利益譬諸兒童之保育俚諺有之曰荒撫卷愛兒若

過於摩擦則害生育若過於放任亦生疾病助長其天然完全其天真是爲養育嬰兒之最當個人養育之理猶如是而期社會之發達何獨不然或曰競爭之激烈每生嫉妬怨恨忿怒諸種之惡德是誠然矣顧防衛有方強制有法安得以嫉妬怨恨忿怒諸種惡德之襲擊其間而遽止純美智德之昂進也語不云乎鑛以鑄而精金始現璞以琢而美玉始生社會之發達更不得不如是者設種種方法防制社會發達之障害日計不足月計餘餘積以累進之功程何憂無圓滿之一日乎胡爲以競爭之激烈而遽生恐怖非等於惡夏畦之勞而爲拔苗之愚耶

茲試就資本者勞働者之關係言之假令資本者無社會同情之觀念僅知一方之利益則愛原料愛器械而有餘愛勞働者而不足而愚之甚矣吾知彼等愛護勞働者之意志超越乎愛原料愛器械之時日必不遠也縱使彼等不悟而時會所迫有不得不然之勢此即我黨主張之先機也敢不循歷史之沿革敢不問個人經濟之根抵蓋杜絕個人之競爭阻害社會之發達所謂人爲造作之手段我黨所不取也我黨者勉爲生產利益分配之公平而資本家與勞働家相倚相輔而不相悖云耳」

更試就國家與個人之關係言之個人之自由權與國家之統治權實在不即不離之間其諸天體遠心力與求心力之關係兩者均衡相保方可維持古來政善則民心悅服政不善則民心離畔故國家與個人有密連相互之情進退與俱者也

約而言之解決「國民的生活問題」今日之要務也貧富之懸隔如何防遏階級之衝突如何遮避方今世界各國莫不懸此問題爲重置而歐美各國之學問家政治家於社會問題勞働問題尤覺焦頭爛額不能朝夕解決爲苦尙欲解決此問題要不外乎三者之主義曰國家的社會主義曰社會共產主義曰自由平等博愛主義三者之中必擇其一前二者主義之非既辯斥之矣而最後之主義是爲我黨所遵行敢曰此主義啓導之所至即社會政策確立之所至也

嗚呼政黨之無主義無政策是爲今日之通弊也國民者不見政黨政派之主義政策徒見政黨政派之聚散離合置主義政策於度外而從事於權謀術數以競一黨之政力爲豪以弄天下之政柄爲勇於是私黨群黨風起雲從何有於民生何有於憲政遂激成腐敗胥靡之風潮焉爾今窺天下之大勢而欲超出於杜撰黨派之政

綱知國民之所要求者決不在於彼也我黨積一片至誠憂國憂民之思主義務期明確政綱務期精嚴庶幾不負國民之信託乎我黨方值新興之日尤以廓清政界爲意攄平生之所信曰主義曰政策錄呈大方以冀天下同憂之志士聯襟相見於新旗幟之下同心協力扶植公黨之大義建立邦家長久之計勉旃勗哉謹宣言

論說

本欄為同人自由發揮其其思想之地、不拘定格、而大都直接或間接有大影響於政治界、與尋常空論不同、

新學術與羣治之關係

君武

聞之生物學者有言人類之心才所以超越於下等動物者以其富於學習性也以其富於推度性也以其富於懸想性也惟是之故故人類獨有學術而下等動物無之文明人種獨有新學術而野蠻及不進化之人種無之蓋自有宇宙以來物種存亡之故羣治進退之原其理蹟其大要在是矣生存競爭最宜者存其宜性何即能發明最新之學術而進化不已之謂也通觀自有歷史以來之世界萬刼壁壘國種興衰若循環然然當每一新學術發明之時則必震撼一切舊社會而搖動其政治經濟等界之情狀有變者有不變者有勝者有不勝者如春雷之始鳴冬雪之初降宇內萬象一切變色甚矣其勢力之巨大也今者新學術之盛莫盛如歐美凡立足於地球之各種人莫不吸其餘粒丐其流波以之存國以之保種不如是者滅亡隨

之紅黑種之淩夷日本非律賓之勃興皆其最親切明瞭之例證矣然西方新學術之盛也至今實不及五百年今畧述其梗概於下以見西方羣治進化之故其階級固歷歷可尋也

二

西方新學興盛之第一關鍵曰古學復興 Renaissance 古學復興之字義即人種復生時期 A second birth time of the race 之謂也歐洲之在中古時代也希臘羅馬之學術既墜於地生於其時之人茫茫然無所知識不知世界爲何狀不知世界之萬物爲何狀乃至不知己爲何狀故西方歷史家謂中世紀爲黑闇時代若是者垂千年殆至十五時紀之初乃始由漫漫之長夜以達平旦也

中世紀之人無治自然科學 Natural science 者雖其時最號有學之士皆信日及行星皆繞此地球以行者天文之學惟職是占說禍福者治之雖算學亦遠不及古教會以外無治美術者繪畫建築皆守古法而無進步蓋其時之人幾盡無美術文藝之思想更無論其他矣

古學之復興也實以意大利爲濫觴當是之時意大利之爲通商聚點者既二三百

年。財富充積。城市繁興。物質之文明最發達焉。因是之故。故最易喚起國民美術文藝之感情而古學復興亦以美術及文藝爲開始矣。

絕世大詩人但特 Dante Allighieri 者。既於十四世紀播雷名於意大利。培特拉克 Betrarch 及包卡休 Boccaccio 繼之。培氏以能作抒情詩 Lyrical Poetry 名。包氏以能作韻文名。同時有紀倫 Giotto 者。於繪畫界開新紀元。能活肖天然事物及人類事物之眞相。是爲古學復興之第一級

十四世紀之末。奧多曼士耳其 Ottoman 既取君士但丁羅布。希臘學人。多自東徂西者。於是希臘學始復興於西歐。蓋在一四五〇之頃。歐人之治希臘羅馬文學者已極衆矣。是爲古學復興之第二級

自研究希臘文學者既衆。而研究科學之志。勃然遂興。此爲古學復興之第三級。實即其第末級也。當時之所謂科學者。惟史學及神學二者而已。然因是能知疑問 Questioning 批評 Criticism 之用。又知聚積 Collection 比較 Comparison 之法。後遂推闡之使益廣矣。

在十五世紀之中葉忽得一奇異之新發明以促學術之興盛而大啓人羣之智識者即印書器之發明是也發明者爲何人及本何意皆不可知惟知其出自萊因河之近傍而已其法未久即通行於全歐洲意大利尤盛幾於無市不有其業而費尼士Venice 猶爲書業之中心點矣

發明印書器之所以有功於人智之進步者何也一在繁加書數使人住居何處皆可得書一在大減書價視舊價減五分之四於是人人有力購書是誠智識進步之一大關鍵也說者謂結中世紀之終開近世紀之始印器發明之功視火藥發明之功尤大蓋火藥亦同於是時發明戰爭之術亦經一大革命也

意大利古學復興之結果即美術文藝之勃興及研究拉丁者衆是也是時處阿爾伯司 Alps 山之北者爲偸通人種其中如英倫者當十五世紀之末十六世紀之初亦大被古學復興之效與司佛 Oxford 大學之學生名叩累 Colet 者之倫敦立聖保羅學校傳教育之新法德麻司摩兒者 Thomas more 題理第八之大臣也實爲是時智識改革者之領袖又始有人研究新約而知原始基督教之眞性質

矣。

當一四九八之時。有荷蘭學生名衛拉司母者。Erasmus 家貧不能至意大利。乃之奧司佛學希臘文與叩累摩兒友善學識賅博爲一時智識改革之大代表者譏僧侶及煩瑣哲學派之暗陋著 Colloquies 及 praise of Folly 兩歐洲人競讀之。又精心考覈聖經指摘教會神父著作之雜和僞謬者於一五一六年自譯新約刊行之其後路德改教大受其益路德之初次攻擊加特力教會衛拉司母猶及見之。衛氏於宗教改革之事與路德表同情然其中之要點亦多與路德異者。

古學復興之歷程大畧如是今請言其關於羣治之大效果。

一智識之進步也　當衛拉司母之末年歐人智識之發達已逈出乎希臘羅馬古昔文學範圍之外地球各處開通者既多地球之眞形漸明及新大陸美洲出現歐人乃益知地球爲太陽行星之一關係如何而地球之確屬於太陽系 Solar system 中。無可疑矣。

二商業之擴張也。十五世紀之人智既進步遂皆熱心於商業之競爭蓋當十字重興之時代。商業家之目的。在能達印度以交換東方之產物。然其路不通。十五世紀之新目的。在能發見一新路以至印度而更經過回教諸國及埃及之難。當是之時。西班牙及葡萄牙之商業最盛。而北地中海爲土耳其所據。行旅不通。惟費尼司之商人與土耳其之酋長立有專約。獨許行焉。故西葡之人。皆欲得一不由地中海之新航路。以達印度。於是商船始有出航大西洋者。羅針之發明。雖早在十二世紀。然其適於航海之用。則尚未全知。至十五世紀。而其用始廣也

一葡萄牙之尋得新地也　最初之尋得新地者。爲葡萄牙人之尋得亞非利加之諸西岸。既尋得之。獲商貨甚富。遂欲由是通行印度。當是之時。葡皇族有名顯理 Prince Henry 者。親身航海。常居於溫深海峽 Cape st. vincent 聚積一切科學之知識及航海者之報告。鼓勵國人使從南下。顯理雖早死。未能親見航爭之成功。而葡人習於海濤之險。一四八四年。已有過赤道而南者。至一四八六年。底亞司 Bartholomew Diaz已乘潮過喜望峰。喜望峰者。底亞司之所名也。後十年。遂由是達印度。同時有德卯雨能 de Corillum 者。過埃及 Egypt 衙彫扒亞 Ethiopia 沿非州之

東岸以航印度。一八九七年。加馬 Vasco da Gama 始環行亞非利加一周。以達莫津比克 Mazambique 與一操阿拉伯語之導航者共至印度後二年。揣東方產物以歸李司彭 Lisbon 印度之航路至是始大通矣

一科侖布之成功也 科侖布自幼時知地球爲圓形以爲地球之大必不止如今人所知者且西行不已必有更近之航路以達印度遂毅然親自航海以實證之於一四九二年八月三日出航尋得古巴以爲是即亞細亞也於次年之三月十五日歸以報告其成功謂尋得一新航路以達印度矣科侖布再行復尋出南亞美利加卒未達北美洲北美洲乃英使卡包特 Cabot 之所發見者然篳路藍縷導先路者實科侖布也科侖布既成功各國之人爭起效之英法西葡四國之人發見新地之事幾日日已有聞最著要者如一五一三年巴爾包 Balboa 之發見太平洋一五一九年馬志侖 Magellan 由南美洲之極端通過太平洋以實至東印度馬志侖雖爲土人所殺而其副使繼之過喜望峰以歸西班牙而實證地球之確爲圓形航路四通人智益驟進矣

八

一經濟界之革命也　新地之發明既多於是歐人之商業不僅爲地中海之商業而實爲大洋外之商業國境與大西洋接之諸國如英荷西葡諸國之人皆成爲歐洲經商之大國民李司彭代買尼士興起爲商界之中心點墨西哥秘魯之金貨日自美洲以流入於歐羅巴之市歐人之勞働者得工價甚高一時勞働社會頗著興盛富裕之象矣

一物理學之發興也　當是之時有發明太陽系之真象與科侖布並著絕偉之功勣者爲哥白尼 Copernicus 哥白尼者波蘭人也生于一四七三年遊學意大利最嗜算學及天文學疑地球爲天體中心點之舊說不確雖其時無測量之精器而哥氏務立多證以袪舊疑而終不敢顯然著書於一五四五年病牀之下留一書以倡地爲行星之說遂開今此之新天文學夫哥氏不惟新天文學之祖也今世科學進步之初級實大賴之蓋自是世人乃知以觀察 Observation 比較 Comparison 之法講學而科學之發明者遂日多矣

此皆古學復興後之最著効果也中閒百年又有十七世紀科學大發明之事(未完)

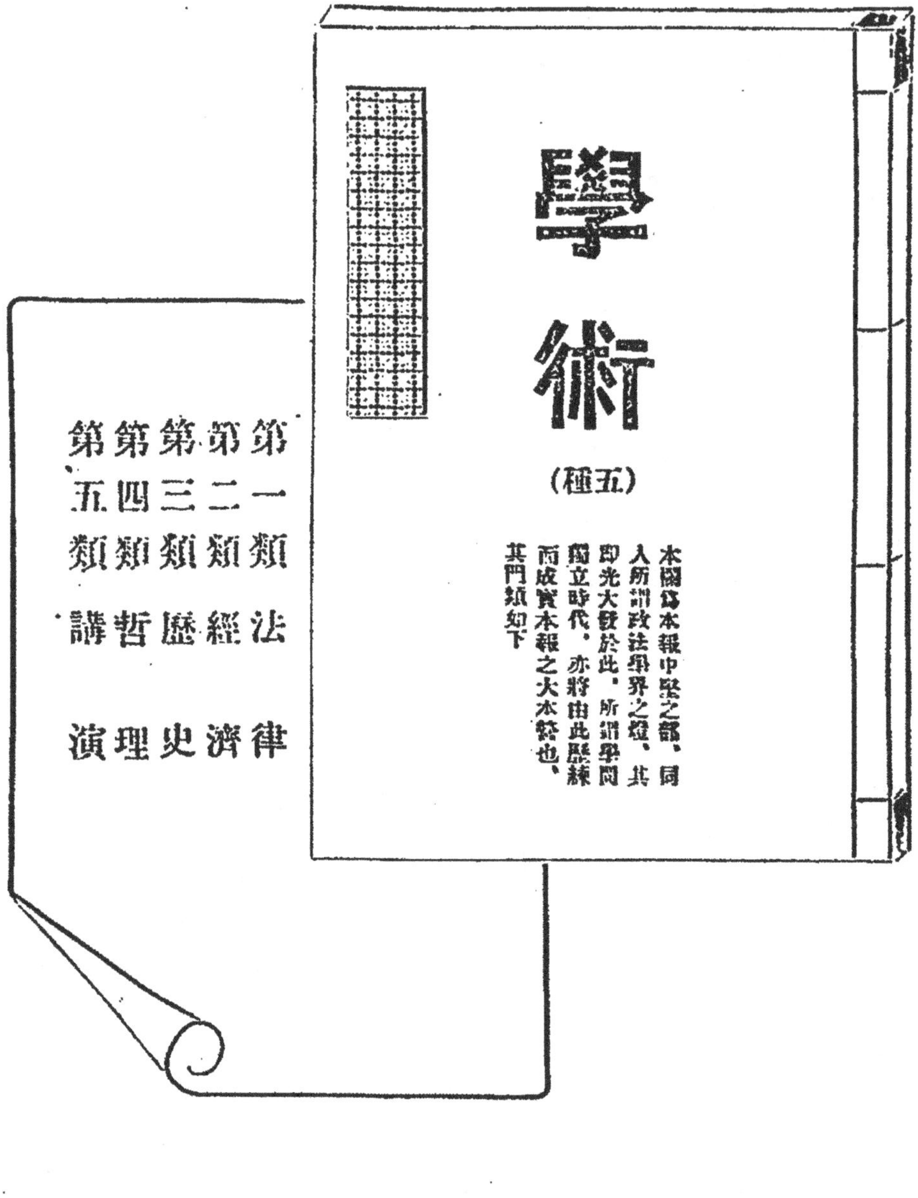
學術
（五種）
本欄爲本報中堅之部、同人所謂政法學界之燈、其光大發於此，所謂學問獨立時代，亦將由此歷練而成，實本報之大本營也、其門類如下
第一類 法律
第二類 經濟
第三類 歷史
第四類 哲理
第五類 講演

本社廣告

本社所出之譯書彙編自本年一期起改名政法學報內容仍如去年第九期後之彙編而益加精善已登前項廣告閲者幸垂鑒焉

一去年譯書彙編閲資未交者務乞從速寄下以資周轉

一凡去年定閲譯書彙編者今年仍續送政法學報願蟬聯接閲政法學報者即請示知本社或總發賣處即當接期寄奉欵須先惠否則停寄

一本社託上海四馬路開明書店爲總發賣處凡內地不便直向本社交易者可就近向該總發賣處定閲以省周折

日本東京駿河臺鈴木町十八番地

譯書彙編社謹白

法律

論國際公法關繫中國之前途

守 [illegible]

緒論：：國際公法之解釋：：國際公法之由來：：國際公法上中國之經歷：：研究國際公法爲今日第一要義：：結論

吾聞公法家之言曰。世界萬國凡分二種。一單獨國。一複雜國。單獨國者。內有政治機關。外有完全之代表權。獨立不羈。內外政治。毫不容他國之容喙者也。複雜國者。數國結合。共有其對外之主權。若機關。如聯邦國、合衆國、附屬國等。皆屬此類。今吾中國非所謂單獨國者哉。然而所受結果。乃大反是。其故何也。豈眞所謂兩不平等相遇。無所謂道理。權力卽道理者耶。東西諸強。環伺於吾旁。得尺進尺。得寸進寸。不問道理。惟權力之是視。雖然。吾竊有所未解。彼旣視吾爲劣等之國。謂可以權力相加。宜擯之而不與齒。有戰爭而無交際。有掠奪而無要求。豈樂鳩吏瓦鐵以來久已持此道以遇幼稚之國而莫之擬議矣。顧何以通商如故。立約如故。會盟聘享。仍如故固未嘗明目張膽斥我於公法以外不過利用我不知公法之原理乘虛搗瑕以逞其狡焉之野心然則吾之所以抵制之道從可知矣即彼所藉以利用者吾能塞其源而遏其流斯能永立於國際社會環視列强又何足懼此國際公法之研究所爲不可一日緩也。

國際公法者規定國與國間關係之法律而爲各國之所承認者也或謂國際公法不得爲法律其故有四無立法者一也無制裁力二也無執行機關三也無主權者之命令而爲各國相互之關係四也以上四端皆爲法律必不可闕之條件國際公法闕然無聞故不得謂爲法律是說蓋本於奥司鄉氏奥氏曰法律者政治上優者之主權者對於政治上劣者之臣民所發之命令而裁制其不服從者也斯說之不當殆無足深辯夫謂法律爲主權者之命令惟於專制國爲然若立憲國若共和國所謂法律或由君民共定或由人民公議若從奥氏之說宜謂專制國以外皆無法律然後可況公法之原則由列國會議以定于八百五十六年議海上法於巴黎于八百六十四年議瘡傷救護法於截埒務則國際公法何嘗無立法者乎中立國之

船舶、積載、戰時禁制品、經交戰國捕獲、中立國不得倡異議、則國際公法何嘗無制裁、平戰時掠奪物品、有捕獲審檢所以檢查之、兩國之紛議、有仲裁裁判以斷定之。則國際公法何嘗無執行機關乎。然則國際公法之爲法律明矣。然學者論國際公法。所下定義。間有不同。不可强之使出一轍。仍條列之以備參考。

李比爾曰。國際公法者。定各國間權利義務之法規也。

麥古曰國際公法者。文明諸國服從於一般羈絆之下。使各國間之關係一變而爲權利義務關係之規則也。

何耳增度夫曰國際公法者。依法律上之權利義務。以定各獨立國間相互交際之法規也

蒲麥鑑古曰。國際公法者。爲國家相互關係而作者也。

撲拉截忍的勒曰。國際公法。爲法律學之一部。其意義有二。一於理論上。欲使各國得最大利益而求支配國與國間關係之原則。一於實際上。關於國與國間之規定而爲各國之所承認之規則也。

四

荷耳曰。國際公法者。支配文明諸國相互關係規則也。文明諸國。有遵奉之義務。猶如人民遵奉其國法。有違反者可依相當手段以強制之

恢道曰。國際公法者。適於社會狀態。叶乎道義繩準。而存在於各國間之法則也。

國際公法。雖爲今日立國之要具。溯其發生之時期。則在十七世紀初葉。自是以前。羅馬皇帝。君臨萬國。以其命令。而制御群雄。刹勒們大帝之時。倡世界一君主義。天下靡然。莫有抗者。迨皇帝威權漸去。而羅馬教皇起而代之。方此時代。有唯一之主權。以定諸侯王間之關係而已。國際公法之必要。猶未起也。及宗教改革起。羅馬教皇。始失其舊來之地位。各邦諸侯。立於宗教以外。爲獨立君主。以臨己國之臣民。德意志羅馬帝國之勢力大衰。瑞士葡萄牙相繼獨立。法國遂獨執牛耳於歐州天地。以其國語代臘丁語而有勢力。斯時荷蘭人葛樂鳩史著平戰條規大論。國家間之權利義務。以示公法之原則。其要旨曰。世界萬國無唯一之主權與政府。未起以前之個人同支配國家相互之關係。不可不依自然法。各國有依自然法或相互合意而受羈束之義務。自葛氏之說一出。荷蘭英吉利德意志諸國。皆爭研究國際公法。

餘風被於遐邇。荷蘭為歐洲外交之中心。歐洲各國公同事件。皆於亞衡、懷維梗、里士維、鳥脫賴脫處決之。自玆以降。歐米諸國締結條約無不適合於國際公法其間有所謂國力平均主義適法主義國民主義國家聯帶主義等遞推遞嬗因時變遷。而要不能脫公法之範圍其究集世界萬國結共同條約互相聯絡以受國際公法。之支配若此主義初僅行於歐米諸國其範圍乃愈推廣雖立國亞東若日本若暹羅亦皆開關交通。得為國際公法之主體即我中國詎獨不然

論者動謂我國棄鎖國政策。以與歐洲諸國往來交通乃道光季年事也其實與北方俄羅斯之關係。由來已久康熙二十八年涅爾琴士條約為我國與歐洲正當交涉之權輿。繼而有恰克圖條約兩國通商之關係於以大固。且許俄國於北京設置教會及使署。然其時中國承累朝極盛之餘自尊之心未化鄙視蠻夷曾不屑措意。及鴉片戰爭起始與西歐強國英吉利遇一敗塗地倉皇立約割讓香港開放五市。出償金二千一百萬弗。而割地賠款之端於以發究而最礙我主權之領事裁判制度亦於此時發生先是南京黃浦條約未結以前我國官吏歷向外人言爾等欲得

六

我國法律之保護須先服從我國之法律侃侃大言持之有故在文明國莫不皆然惜國力孱弱不足護之以達此目的而又不過出於一時憤激之言非真有見於公法之原則故如此損害國體之制度卒無能出死力以爭者於是英美法三國臣民。一切犯罪許其國領事自行判斷外人遂永脫我國之裁判官管轄矣要之自有道光二十二年之中英條約。二十六年之中美條約。中法條約。以來我國對外之形勢。爲之一變論者謂支那帝國至是始純然入國際社會而有服從公法之舉然等是國際社會他國以甘心承認而入我則以強制而入等是服從公法他國爲己國利益而然我則爲與人利益而然是豈文野程度懸殊故所受影響各有不同者歟

天津條約於咸豐十年締結又當新敗之餘情見勢絀。不得已而有媾和之舉故雖區區七八條而所謂割地賠款開放港灣諸事已無一不備。

以上猶就吾國內部而言至於外部安南向受我國册封歲修貢獻。於國際公法上。爲吾保護國無疑。乃法蘭西脅以兵力。迫結條約。其重要條項一扶持安南獨立二安南有亂法國當派兵赴援。吾國聞報乃出抗議曾紀澤爭之於法相飛里李鴻章

爭之於法國公使薄勒均不得決。因山西北寧一役。黑旗軍失勢。乃於天津立約。我國拋棄於安南國內之宗主權東京地方歸法國版圖此我國對於藩屬第一次之失敗也光緒二十七年日本亦以扶持朝鮮獨立爲名開釁於我。明年和議成。從來朝鮮對我之貢獻典禮。悉行廢去而割地賠款之事。仍不得免。自是以還外人洞見我國積弱已極而朝野瞶瞶又復易欺於是以恫喝攫取之策來者日有所聞德意志以宣教師虐殺之故。占領膠洲灣立九十九年借地之約俄羅斯以欲得不凍港立永借旅順及大連灣之約。法國以士官殺害之故租借廣州灣。未幾而英國亦有租借威海衛之約其尤異者則不許讓與之約。遍結于諸國二十一行省幾無一完全自主之地矣。

要之中國六十年來外交之歷史。可一言以蔽之曰失敗之歷史。墜主權損國體凡國際公法上必不可有之現象而吾中國無不一一演之迹其所以致此之由其原因雖不止一端吾謂不明公法之原理則其原因之大者也夫國家之於公法猶個人之於法律個人而不知法律則權利義務任人播弄有害無益有損無伸國家而不知公法所受損害正與此同雖欲苟避不可得也蓋公法者所以示正道倡公理雖有野心必稍有所顧忌而不敢故犯天下之不韙故積弱之國尤所宜講比利時以蕞爾小國屹立於羣雄之間而無所懼者恃此耳今吾中國積弱已極挽國之法千端萬緒而研究公法則所謂當務之急何則强狠虎饑入我庭闥據我坐輿偶一舉動彼眈眈者咸注目焉言興革朝政而彼以增設顧問之說進言整頓軍務而彼以延聘教習之說進言築鐵道開礦山而彼以貸款合股之說進一切內政茂無不與外交相關聯即謂中國有外交無內政亦非過言也然則有非熟於公法之人出當其衝其不至於着着失敗萬事叢脞者幾希國際公法所關繫之重且大如此則研究之道不可一日而緩研究公法有不可不注意者數事請述於左

一研究國際公法爲一般國民之責任論者動以國際公法爲職掌外交者之所當務一般國民知此與否非所急也是非通論自近世文化進步國與國之交際日趨頻繁一國之安危一國之盛衰幾以國民能知公法與否爲斷蓋國民加於他國之損害國家不可不負責任是國家有監督人民之義務應生之結果也因國民不知

公法之故。而遺累於國家者。古來多見其例。土耳其因亞麥尼亞之英人虐殺事件。大受窘迫。其一例也。至于我國。因殺害外國宣教師。所受損害。幾難僂計。輕則賠欵。重至割地。徵過去數十年之歷史。較較然也　此猶就公法之原則而言。至若國際上之關係。條約既結公布國中。則其國民有當然遵奉之義務。其或有違反者。國家不能辭其責。此一般國民所以不可不知國際公法也

二、研究國際公法。以今日爲不可失之時機。中國前此失敗之歷史。姑置不論。庚子以還。與外人交涉之事。愈益繁多。仍此瞶瞶。日復一日。不數年後。將不得立於國際社會。雖挾此廣土衆民。又將焉往。故今日公法之研究。直中國存亡絕續之所繫。不能忽視之。且國際公法本非成文法。不過各邦常用之慣例。行之既久。遂成法律。蓋公法。尙在幼稺時代。發達遲遲。吾人稽環球之形勢。攷各國之國情。致力研究。以助其發達成長。過此以往。安知吾中國於國際公法上不能占一重要位置。被以公法爲歐州文明國。若耶蘇教國之固有物之謬論。庶幾或熄。由前之說。通曉公法。可以延中國之命脈。由後之說。研究公法。可以高中國之位置。時哉時哉。不可失哉

三、為改正條約之準備。西國締結條約。互相遵守。彼此必互有利益。獨中國不然。每立一約。必增受一害。其故何也。蓋外人每謂吾國無服從公法之觀念。假手條約以為羈束箝制之具。而吾國之生命。即已為彼所制矣。故欲改正條約與他國立於同等之地位。受同等之利益。其必自研究國際公法始。

要之、立國於今日。既不能閉關固守。採鎖國主義。以自生息于小天地之內。出而與人遇。必不可無以自恃。甘自處於必敗之地。此國際公法之所以必要也。嗚呼、往者已矣。來日方長。凡我國民。曷其勖諸。

經濟

財政概論（續第二期稿）

（乙）獨占製造業　政府爲充足財用起見有不必增租而可別籌特種收入之法。如獨占製造業亦其一也。現各國於斯業所通行者爲煙、鹽、鴉片、（作藥用者）及樟腦等製造頗盛。收入極豐且大抵兼營此種製品之販賣業故獲利尤巨我國政府所獨占者惟鹽一宗尚多遺漏其餘三種僅取釐稅雖收入亦頗不少。然若歸政府獨占極力整頓則其獲利不難數倍於今日。觀法國僅煙草一宗能獲利至一百四十餘兆元可以法矣。日本於我國福建之樟腦業垂涎已久力圖歸彼獨占此利甚大我不自取必啓他人窺伺當局者愼勿忽之也。鴉片流毒已久亟應禁民間種製專歸政府限額製造販賣。一作藥用一令在煙籍者（癮深不能戒者令注籍認購烟）持憑往購戒煙者及未吸者永不許購如是既可減少酖毒并可增政府之收入日本之治臺灣即用此法頗著成效，嗟我蒼領，何今昔之異也。

（丙）自然的獨占工業　此種工業。如水道電燈等類。爲公共事業之一種，不但於衛生上關係社會全般之利害。且限制於一定之地面，而有自然的獨占之性質，故由社會政策上而言。實不適於民業。且近世自治之觀念發達，自治團體之財政日益膨脹。尚以此種工業歸其獨占，頗爲收入之一良財源，歐洲大陸諸國。固已實行公有之說。即在自由主義最發達之英美等國。現亦盛行此說，英其中如水道事業尤見公有制度（公有制度即政府獨占制度以公共事業委之政府專辦也）之發達，試以英國證之。除倫敦及他二三市之外。凡水道事業。皆係地方公共團體所施設。更以美國證之。有一萬人口以上之百三十五都市中，公有水道者多至九十一都市。而在日本及歐洲大陸諸國中。尚有明定水道必歸公有之法律者。若夫電燈及煤燈事業，則較諸水道事業。其需用尚未普及。故未歸公有者尚不少。然大勢已有歸公有之傾向。但此等事業。所以歸公有者主。在其爲獨占事業，而財政上之原因爲從故不必限其爲都市之良財源也。我國於水道煤燈電燈三者中。尚無一發達者。其僅可見者，惟通商市街內之由外人設置者而已。夫使文明國果不必需此物。則斥爲奢靡。固亦無妨。然試思當此生計競爭時代人用水道。取水於一撥指間。且清洌無比。而我則每取水必吸於井。或負自河。且不免混濁。人用煤電燈。取光於一撥指間。且光輝滿室。而我則每點燈必加油。或添心。且光止一隅。人速而我遲。人巧而我拙。以是競爭。尚何勝負之足論。故我國苟欲與文明國伴伍於競爭場中。則此區區物質上之文明。固亦不容棄置。況爲都市之發達計。當先爲市民謀其利便。當務之爲急。蓋莫甚於水火者矣。且就財政上而論。創業之初。投資鉅而費時久。雖難驟獲餘利。然苟管理得宜。人樂其用。則事業之範圍。必日廣。而收入之額數。亦日增。積而久之。必　財政上大有裨益。此徵之各國之統計可以信也。列左表。

伯林公設煤燈公司統計（千八百八十九年）

製出煤氣	九〇〇〇〇〇〇立方米特
燈光數目	八一六二四〇燈
收入總計	一六二六四二七一馬克

支出總計	一一二二四四四四
淨　利	五〇四九八二六

巴黎私設煤燈公司統計（千八百八十九年）

收入總計	四二四七七八〇鎊
支出總計	二六四三〇四六
淨　利	一五八八二二九

英國百九十九公設煤燈公司統計（千八百九十五年）

公設事業數	一九九所
借入資本金	二八〇六八七九二鎊
現剩借入金	二四六二四五五四
收　入	六四〇二〇四六
支　出	四六八一〇三五
淨　利	一七二二〇一一

煤炭消費量	四一九一一七五立方尺
煤氣製造量	四一六八四八三六一四二
煤氣販賣量	三八一八三〇八三四六七
煤氣管線長	八七五三英里
使用人	一二五七二七四人
公共用燈數	二一七〇六九

以上各公司之餘剩金、照例充作市費、市貯蓄金。及市區改良費等云。

第二節　官辦商業

商業以貿遷有無為事貴有熟練之技能。與敏活之行動、而政府之事務。則異是。須依據一定之法規而為形式上之行動、故商業原非政府所長、而不宜歸官辦然茲所論者乃就普通商業而言。普通商業之外、尚有所謂補助商業者。意在助商業之流通。謀交易便利。如銀行是已、又有所謂專賣商業者。意在杜民間之私爭。足政府之財用如富籤及鹽烟等專賣業是已、茲所謂官辦商業者。即指銀行及專賣業而言。試分項述之如左。

第一項　銀行

銀行事務不但於民間交易上大有關係。且於國家財政上多所裨助。如國庫事務。及官有財產之若何管理公債之若何募集與償還。莫不待銀行爲之籌畫。故一國之中。不可無國立銀行。以擔任此種事務。國立銀行有二種。一爲純然國立銀行。資本全由政府籌集如俄羅斯及瑞典之國立銀行是已。一爲半官半私之國立銀行即一面給與公司以特權。一面使其對於擔政府負擔責任。以爲報酬。如一公司得發行紙幣之特權。則其對於政府須負擔責任如左。

一　代政府經理出入款項及募集國債。

二　利益之超過官額者當納之於國庫。

三　納發行紙幣之稅。

現英法德及日本之中央銀行。皆採此制度。因國立銀行之業務。不在運用資本以爲投機之事業。而在持平貨幣。整理國債。以作金融界之柢柱。然則貨幣與國債二端，實與國民生計有密接之關係。苟非深知熟曉此中之情狀者。安足與言．特不緊理。故此種銀行。不可專恃政府辦理。必招商入股使之協力合謀。籌無遺策。並與以特別權利而責其効力政府斯為國立銀行之最良辦法也

（未完）

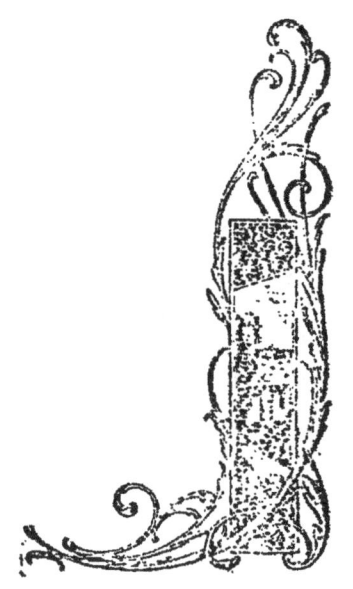

八

歷史

日本國民第一快意之歷史

守庸

嗚呼壯哉。以區區三島之小國。幅員不過十六萬方里。人口僅及四千三百萬。挾其旭日初昇之勢。一躍再躍。曾幾何時。與世界列强立於同等地位。並駕以齊驅矣。是果何道以致此。吾嘗舉然以望。尢然以思。迴溯彼三十年以前。幕府秉政。每事失宜。美船艦浦賀。礮聲隆隆。不可終日。然且民氣囂張。輕舉暴動。時有所聞。外人鄙之。視為劣等國。陵踐備至。要挾萬端。即至明治初年。其孱弱如故。無以自恃。墺甸之條約。雖明知大不利於日本。而卒不得不吞聲忍氣。怡然以入外人之彀中。嗚呼、鋼蔽之禍。萬方同慨。使日本國民乏愛國之血誠。視其國家為與已無與。一任外人宰之可也。鬻之可也。國中一切權利。舉可以讓人。獨彼身家可保。斯亦已足。則日本何以有今日。使日本國民乏獨立之精神。伈伈俔俔。嬉戲於外人肘腋之下。往舉一事。皆外人已其成而已則供其驅策外人享其利而已則叨其餘瀝不第不以爲恥且轉以爲榮倚賴根性深入腦中不可剗除則日本何以有今日使日本國民乏勇往之氣質出面與外人遇一經挫敗不復自振由是遂甘受外人之賤之踏之莫敢與較奄奄待斃一切委諸氣運則日本何以有今日雖然、日本國民卒能具此三要素奮發踔厲一往無前起明治四年迄明治三十二年費幾許之歲月經幾許之困難仁者志士絞腦漿嘔心血敝脣焦舌而卒以奏改正條約之功而外人眼中始有平等國之日本立乎其前嗚呼、改正條約之一事實日本國運之一大轉捩恢復國光維持國權皆在是舉非日本國民第一快意之歷史耶吾敘其事非羨日本痛吾中國也曷痛哉痛吾中國以十倍之衆民三十餘倍之廣土曾不若一區區東海之日本雖然、痛之復奚益吾將舉條約不可不改正之理日聒其耳又慮彼之盜然不之覺頑然不之信也則吾且先舉日本已往之成事以布告於國中庶幾乎其亦有所動於心哉日本自與泰西諸國、往來交通。所結條約。固亦不少。然以文野程度懸殊、正當之規定、幾不得見。國民恥之。故明治政府成立伊始。直欲着手改正、明治元年十二月十三日。以外國官准知事東久世通禧之名。照會各國代表者曰從來所訂各條約。雖未遂改正之期、及今提出再議可乎。然無應者。其後澤宣嘉及寺島宗則。相繼以任外務卿之職。皆欲即日開始談判、各國仍固執不動、至明治四年七月四日以後。改正安政條約之時期已到。朝野士夫躍躍欲試。然鑑諸從來之挫折、不敢輕發。審議久之、遂有派遣大使於各國之舉、明治四年十月四日。以外務卿岩倉具視爲右大臣、兼特命全權大使、參議木戶孝允、大藏卿大久保利通。工部大輔伊藤博文、工部少輔山口尚芳、各爲副使、啣改正條約之命、巡迴歐美、先抵北美合衆國、晤國務卿。直欲就商國務卿、問其有全權委任否。其改正條約之約款如何。使者愕然。始知外交談判、非携有全權委任狀不可。且作改正案大綱、大久保伊藤二人携之以歸。則日本當時外交思想之幼稚。亦可以想見矣、

大久保伊藤所齎歸之案、實日本改正條約之第一案也。揭其要領如左。

一、内地雜居。為時尚早。先於開港場。定若干年間。若干里內。使外國人遵守居留地規則。待內治整頓。然後徐圖擴張其區域。

一、公開裁判所。使內外臣民受同一之審判。撤去從來之治外法權。但法律須從速改良。以示我國裁判之公平。與法律之寬裕。足使在留外人。受我法律之支配。

一、許外人信教自由。

然廷議不以為然。改正條約。已決於東京開議。大久保伊藤。空歸美國。大使等復其案談判。美政府亦有難色。遂以中止。更巡廻歐洲諸國。以六年九月歸日本。

四

寺島之改正談判

岩倉大使。旣歸日本。未幾而國中征韓論起。硬軟兩派相衝突。內閣破烈。西鄉一派。遂用辭職。其結果生明治十年西南之變。然其間外務卿寺島宗則。以明治九年具改正案。專以回復稅權為目的。與美國開始談判。十一年七月。於華盛頓調印改正條約。其要旨。據現行條約。不能以輸入稅增加國庫之收入。內國賦稅。每因以加重。

故今爲增進外國交通獎勵外國貿易則不可不恢復獨立帝國應有之稅權以彌補國用之所不足各國政府應能承諾日本政府恢復應有之稅權不復爲他國之所箝制。日本政府非有相互交換之特約對於各國一切稅率決不參差互異。然其條約曾有規定非經他國承認之後不能實施。而輸入稅之增加最不利於英國。故英公使出而反對他國亦多附和之。列國交涉卒以不濟。且幷與美國調印之改正條約亦歸無效。會英人哈脫黎密輸入鴉片犯條約之所禁。爲日本關吏控留終至涉訟。斯時外國人之在日本者有領事裁判制度。某國人之裁判歸某國領事管轄。英國領事遂判哈脫黎之所爲悉屬正當。蹂躪日本稅權亦已甚矣。於是向僅注意於稅權回復之日本國民始悟非回復法權改正之效不可得見。大攻擊寺島之改正案。翌年九月寺島辭外務卿之職。井上馨起而代之。

井上之改正談判

井上馨之爲外務卿也。鑑於前此寺島案祇謀回復稅權。受輿論之反對。此次立案。遂以回復稅權及法權之一部爲其目的。若警察衛生引港道路等關於地方行政之諸規則外國人有犯之者使歸日本之裁判管轄且從來日本制定法律有與外國公使協議之慣習至是亦欲改之井上氏此案蓋以司法權姑置不論而行政權不可不先求獨立以得施行之於居留外人十三年七月廻附條約改正案於列國。且促其會議東京。列國有聯合反對之意而英國聲稱是乃以改正案全廢舊條約而新訂條約也須先與日本政府及列國公使開豫備會議以定談判之基礎列國中多贊成之者遂於十五年一月二十五日開豫備會議於外務省

于豫備會議日本提議各國如撤去領事裁判權則日本願開放全國許外人雜居以相抵償英法以二國之委員反對而止。關於稅權議決二項一、日本採用每年可得三百七十五萬弗之輸入稅率二、自外國船舶徵收噸稅

豫備會議期中日本提出議案之要點如左。

一、外國人被告時。以多數之外國判事。或內外判事二名。開廷審判。則外國判事有可否之權利。

一、東京大阪長崎函館之控訴裁判所置外國判事二名大審院置二名橫濱神

戶兩港之始審裁判所。置外國判事一名。又有兩港各置外國治安判事一名。

一、同國籍之外國人間爭訟事件。聽憑本人意見得出訴於所屬領事廳。

一、獄內之外國人可用特別方法待遇。

一、常備適當之通譯官

一、雖係內國人民間之訴訟。倘事件關係重大。亦得使外國判事裁判。

一、外國判事之任期。六年乃至十年。

一、一般賦稅雖與內國人無異。其他非常臨時之負擔。不課之于外國人又參政權雖不與外國人。而於居留地管理事務。外國人可有發議之權。

此豫備會議以十五年七月十七日告終。會同月二十三日。朝鮮有大院君之亂。日本國民。多受損害。井上外務卿。親赴馬關。使公使花房義質率兵往援。談判之結果。朝鮮出償金。寢事。自有此事變。各國政府。對豫備會議之決議。及日本政府之提案。提出種種之交換條約項。以是之故。頗費唇舌。至十七年八月。井上外務卿更迭。意見書於各國代表者。欲以之爲新條約之基礎。據此意見書。於豫備會議。既經贊成之改正稅目日本固執不動他國有要求不動產之所有權以爲抵償者却之若別撤去領事裁判權則日本亦願開放內地供外人雜居大旨如是列國若無異議明治十九年五月一日外務省開始談判。

當時日本全權委員爲外務卿井上馨及外務次官青木周藏。英、法、德、俄、澳、伊、美、蘭、西、葡、瑞、秘十二國公使皆來參集於六月十五日之第六會議英公使蒲闌克脫德公使荷黎變關於裁判權新有所提議摘其要點如左。

一、本條約批准交換後二年以內開放日本全國。

一、日本臣民所享之權利及特權外國人亦得享有之。

一、日本政府依泰西主義制定司法之組織及刑法治罪法民法訴訟法等。

一、諸法律於第一條之期限內頒布之條約批准後十六個月以內以英文通知外國政府。

一、外國領事裁判自日本全國開放之日始。三年以內。東京橫濱神戶長崎大阪新瀉五地暫不撤去

一、日本裁判所。置外國判事數名。并定審判規則。及地方裁判所控訴院大審院之位置。

一、司法上之制度十五年間。有其效力。

一、外國領事裁判所關於外人身分之事件。尚有管轄之權。

一、新訂條約十七年間。有其效力。一年以內於東京交換批準。

是欲使通商條約與裁判權管轄條約。分別締結。列國委員多韙其議。視爲日本之提案。二十四年四月二十日議定裁判權管轄條約多本於井上意見書之趣意。開放內地同時撤去領事裁判權。惟亦稍有限制日本裁判所任用外國判事及編纂法典。譯以英文通知各外國政府。是其要點也。此裁判權條約。既經決定。通商航海條約案。亦有審查委員之報告日本政府提案之趣旨。頗有貫徹之望。乃內地輿論。忽起反對。甚形激烈。裁判權條約案忽生改正之必要。至七月十八日井上外務大臣照會各國代表者。請延期會議。至二十九日。更請於法典編纂告成以前中止改正會議。即井上之改正談判。起十九年五月一日。亘十五月。日會二十七次。至是遂中止。

井上奏之談判忽爲中止。全由於國內輿論之反對。斯時日本政府急欲改正條約。務得外人之歡心以爲易於著手司法大臣山田顯義致力於法典編纂內閣總理大臣伊藤博文外務大臣井上馨皆汲汲然以歐化主義提倡國民盛開內外人之交際會民間則婦人束髮會羅馬字會假名會等亦相繼設立甚者有唱日本人種改良而慫慂內外雜婚者舉國若狂模倣西式惟恐不肖識者竊憂之會約款中因撤去領事裁判有許外國政府容喙於日本之法典編纂及日本裁判所任用外國判事二項輿論不以爲然反對之聲囂然四起而其風一發至六月御雇法律顧問巴蘇拿度草長文之意見書非難改正案之缺點尋而農商務省大臣谷干城亦大攻擊改正案面謁天皇有所奏聞不得達其志以七月二十六日辭職猶奔走民間極力論難越三日改正案遂定爲無期延期國民猶以爲未足謂政府之政策偏于歐化主義立意擬翻之各報復爲之倡國中志士齊集都下數集會野外爲示威運動形勢岌岌不可終日井上外務大臣乃於九月十七日辭職伊藤總理大臣兼任

一〇

之反對運動之氣燄猶未熄也政府不得已改正集會條例新聞紙條例等以講鎮壓之策最後發布保安條例放逐志士數百人於都門之外夫壓力愈重則反抗愈甚日本政府雖施其種種壓服手段豈足以挫其國志士之鋭氣卒之翌二十一年二月一日伊藤總理大臣解外務大臣之職大隈重信入而代之政府攻擊之聲始止。

大隈之改正談判

未幾伊藤博文辭總理大臣之職任新設之樞密院議長黑田清隆爲總理大臣外交之事專責大隈大隈乃一變從來之懷柔政策凡條約上日本應有之權利皆强硬執行不少假借欲以使外人覺其不便自進以求改正時人稱之曰强硬政畧又從來之談判皆各國代表者聚集一堂共同協議大隈深非之欲改爲所謂國別談判然欲爲此須一變從來最惠國條欵之解釋據從來解釋日本若對甲國爲有條件之讓與則其他乙丙各國可無條件而得同一之讓與明治二年之日墺條約日本讓與墺匈二國之利益他國得均霑之又日本與美國之間條約改正雖已成議

因他國尙欲保持其有利益之條約。日美改正條約。遂不果行。多年之間日政府所最深受其害輾轉不得脫者即此最惠國條約使各國常出於一致是也

大隈重信就任之初。先變此最惠國條欵之解釋。甲國讓與日本以某利益而得特種之權利乙國欲依最惠國條欵以均霑利益時亦須對日本爲與甲國同一之讓與否則不得適用最惠國條欵時適墨西哥政府照會日本欲與新訂條約日政府持此新主義。躍躍然欲一試之使駐美公使陸奧宗光當談判之衝明治二十一年十一月三十日於華盛頓調印日墨條約墨人約服從日本法律故所受權利利益較其他歐洲諸國爲多是實日本締結對等條約之嚆矢也且宣告他國若欲與墨西哥均霑同一利益亦當服從日本法律與墨西哥同自是以利益均霑之說進者遂撫人爲而最惠國條欵之解釋爲之一變於是大隈乃實行國別談判之主義二十一年十二月。先與美國開始談判。次通告其事於英、法、德、俄、伊、墺六國。翌年二月美公使哈巴度。於東京調印改正條約。六月駐剳柏靈之全權公使西園寺公望與德意志外相卑士麥談判既終。繼以調印。自是對前記七國以外之諸國。皆交附以

條約案。八月八日日俄改正條約。亦經調印。當時改正案。日本國內。極保秘密。不易發表。然為倫敦泰晤士所載。公之天下。大隈案之要領。廢裁判權條約與通商條約之區別。而一括之為和親通商條約。其規定如左。

第一、指定年月以後。外國人於現行條約。所定居留地之區域外。不論何地。皆得往來居住。及貿易貨物。又得所有某物件。但由此特許。所生事件。當遵照日本司法權。

第二、現行條約。所定居留地之制。於前項所揭年月以後。若干年限內。仍照常行之。過此年限。居留地制度及領事裁判。一併廢棄。與日本帝國他處地方。受同一之管轄。

第三、依外交上公文。承諾左記各件。

如第一項所示。開放全國以前。日本高等裁判所。任用外國法官數人。但此高等裁判所。係受理值一百弗以上之訴訟及處分。

此制于若干年限內施行之。過此年限。日本得與歐米諸國。同有平等法權。

第四、左記各件。亦依外交上公文承諾之。

照第二項所定新定民法。於廢棄居留地制度三年以前。當如法公布且實施之。

海關稅之改正。據明治十九年二十年豫約改正談判之條目(即井上案)

當時大隈爲改進黨首領。故改進黨一派。盛稱大隈之切、詡詡然以驕人。反對黨卿之。又以改正案爲倫敦泰晤士所發表。其中有裁判所任用外國法官之規定。故憲法違反之論忽起。攻擊之聲日高一日。民心漸不屬大隈。改進黨雖極力辯護。然終無效。且政府部內。亦漸有反對者。樞密院元老院之中。改正談判中止論皆占多數。法制局長官井上毅。樞密院議長伊藤博文。相繼呈出辭表。皆反對大隈故也。初黑田內閣舉條約改正之事。一任大隈。故對其改正案。鮮有容喙者。及朝野反對之論漸盛。閣臣中若大藏大臣松方正義。欲着手於條約改正後之實施準備。遞信大臣後藤象二郎。謂宜中止。議久不決。時內務大臣山縣有朋。以視察自治制。巡廻歐洲諸國。新歸日本。閣議有依其贊否而決之觀。然山縣初未嘗一表其意見。至十月十五日。開御前內閣會議。黑田、山縣、大隈、西鄉、山田、松方、大山、榎本、後藤各大臣皆列席。後藤首非難改正案。議論沸騰。至夜分始散。十八日復開內閣會議。山縣、松方、山田等。皆執中止說。閣議以決。大隈行去官。以事赴外務省。途次爲兇徒要擊。斷其一足。至二十四日。內閣總辭職。條約改正談判。復一蹉跌。

未完

哲理

人與下等動物之心才比較

本達爾文原人

君武

即人類之身體構造綜之其由下等動物徐變而來證據昭昭無可疑也詳論別人之身體既多與他動物相似苟謂其心才逈乎不同則亦不然野蠻之人記數不能過四無理想上之名詞（若仁愛之類）以比無尾猿之心才其差異固孔多蓋由無尾猿變爲野蠻猶之由豺狼變爲家犬其進化已多矣然不觀之浮京土人乎 Fuegians 浮京土人者最下等之野蠻人也比格爾 Beagle 船曾携其三以歸英國居英國數年稍解英語同居相親其心才甚與英人相似由此觀之苟謂人類之心才超然卓絕與下等動物逈異則爲不合於理蓋人類之心才固亦漸次發達者以下等魚類之心才比短尾猿較之以短尾猿之心才比人其異更甚是爲一言以蔽之曰心才者經無數之階級以漸次進化者也

老航海家擺倫 Byron 謂野蠻人有觸其子於石。而以其血澤筐內之海魚者。以之比英國大族何瓦德 Howard 及克那孫 Clarkson 其道德之位置。相去遠矣。野蠻人不知用理想上之名詞。以之比奈端及索士比亞。其智識上之位置。相去遠矣。然文明人野蠻人之相差異。皆有明明之階級可尋焉。既有階級。則必可發達而過之可知也。

二

自根本上觀之。人之心才與哺乳類動物之心才。固非迥然殊異者。其旨甚長。有事實明之。茲惟擬其最顯著之事實。以論其大畧而已。

動物之心才。有甚高尚者。每於類擇 Sexuel Selection 之事實上見之。且於同種之中。每有心才特異之箇體出。此事於禽獸兩類中。皆有之。然欲知心才在最下等之有機體中。何以初始發達。則無人能解此問題者。是與生命初始之問題同一難解也。

人與下等動物。皆有同一之感覺。故亦有同一之本性。就中如自爲保衞。雌雄相悅。母愛其新生之子。而乳哺之。皆是也。東方羣島之猴。其名曰阿倫 Orang。亞非利加之猴。其名曰黑猬。皆能自造其棲息之居所。熱帶之短尾猿。知避有毒之果不食。而人類無此知識焉。且遇毒蛇惡獸。則彼自然畏避之。家畜遷於異地。每食毒草而不知擇。然一食之後。即永避之。彼無尾猿之避食毒果。其由彼自己之經驗歟。抑由彼遠祖遺傳之性質歟。尚難定也。

高等動物之本性。每與下等動物之本性相反異。鳩王兒 Cuvier 謂是二者之本性及智識。有一定反異之比例。蓋高等動物之智識。乃由其本性漸次發達而出者也。(見所著 L'instinct chez les Insectes, Revue des deux mondes) 抱粹特 Pouchet 較之。謂並無所謂比例者。而存蟲類之有奇異本性者。即其最有智識者也。在有脊骨之動物中。最無智識者。若魚類及水陸並棲類。絕無複雜之本性。至哺乳類。則其本性最為顯著。若海狸之智識甚高是也。美爾根氏所著靈魂學原理 Morgan's the principle of Psychology 曾詳論之。

斯賓塞曰。智識之啟。蓋因行為複雜繁乘之故也。單簡之本性。日與反復之世態相接搆。而智識稍啟焉。動物初生。茫然無所覺識。自哺乳以後。其本性及始複雜。夫複雜之本性(Complex Instinct)即智識 Intelligence 之始源也(見所著 The Principle of Psychology)雖然凡是動物其所各有之自然固定性質不因外境而遷移者謂之本性上之事 Instinctive action 其歷代既久納受新性質而遺傳之為本性者謂之智識上之事 Intelligent action 澳洲翠鳥之鳥初不畏人後乃見人則避是也是之謂由經驗而得之性質然複雜之本性全由殊異之境地而得蓋單簡之本性每經天擇而變化殆盡也大抵大腦之組織既完則其變化每起於不自知因之身體之各部分亦漸趨於異焉是無以名之惟可名之曰起於自然而已所最可異者為作工之蟻與蜂彼不自傳種生子何以能遺傳其經驗習慣於同類而獲其效果也

由上所論若蟲豸及海狗之屬智識高尚者其本性必複雜始學一事即永久成為性質而遺傳之其腦亦因而變易焉智識之甚發達者其腦之各分必聯以混亂之通路各分相交極其自由而不宜於受固定遺傳之習俗智識之程度甚卑者反之某良醫曾告予曰人之稍患狂者每行一事當欲依守成規舊俗激之而後樂感之

而後動因其卑於智識也。

高等動物之性質所以高出於下等動物者。曰能記憶。能先見。能推度。能懸想。是皆歷級發達經天擇變其心理之機關而後能者也。華思司 Wallace 曰人類於一切關於智識之事。必學習而後能之。非僅恃推度也。人與其他動物之大辨。即在於此。雖野蠻之人。其築草舍製木筏。皆非一學即能者。必經多次之試驗。而後能之。下等動物不能。鳥之作巢。蜂之作網。皆一作即工。既速且良。與老大有經驗者無以異也。見所著 (Contribution to the theory of Natural selection) 下等動物皆有苦樂禍福之感覺與人無異。於幼稚之動物尤易見之。當小犬小猫小羊聚集之時。其狀態蓋與小兒無異。蟲類亦然。爾伯 Huber 者法之精於觀察蟲學者也。嘗謂蟻類當家獵相戲之時。彼此戲相撲咬。與小犬無異焉。

過恐怖之事。人懼之。下等動物亦懼之。其筋顫。其心動。其筋舒。其毛豎。然於同種之中。常有賦性勇怯不同者。於犬類最可見之。但犬鳥之惡性常消滅。其善性常遺傳。亦乃異也。古語所謂動物報讐之事。亦非盡虛。倫格 Rengger 及白能 Brehm 二氏。皆謂美非二洲之猴。雖養之甚馴。亦嘗有報仇者。安得利斯密者。Andrew Smith 最著名之動物家也。彼嘗親見喜望峰某官吏嘗虐一狒。是狒當某官吏休息華飾出遊之時。掘窐於地。急和泥水。俟其過時。擲於其自以汚之。觀者大嘩。是狒乃喜躍不自勝。

犬之愛其主人。乃世人所熟知者。林得遜 Dr. Lauder Lindsay 謂犬之愛其主人。過於自愛。乃地球上僅見之動物也。人嘗遇險將死之際。其所畜之犬。每盡力以救護之。

嗨偉爾 Wherell 曰。母之愛子。人與一切動物。皆無所別。善觀察動物者。皆知之。倫格曰。美洲之猴。驅蠅使不得近其子。弔瓦爾 Duvancel 嘗見猴類之名 Hylobates 者。一一浴其子於小川中。母猴偶失其子。則憂惶無措。局之於樊。每有死者。猴之幼孤者。他猴無論雌雄。每繼育養護之。有一母狒。不惟繼養同種之猴而已。又畜小猫、犬。養之。常攜之同行。不使離去。均分食物。與己子同。自能氏嘗親見之。而大驚焉。有一繼養之猫。誤以爪傷其所愛之小狒。母狒大驚。即詳視猫之足。而為之去其爪。動物園之看護者嘗言一老獮嘗織養一累蘇司猴。Resus monkey 後又有二黑獮來同籠而居。此老獮以爲黑獮雖與己異種。而較之累蘇司猴爲近。遂棄累蘇司候而織養二黑獮焉。累蘇司候見棄。鬱鬱不樂。乃如頑固小兒之所爲。攻二黑獮。老獮乃大怒之。自能又曰。候亦能衛其主人。如犬之所爲。

高等動物之感情。甚復雜。亦如吾人。然犬見其主愛他獸之時。常現嫉忌之色。猴類亦然。此可見彼不惟能愛而已。亦最欲受愛也。動物亦最喜褒賞。犬既啣一籃。以與其主人。則奉然有驕色乞食。既頭又慷能有慙色。小犬喧嘩太甚。則大犬每侮戲之。猴類每因受嘲怒而犯罪者。有動物園之看護者。讀一晝函於獮之獎前。獮乃大怒。痛自嚙其足。至流血焉。有以小木條擲於犬前者。犬則自移之於稍遠之地。復蹲而不舍。至其主人至前。而後舍之。重復不已。甚有自矜之色。誠趣觀也。

一切動物皆有怪愕驚奇之感情。是乃高等心才發達之根本也。獵狗遇奇異之物。必以爪探試之。鹿與羚羊及數種野鵝皆然。猴類尤甚。自能氏嘗以一箱盛蛇。置於猴之居所。猴啓其蓋。覷之。大愕。與人類驚愕之狀同。某嘗留盤捲之蛇於動物園之猴屋。猴類之名 Cercopithecus 塞可皮對蓍司者見之大驚。自觸其籠。大叫作驚險狀。餘猴皆驚。數小猴共一老亞蘇比猴 Anubis baboon 先起視之。後餘猴皆來環立作小圈熟視之。其狀甚可笑。忽移其素所戲弄之木球於稻草之中。而自隱焉。猴類苟見一死魚死猫或生龜。其驚愕皆如是。必走近其傍探試考察之。阿倫猴亦然。彼初見一龜。必大驚呼而逃避之。

人類最富於學習 Imitation 之性質。野蠻人亦然。所可異者。有數種神經病之人。每聞人語。無論本國外國以及他人之容止。皆即學得之。德受兒 Desor 所著之 Mémoire sur les Microcéphales 曰。動物無願學人之行為者。學者惟猴動物之各相學者間時有之。有二種狼子為犬所育養。能作犬吠聲。是之謂志願學習。Voluntary imitation 乃另一問題也。鳥類各學其鄰之聲。惟鸚鵡能學其他所常聞之聲。馬爾氏 Dureau de la Malle 嘗見一犬子為猫所養者。皆猫之行。每以舌自舐其爪。洗面及耳。最著名之生物學家奧都因 Audouin 亦云馬爾之犬亦學得小猫所為。以前爪擲球為戲。有一猫像食牛乳。其瓶口小不能容其首。乃以爪探入取之。其小猫學得此技而效行之。有數種動物嘗教其子以學習之法者是即所謂遺傳性也母猫每攜一生鼠以與其兒教之以搏擊之巧。測遠之法蓋因死鼠死鳥之不足爲學習也故嘗捕生鼠生鳥於其子傍故意縱去而使其子復捕還之。

人類之智識進步故有注意 Attention 之必不而動物亦有之如猫常注意守住一窟而爲捕鼠之豫備巴特爾特 Bartlett 嘗道一事曰有某甲爲猴戲者自動物會買猴。每猴之價五鎊某甲納双價爲欲取三四猴歸而擇其一也甲之言曰猴之善爲戲者必其有善能注意之性質者也彼既能注意矣則必善受教其不注意者罰之彼亦知羞愧也。

動物亦有能記憶人及地之性質安得利斯密在喜望峰常畜一狒。後隔九月再見之其狒樂甚某嘗畜一犬。是犬也善吠外客某故欲試其有記憶才否。隔五年而後見之以舊態喚之彼一見無喜狀但即依而不去。順從如僅離半時者然爾伯曰。蟻最有記憶才彼與其同羣之蟻雖隔四月後一見即識之。動物必能記時。其記時必以所經歷之事。無可疑也。

能懸想者 Imagination 人類至高之一特權也。懸想者出于尋常意識之外自造新美之境界以自悅怡也。最能作懸想者莫如詩人。而夢也者即詩之意外技術也。The dream is an invaluntary art（本保羅 Tean Paul 之說）人之理解妄進清潔。又有決斷力以取去宇宙之結合物。而以己之心才重新結合之。故能懸想。犬馬猫及他高等動物大抵皆有夢。鳥類或亦有之。於是彼等必有少分之懸想才矣。夜間月明犬嘷嘷吠之。是必覺其有異故也。

人類心才之最高尚者曰能推度。有謂動物亦有推度之心才者。而主其說者正少。然動物固有能躊思審斷者。謂此爲動物之本性 Instinct 無寧謂之爲推度才 Reason 也。赫士 Drhayes 著一書曰 Open Polar sea。其中記北海之犬。不惟能牽車而已。又能知冰之厚薄而趨避之。以免乘客之危險。旅行者欲避薄冰而免於險。將惟犬是賴。犬之能知冰之厚薄也。其由於各箇之經驗乎。其由老智之犬所教乎。其由於遺傳之性質。所謂本性者乎。若謂是乃其本性也。則必得諸其最古之遠祖。

一〇

始用爲牽車者。或更得諸其先祖狼。蓋北極之狼捕其食物。罕不於薄冰之區。恐自陷其身也。

去國離家人寂寞
斷橋流水月昏黃
遠聞拍岸海濤急
身倚小樓思故鄉

講演

改造支那論

吾國人留學日本早稻田大學幾三十人每月開同窓會一次屆期必延學校教師二三人出席講演科外講義所得不少是篇爲本月同窓會高田早苗先生所演皆切中吾國時事讀之發人深省故錄於此當場速記不免蟲漏讀者諒之

數年以來支那大陸競言改革前仆後繼大有不達其目的不止之勢此固可爲支那帝國前途賀而諸君熱心國事留學異邦皆思他日學成有以貢獻於其祖國過此以往吾知諸君必能各出所學以求遂改革之業惟是任擧一事必有其一定之方法與一定之秩序苟乘一時之客氣貿貿然輕率以選其失敗也可坐而待大爲一國計小爲一身計皆不當出此故諸君而不欲成改革之業則已如其不然吾敢以數言相告曰改革支那勿遽言破壞形式當以成就事實爲務蓋苟能實施改

革於事實無論存何形式皆無足病先事實而後形式最爲成事之要訣而支那今二日之國勢尤驅之使不得不然法蘭西人惟不知此往往有變其形式而不變其事實而國民莫之知也此奚足以語完全之改革法蘭西之行政組織雖日以平等自由諸主義飾其表面實則爲中央集權與拿破崙時代之行政組織無以異也日本維新垂三十餘年此弊亦未盡絕雖謂日本國體爲立憲而藩閥政府卒不可廢故或疑立憲之精神不已因之滅却耶吾觀於此益不得不羨彼英人之能規大計成大功也英國當大憲章發布之時貴族平民雖頗激昂然彼等常倡言曰吾輩非欲改革英國之法律不過欲恢復撒遜時代之自由而已其有所舉動必注意於精神也可以見矣英國內閣爲政黨內閣之模範然就其形式而觀之則有所謂樞密院而已內閣乎何有然而政黨政治固實際行之者矣內閣總理大臣實際握盛大之權力而在法律上則各大臣互相平等所掌職務未嘗有所畸輕畸重也英國之所長在能於舊事實上行新事實爲漸進的爲秩序的國民於不知不識之中而收改革進步之實效噫此英國之所以不可幾及也哉返觀於支那則何如固執舊思想

鋼蔽不聰之人必占國中之大多數於此而言改革其務避破壞形式之迹而專措重於事實熱誠愛國之士應能顧計及此當舉國酣睡懵無所知之時驟然撼而覺之其不驚顧而却走也幾希甚者障礙百出新機且日以窒觀支那之改革屢倡而屢挫者應亦可以憬然矣要之任舉一事苟欲其有成勿多樹敵爲最得策吾之斤斤然以先事實而後形式爲言者正以此故夫支那積弊千百年百廢未舉豈不欲摧陷廓清一躍而儕于強盛之列而故爲是徐徐者非畏事也作事之順序則然矣雖然是手段耳作事者必先立定方針而後手段乃有所向改造今日之支那亦必有其大方針在往來盤鬱於仁者志士之胸中而不可一日忘也支那今日之國勢與一世紀以前之德意志相若個人主義殊覺發達夫個人主義不必皆惡有小個人主義有大個人主義何謂大個人主義政治的個人主義是已盎格魯撒遜人之所以雄視地球睥睨一切者以此也汲汲然營私殖利以一己安樂爲最後之目的者是所謂小個人主義有此思想之國民茫茫前途必受箝制於他族將來之運命奴隸之運命而已二者孰優孰劣孰得孰失取舍之間不容苟且且政治的主義

一變則爲國家主義爲民族主義凡立國於大地得此則昌失此則亡其幾有不容不審者矣百年以前之德國雖有德意志人民之觀念而德意志國民之觀念闕焉無聞蓋自斜勒曼大帝以來德意志皇帝皆由選定其勢爲聯邦無完全鞏固之一國渙散無所統一其極民族團結之精神遂隱隱而不能出現迨拿破崙挾排山傾海之勢以蹂躪德意志思欲一擧之下使歸諸已國之版圖德意志國民始恍然悟駭然驚以爲奇恥大辱莫過於是國家思想遂勃然不可復遏斯坦因乃出而提倡國家主義謂德意志國民不可不於祖國之名之下團結一致并力以禦外侮自是以還國中志士或於新聞或於演說或於文學詩歌皆極力鼓吹必期國家思想普及全國而後已曾幾何時遂得於普法戰爭大收戰勝之效觀拿破崙以前之德意可以知民族思想之缺乏之弊觀拿破崙以後之德意志可以知民族主義之發達之利說支那民族觀念之缺乏更有甚於曩日之德意志耶諸君謀國其惟提倡此民族主義爲改造支那之大方針必期普及於教育上全國無一人不曉此義然後可惟是民族主義亦有二種一廣義的民族主義一狹義的民族主義何謂廣義的

四

民族主義滿人漢人合併以爲一民族是已亞米利加以撒遜人爲其中心而德意志人法蘭西人固攙雜其中然其爲一民族自若也今若滿漢兩族合而爲一團結一致以排斥斯拉夫之民族其精神能普及於四百餘州則近頃之滿漢問題自易解決而不然者則此大問題非一時之所能解決試念前途蓋亦可危蓋眞正之解決必先養成支那民族之解決心然後有濟養成何術亦惟於教育上普及民族的國家思想其爲道也漸進的而非激進的故既知此主義爲不可不行則所以鼓吹提倡之道不宜一日緩不觀德意志自斯坦脾提倡此主義至畢士麥時代始獲大成其前例。且主義云方針云者皆視時勢如何而後能定如醫師之治病者然苟不察病源之所在貿貿然從而施之藥欲其有濟亦已難矣間今日支那帝國之病源何在則莫不曰民族的國家思想缺乏之也於此而猶不加之意吾恐雖歷數十百年而改造支那帝國之目的猶不克達此支那今日之時勢使然也故若日本國民於天皇之名之下團結一致民族精神已極發達對此國民使猶以民族主義爲倡是何異於向釋迦而說法也惟支那國民之短處正在此點此吾所爲不憚曉音瘏曰。爲我諸君。一謀忠告之道要之居今日而言改造支那務率全國之人肩全國之責任同聲齊力以經營此公共產業之國家內先自固然後持以向外爰見二十世紀之支那不能雄飛於世界嗚呼吾爲支那祝。

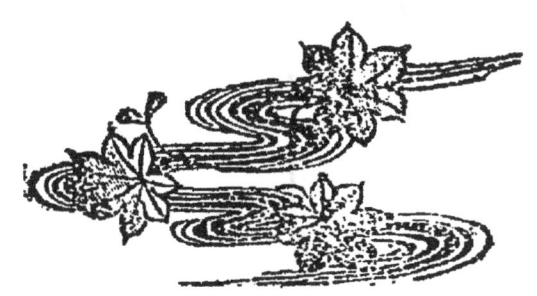

訪問

渡邊亨氏交易所經驗談

雜纂

瞽醒錄

新書紹介

歐美雁信

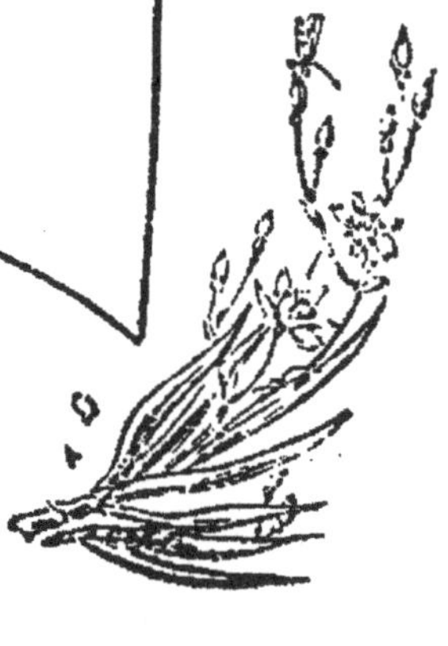

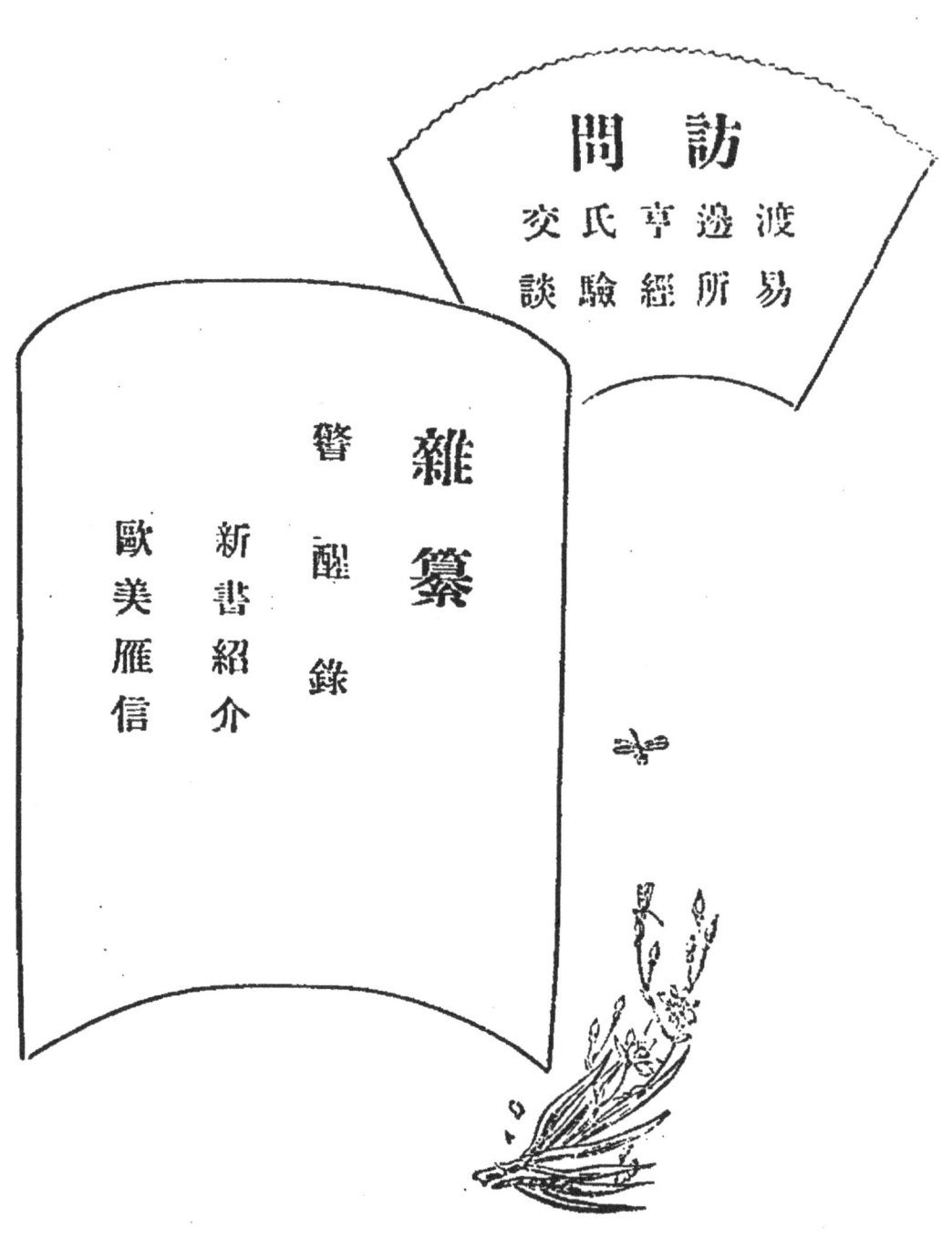

并吞中國策

定價洋五角　　開明書店總發行

王立子譯是書爲日本尾崎行雄君所著當吾國顛沛時列強競思狡逞橫議朋興其視天府神州有日無全才之概雖其策政府或用或否且今日方針又一癈無存之俾吾國民發憤興起有以自處也無已再版廣告閱者

治梁賣書記

定價洋三角　　開明書店總發行

開明主人運載新書籍開內地風氣上卷記賣其描寫內地學界狀況中卷記遊歷時由漢至信陽鐵路圖由信陽至開前陸路圖備載行程尖宿爲後來者先路之導下卷記交際說述豫省物產及工商發達原因社會競爭思想書凡三卷不滿二萬言有志强國者亦足備調查之一助也

訪問

本欄爲本社員訪問日本諸大家、所得一切有益有趣味談片、或爲經歷談、或爲時事問題、均足爲先進導引後進質之助、質爲本報之特色、

癸卯夏參觀東京股分票交易所渡邊亨氏爲述交易所之起源組織時促不及多談聊記其略以示一班

全邦平唐寶鍔誌

交易所者。凡百貨物湊集而爲交易者也。其形式似拍賣。而內容有異。政府定有法律。視同公司。一切交易。由經紀經承其事。公司取規費少許。買賣以成。市面以定。便商利民。莫逾於是矣。交易所與政治大有關係。因政治之治亂外交之風潮。交易價格一日千變。故交易所人能知政府之趨勢。

日本交易所起源。發於米價之維持。三百年前。海陸路尚未通便。米價之低昂。爲政治上一大問題。乃有米穀交所易之設。以圖平糴。加之海路較陸路爲便。西有馬關長崎越後之米集焉。東有大阪。東方關西之米集焉。二區實定全國米價之標準。水陸之不便。機關之不整。而價度有異。地方官（各市長府知事者）乃變付米期票。定期

交米。乃庫貨之提單。米由諸侯米庫發出。並獎勵人爲之。民間稱帳合米。爲照票取米之意焉。此項交易所。始於三百七八十年前。設於大阪。今尚有之。實爲日本各項交易所之祖。其發達較早於泰西也。

股分票交易所之設。雖發源於米穀。其辦法實仿諸泰西各國。政府於明治七年。即發布交易所條例。久之未見有設立者。（日本維新事業率由政府提倡爲定法律以使民和遊循而後得收實行之効其用心亦苦矣）且當時股票證券亦少。惟國立銀行。有發行紙幣之權。華士族并有以其金祿公債。依爲保證。抵借錢物。用同銀行券。經紀者活乃爲之公易。從中取利。然交易之法。不便而愚。澁澤男爵及小松章等。爲發起人。發明一股二百元。資本十万元。共五百股。創設此交易所。後逐漸擴張。增至資本百二十万元。中間盛衰變遷。沿革品一。政府干涉之事亦多。不能爲米穀交易所之自由幸派人至歐美考察。取長補短。日見增進此交易所長處。在於有擔保制度。交易人爲有違約。惟交易所是問。此法本於轉賣及買還交易所。（一以轉賣與人爲交易會還即不賣衍爲交易日本現尚有之）凡股票交易。源在此公司有公司爲之擔任。西國惟法蘭西有之。餘仍爲個人交易。各自擔保。公司不過爲之遞援而也。

交易分三種。即時交易。延期交易。定期交易。因其期之遲速。股票之不同。公司及經紀所以規費有異。而公司規費即向經紀收也。試附表於左。

國債及地方債證券・(受票面百圓之費)

	交易所規費	經紀規費	交易人所費
即時交易	金一仙	金九仙	金十仙
延期交易	金二仙八厘	金九仙二厘	金十二仙
定期交易	金五仙八厘	金九仙二厘	金十五仙

股份票及社債券(股票指受股社債指受票面百圓之費)

	實價	交易所規費	經紀費規	交易人所費
即時交易	五十元以內	金一仙	金九仙	金十仙
	五十文至百元以內	金一仙五厘	金十三仙五厘	金十五仙
	百圓至百五十圓以內	金二仙	金十八仙五厘	金二十仙五厘

以上每加五十元公司規費加五厘經紀規費加五仙

四

延期交易

實價	交易所規費	經紀規費	交易人所費
十元以內	千分之五	金七仙五厘	
十元至五十元以內	金五仙五厘	金八仙	金十三仙五厘
五十元至七十五元以內	金七仙五厘	金十一仙五厘	金十九仙
七十五圓至百五十元以內	金十仙	金十五仙五厘	金二十五仙五厘
百元至百五十元以內	金十三仙五厘	金二十仙五厘	金三十四仙

以上每加五十元公司規加二仙五厘經紀規費加五仙

定期交易

定價	交易可規費	經紀規費	交易人可費
十元以內	金千分之七	金七仙五厘	
十元至五十元以內	金七仙	金八仙	金十五仙
五十元至七十五元以內	金十仙五厘	金十一仙五厘	金二十二仙
七十五圓至百圓以內	金十四仙五厘	金十五仙五厘	金三十仙
百圓至百五十元以內	金十九仙五厘	金二十仙五厘	金四十仙

以上每加五十元公司及經紀規費各加五仙公司救急法

凡公司由股集成者。至危急時。發臨時借劵。稱優先股票。公司獲有利益。先付優先股主。有餘利、乃分尋常各股主。實救急之妙法。故募應者。亦股主所多焉。

六

法國政法書紹介

謝　軒

M. E. PARIEU,

Principes de la Science politique.

Paris, 1870

Prix : 7fr. 50

本書譯名爲政治要論凡十章首章論社會之組識及政府之類別 Principes fondamentaux de la constitution des sociétés et classification des gouvernements. 二章論專制政政 De la monarchie. 三章論寡人政治（即貴族政治）De l' aristocratie. 四章論民主政治 De la démocratie. 五章論混合政府 Des gouvernements mixtes. 六章論國定憲法與君定之比較 Des raparts entre la constitution de l'état et celle de la famille. 七章論中央集權與地方分治之比較 Des raports entre le principe du gouvernements central et les institutions provinciales et locales. 八章論宗教制度與政治制度之比較 Des raport entre les institutions religieuses et les institutions politique. 九章論平民的政治 De la politique internationale. 十章論賦税 Conclution. 說明政治原理引各家學說各國歷史以爲證好在平易不失之泛高尚而不失之奧誠攻政治學不可不讀之書不僅爲初學之津梁也都凡四百六十餘頁定價七佛耶五十生丁

Franz de HOLTZENDORFF

Traduit de l' Allemand par

Georges Chr. ZOGRAPHOS.

Paris, 1891

Prix, 5 fr.

本書著自德人此爲法文譯本著者爲 Munich 大學校教授此書爲國際法中之善本久已膾炙全歐人口英文亦有譯本全書分七章第一章歷史之觀念及國際法之淵源 Objet historique et sources du droit des gens. 第二章國際法之位

置 Les personnes internationales. 第三章國家之版圖及國際通商 Le territoire de l Etat et les voiss du commerce international. 第四章國際條約 Les traités internationaux. 第五章國際通商之行政 Les magistratures du commerce international. 第六章國際之衝突及戰爭 Les conflits internationaux et la guerre. 第七章法之原則 Les droit des neutre. 末論平時國際法及戰時國際法詞簡意明其引證史事尤爲詳備全部都凡二百餘葉定價五佛耶

Henri CAPITANT.

Introduction à l' étude du Droit civil.

Paris, 1898

Prix 6 fr.

著者爲法國 Grenoble 法科大學民法教授其自序有云民法爲法律精髓所存尤不可不細爲研究此編其作入門之導云爾亦可見其精搆自信而又自謙也全部分六章爲目三百四十二凡民法上必要之學理包括無遺著者雖極力深入顯見

而讀者仍不免嘆其深奧蓋讀法律書須換一副最精最細之腦筋用之不可草率從事也茲將其章目列左

第一章　法學法律界說法律之性質公例與性法之觀念 Le droit en général,—La loi.—Definition—Caractéres des lois.—Notions de l' ordre public et des bonne mœurs.

第二章　民法之觀念及其分類　Notion et diuison des droit civils.

第三章　法之位置及其主位 Des personnes au sujet des Droit.

第四章　法之概念、生物、產業、Des objet des droit: les choses et les biens.

第五章　法之生滅 De la naissance et de l' extinction des droit.

第六章　法之習慣及犯法　證據概論 De l' exercice des droits et de leur violation, Notion général sur la preuve.

歐美雁信

本欄由本社與在留歐美諸君特約、按月通信、所載均爲彼中最之近現狀、足爲吾國觀感者亦藉資興起之一端也

在留俄國某君來函

（前畧）東省二次撤兵俄不踐約又從而加索七端並不告我公使逕由彼駐俄使使柏蘭森照會譯部部堅拒駁未與議復由我駐使詰以照解退兵不應約外立約彼外部卿不詳知且謂原約（辛丑約）在京訂現不過施行條約辦法毋庸在森彼得堡談論議約原人（雷薩因病假疎病愈仍到京）近日甫抵北京若何結束尚未得電此間美使以不得開埠設領一條顯背美約首先詰難英日或已在京質問惟二十五年英俄墻有長江以南俄不干英長城以北英不干俄之聲明文件不知英將何以處此在各國損己利益原不得不出而干涉非有愛於中國也正恐磋磨至極處不過於各國所不便者畧爲删除中國獨受其累于中國之不治滿洲不曾自認爲非我土地既不自認而能禁人之不代認之哉矧其代認之種種現象久已皎著匪伊令始彼蠢如鹿

家之滿蒙種族以哥薩克之强之狡之貪對待之綽綽有餘地矣俄之對待中國其政策雖亦時爲變易實則因其原有之敗腐從而搗壞之順其放棄之權利從而攫奪之浸淫漸漬以至於此無他巧妙即加以深謀遠慮之美名亦祇可對中國政府言之耳故鄙人以爲各國有政策有外交中俄則無政策無外交彼凡有措施無非自私自利爭競之精神愈專而和好之形式愈仝要視滿蒙雖視英日其宗旨也一二執政如戶部威特兵部闊落拔得權力最大外部皆受其影響某親王暨東方武員晉主開拓俄君輒爲所鼓童又有允駐北京銀行總辦 拍科地 則納交朝貴包苴宮庭都氣之腐手段之險令人驚怖之數人者於遠東交涉關係最大我國民所最應注目

至其國之學校尚在幼稚時代無程度無階級龐襍無章視歐美日本相懸霄壞彼固利用愚民之術不樂開通颸滋敗耳不知能長保此專制主義否也比者中鄙送來學生四人無學堂可入則入其所謂師範學堂其中學課除每日授幾鐘語言外靈無物焉前北京同文館送來之學生入此學二年配分入其所謂律學鐵路礦務

各專門學堂律則隨班德講而已礦與路固以圖算暨工程爲主亦視人所學何如蓋彼之學問皆竊取佗國略而不完且其本國文字不敷種種學問之用即尋常文義借川英法德非國之文不少惟爲東方交涉計爲中等以下人之衣食計則通譯自亟亟耳工學商學政治學一倘不足論矣(後畧)

美國羅統幸撲穆那學校記

庚子冬抵美後三月。直美總統麥荆来氏西巡。得於羅生郡治。望見顧色則魁梧雄武。偉人也。越二年有二月。復直羅斯佛氏西巡。先是。祭酒盖公。以少與羅同視於哈伐特大學。爲舊好。請於羅。許幸斯校。乃於先二日。爲木臺於剖孫院堦前。飾以華葉。校中諸院。遍縣國徽。間以彩幟。民居咸如之。或置國主小像於戶牖間。以示歡迓意。是日黎明。萬人空巷。麕聚於校之四旁。車駕自合手佳陀遵鐵軌西發。卯正。侍衛二人先馳至。偕居民公舉之値理。馳馬淸道且察視臺所。鑒於麥氏之蔬於護衛也。然羅氏素坦白且以勇武自許。不喜扈從繁多。故是行從者。僅海軍大臣莫氏、侍郞巴氏、內大臣鹿氏、加厘處撫派氏、哥倫布大學祭酒柏氏、加厘大學祭酒徽氏、西部叢報筆政倫氏、及諸報館採訪使者十餘人、影相官一人、筆記官一人、侍衛七人而已。長正御車馳至、蓋祭酒與校董鄉長迓於車邸、請易乘。總統遂與祭酒同車並轡入校。後車十有二乘從之、鄉勇在前侍衛在後。道旁有小學校男女童二千五百餘名。列隊以迎、皆手持花球向總統車亂擲、且擲且歌、校前甬道華葉布滿爛若錦茵忽一巨球飛至。竟擊落總統之帽。總統大笑。其君民之間、異於家人婦子者無幾矣。撲穆那諸生、列隊於臺前、其左爲高等學校生。其右爲義勇隊。歡呼震天。須臾總統登臺、與諸教授及鄉長行握手禮、歸坐、羅總統蓋祭酒並坐居中、左爲諸教授及鄉長、右爲大臣隨員。諸生呼歡聲復大作、居民男子揚冠女子揚巾。總統亦出座揚冠鞠躬以答、笑容可掬。既歸坐。呼歡聲旋止、蓋祭酒起。請總統賜聆諸生歌神舞之章。撲穆那之校歌也。歌畢、總統替嘉者再、祭酒復起、高聲向衆曰、敬請合衆國伯理璽天德羅斯佛賜臨演講。總統起、徐步至臺端。先向祭酒稱曰祭酒公、復向衆稱　我同胞男女國民、遂言曰、

今日之會、雖純然學校演談之體。顧余覩茲義勇。不禁先有所感。度諸生不以余爲

四

語離其宗也。我美國今日之幸福。孰爲之哉。皆義勇爲之也。（衆歡呼擊掌）卿等義勇。非不知今日四境人安。干戈無所用之。顧欲維持此昇平之局以享受於無窮。誠不可不訓練以時。防患未然耳。（言至此。忽舉首見臺之對照有赤白青三層彩幟。上綴哈伐特撲穆那字樣。乃擊掌贊曰）妙哉此彩幟也。赤白爲余舊校之號。白青爲斯校之號。三者合之。適與國徽符合。妙哉妙哉。余視此狂喜。願得復爲諸生。相與蹵球爲戲。不願爲總統矣。（衆大笑）

余自入加厘福尼邦境。沿途禾黍茂美。都市繁華。此土不數十年前。一片荒漠。不意渙然改觀。神速若此。此足證斯土之民之勤且敏。故今日實質上有此進境也。旣於實質上立之基礎。復加意於教育。我國民其知所當務矣。不然。有實質上發達之基礎。而無智慧道德以進之。譬猶僅恃柱石之堅。未構宮室之安也。（衆咸稱是）然實質上之基礎。亦不可忽。以箇人國民言。自以有以養生爲第一義。人人能圖所以自存。不使己身累及公衆。則郅治之隆。豈有加此。吾國民中欲大有爲者。而不從自謀生計始。吾敢決其必無從於世界。幾見有身不能自濟而能濟人者哉。吾國若於日用細事盡人所經而終身不能免乎此者。首加之意。使平日舉一動。必於公衆身家兩有裨益。然後擴而充之。宏濟匪難也、(衆鼓掌稱是) 然使國民於實質上之發達。造其極則、而於之青年之教育。無不措意、則目前之富強、宜若足恃。而未來之事業。邈無所記、吾謂今日青年之教育實制、與日美邦之命者也。教育之道、智德體三者不可缺一。固盡人而知、而余尤斷斷於體育一端、夫諸生學成後所就之業、固多有不恃乎勇力者。然須知一旦有事、執干戈以衛社稷。必人人有可以爲兵之具。而後國基立於不敗、國民恃以無恐、至於智育、自不可緩、或謂智乃天生、不由乎習、此眞大謬之論、耳以習而愈聰目以習而愈明。不習不練、智慧乃窒、彼生知彥哲。古今曾有幾人。吾豈鳥可援爲常人訓哉、且也學校之立、必期於國中士大夫學問之程級。有所以繼增之。而於世界智識之積聚。有所以增益之。若夫培植國脈。爲未來備非常而任艱大。則曰才曰智。都不足恃、足恃者何厥維堅忍、(衆大贊是) 昔在南北之戰、才智傑出者固不乏人。而其所以能卒集大勳者。非才智爲之。實此奮往無前百折不回之氣爲之也。尋常處世道。亦豈異是、吾國民不以男女而異。其能創基之業

六

者。未有不根乎堅忍二字。之二字。由於性者半。由於習者半。由於克己之力者半。由於師友之助者半。抑更有進者。（言至此手指義勇隊）假使鄉等義勇隊中。有一人焉。貌居美名。匪由好義。於同胞無忠愛之忱。於國旗無犧牲之願。若而人者縱勇且才。亦兵之蟊。鄉等宜必擯之惟恐不速。軍事然。政治何獨不然。今國中才智之流。任顯秩、當要津、擁巨資員衆望者。不乏其人。苟有居心不正。徇私害公。煽惑國民。區畫貧富。以釀成勞力資本兩家傾軋之禍。若而人者。從勇且智。亦國之賊。吾國民亦當擯之惟恐不速。若夫國民箇人之所當注意者。一曰有節制。二曰尚忠厚。三曰知謀生。而尤重者。一曰不憚勤勞。二曰立志者堅定。三曰任事勇敢。兼斯數者。斯誠不愧爲吾美國民之狡狡者矣。（衆咸擊掌）余此來。承國民及諸生歡迎。欣忭無旣。願得再見斯盛會也。今不克久留。即此告辭。言已。鞠躬而退。臺下歡歌聲復大作。

羅氏軀幹雄偉。聲若洪鐘。措辭從容。出言有章。詞句間淸晰無比。於重要處擊掌頓足。肝膽之氣。發於辭色。其所稱勞力資本兩家傾軋云者云者。以國中工黨與廠主相持不下。羅氏政策。一主和解。抑資本家而亦不肯長工黨之焰。諸政黨中則有彼此僞倚者。故羅氏有此言也。

羅總統演談畢。旋即升車。議祭酒復送至車邸。瞬息車駕已發。而道旁羅斯佛哈伐特歡呼之號。猶震耳不絕。是日爲癸卯四月十二日也。越三日。既望。清國留學烏程章宗元乃執筆而爲之記。

附錄

研究資料

萬國憲法

英國之部

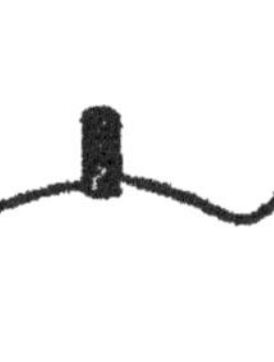

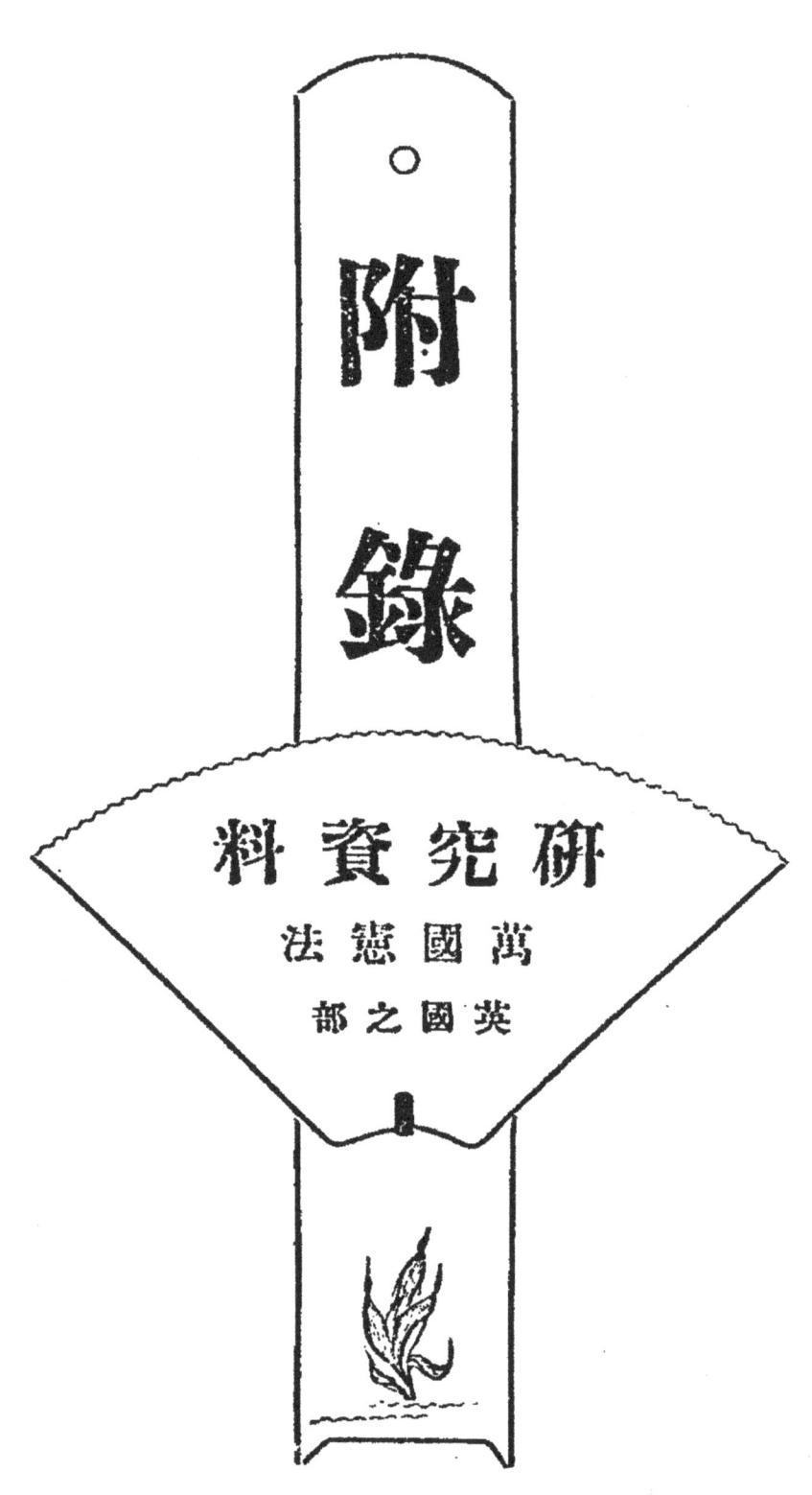

本社新書近刊報告

梅特涅（傳記叢書之二）

墺大利宰相梅特涅為千古以來惟一之專制家此傳敘及其瑣事亦無不用專制手段真千古自由之公敵諸君得毋先睹為快乎

吉田松陰（傳記叢書之三）

吉田松陰為日本維新時一大人物嘗謀刺幕府不果下獄後教授徒松陰塾明治功臣半其門下士也此書於吉田傳史外並及維新時情形亦維史史也

國際公法（政法叢書五編）

國際法已見於學界矣然斯專門學識何容易是書為專門學校卒業生富士英譯以之貢於學界其或稍精一籌乎

泰西十大家傳

如梭格拉柏拉圖奈端盧梭等十人敘其行事體其學說讀者可兩得其益

政治社會新論

首政黨首領論次政黨哲學三新聞勢力曰地方新聞五青年革命之事業皆々大問題悉萃於一小冊子矣

發行所　日本東京　譯書彙編社

發賣所　上海四馬路　開明書店

研究資料

本欄擇各國之緊要法令規則條約等足爲吾國前途之助者以資當局之參攷以供學者之研究

英吉利憲法史

英吉利王國之憲法。乃合君主政治。共和政治貴族政治。而取其所長。裁其所短。隨其國民之程度爲轉移非若他國之釐然有一部典法者也以近世立憲代議之制。適用當日責任內閣之原則。而其政體遂皇然垂模範于兩大半球要其建國立法之初。實自上古索遜時代之習慣而來爾後雖幾經暴君虐主。顛倒敗壞。而貴族人民幸能同心一致恢復權利於是王與人民締結條約。有約翰王之大憲章。義德華一世之權利證明。查爾斯一世之權利請願維廉三世之權利法典。歷代布告。均以保全人民之權利爲主前後九百年間。散見於種種記錄內。惜猶未集大成然其原則。于人民習慣上已經確定。正不必至今日而疑其權利之有無也故欲知英國憲法之眞相。於前四法典。不可不通曉。雖其間不無政治之沿革。而即民即法。此於他國。誠十倍痛切也。

英國發達最早。雄視宇內。建鞏固之政體。而其人民亦享自由之幸福最多。所以然者。非一朝一夕之故。遠之在十一世紀以前。索遜王朝之世。索遜當時王國也。設有賢人會議。（國中有識者之集會也）權力頗大。因咎王之失政。欲行廢黜之權。并國王選舉。及萬機參與之權。其勢力如今日之國會。迨千六十六年。諾爾曼侯維廉一世。自歐洲大陸航海征英。遂變國體為封建。封其將士之有功者。於是民權大退。經八代而至約翰王。暴虐放恣。民皆苦之。又徵收其舊部下諸侯伯僧侶等。所謂冥加金及封建稅者。漸漸加重。殆至不堪負擔。於是貴族人民同起迫王。先是前王顯理一世。結保證。定憲章。謂現時國民應享之權利。與舊時索遜朝之國民同。當時人皆不知留意。而此憲章遂不明于世。至是大僧正倫吉吞。探而出之。大加修正。迫約翰王捺印。誓將來世世子孫。俾遵守。迄今英民稱為憲法聖典。貴重大憲章。捺印之日。千二百十五年六月十五日也。

約翰王既遵此大憲章。保証民權。爾後義德華一世破之。千二百九十七年十二月十日。貴族人民。乘愛德沃德王外征之隙。相會作大憲章維持之盟約。即權利証明書是也。厥後嗣王違此盟約者甚多。民則起而迫之。使遵昔日憲章。如是每三十餘次。而其間所最發達者。莫若立法行政及司法之制度。當索遜朝賢人會議。雖諸衡曼變革後。似不復舊觀。然猶有渴來亞類其斯之集會。以干涉立法行政司法之權。後世運漸進。議會並興。於是立法行政司法三大權。漸成鼎立。使專職任。今列其沿革圖如左。

賢人會議渴來亞類其斯
- 大會議
  - 上院
  - 下院
  - ……立法
- 通常會議樞密會議內閣收稅法院……行政
- 渴來亞類其斯法廷
  - 帝國法院
  - 普通法院
  - ……司法

渴來亞類其斯集會。分大會議。通常會議。大會議。貴族僧侶人民共會一堂。非有國家重大事。不得濫會議局。於集會時。酌定通常會議。惟在貴族院及平民院。蓋憂議員多。而議事之遲滯也。秘密事。恒以少數之委員議之。而又恐難於樞密院。勢將漸增其員數。故委員統樞密院選之。使現時之內閣。舊時之樞密院。一滅其跡。收稅法院者。糺彈租稅滯納者之法廷也。其範圍亦漸擴張。并得審判普通之訴訟。常座法院。普通法院。今已不與舊同，但英人素性喜保存舊物。故內革其實。而外則沿其名。如舊時立法部。人民木不得參與。後許各地方得舉定數之代議士。以爲下議院基礎。所以然者。實當顯理三世時王與人民開戰端。王軍敗。請降。於是人民黨領袖雷史泰侯巴命西門乘勢於千二百六十五年召集民衆。不論貴族僧侶平民。但每三十各選四人入議院。號爲國會。凡關于國家之法律者。須得國會全體之許可爲準。千三百三十二年。義德華一世後。義德華三世。布告通國人民。定每年一集國會。英國民權。初盛于蔡遜時代。一縮於諾衡曼王時。至勃倫他其納時。又復發達。倫卡司脫衛及郁者二王統之末。勢力益增。後由脫衛王統。至顯理八世及以利沙伯女皇等英主輩出。謀擴君權。同時亞美利加地發見。人皆趨商利。不顧政治。加以銃炮大行。列國多設常備軍。各君主競尙威權。而英國亦感影響。民權頓挫。至斯去亞的朝。甚迷斯一世。專制益異常。謂帝王之權。乃天與。非人民所得容喙。故其視草野之生命財產。如牲畜。如土芥。而其子查爾斯一世。繼父之志。課苛稅。勒獻金。强募公債。

禁錮良民。解散國會。人民不堪其苦。議決權利請願。呈於王前。王拒之。遂糾衆力。知不復可拒。始與裁可曰、汝等所希望者法律也。願聽之。

査爾斯一世既許權利請願。雖壓制未除。仍得開國會以行國政。十一年。人民各發其專制之反動力。於千六百四十九年大革命起。王軍敗被虜。竟斬於刑臺之上。於是一變政體爲共和。革命黨領袖格朗透自就大保護官之職。惜其人亡。其政熄。王政復興。査迷斯二世亦襲行專制。時民不一心。不安于國。千六百八十八年。革命黨相率逃於法國。後遁國爲第二次革命。逐其君。於是人民於無君主之下。設假政府。迎哇倫區侯維廉於和蘭。與査迷斯二世之女馬利。同治英國。當時國民。於國會中宣布先帝査迷斯二世之失行。且議決人民權利。維廉悉如所請。定爲權利法典。於是大憲章。權利證明。權利請願。併此次權利法典。共成英國憲法之基礎。

後此憲法之最發達者。定海陸軍逐年經費。均由國會議決。不經國會允許。不得有絲毫額外供饋。以減王權。且欲維持護國之兵備。每年亦不得不開國會。馴致內閣規制。國會亦須干涉。蓋內閣舊已廢置。由輿論贊成。漸復組織。故進退亦隨輿論之向背而已。但人心不齊。此時政黨。亦互有異同。遂分君權民權兩黨。君權黨乃心王室。以保持國家。擴張王權爲主義。民權黨注意民權。以改良政府。進斯民幸福爲目的。後此二黨改稱改進及保守。改進黨主外交。保守黨主內治。故保守黨中內治改良家輩出。而改進黨中。則外交妙手家。亦時見焉。不可不爲覼縷述之。

先是國王屢臨國會。至哈奴白王統始祖。若爾治一世。德意志人也。以不通英語。從未一至國會。蟄居深宮。自遁於政治界外。貴族漸次近王。王則與之爵。列席於上院。而新貴族多有名學者。或法律家等。舊貴族與鬬辯論。不能勝。乃定缺席投票之制。凡舊貴族雖列席於議院。而投票則設代理者爲之。下院議員之選舉。半由市區中人。獻土地於公家。而夤緣其心腹戚黨。使入下院。弊害一生。人心乖敗。由是占議員席者。率多僉壬賤俗鄙夫。有識之士。頻々痛歎。大聲論廢止市區。不得出代議士之例。千八百三十二年。始實行選舉法改正令。而下院之性質一變。遂純然成全國民代議士之一大會場。故政治家稱此舉爲溫和革命。迨若爾治三世。亦稍稍留意於治術。但過行權勢於美國殖民地。苛責額外之重稅。卒至激起其民之反抗力。而促其獨立。此英國自來失計之最甚者也。幸爾來言論出版集會宗教等之自由。漸漸進步遂擴然呈世界之大觀。而成今日之國勢。

大憲章

英國皇帝、兼愛爾蘭王、諾爾曼亞魁吞公、恩局伯、約翰。大誥爾諸大僧正、僧正、僧都侯伯審判官山林官知事暨爾諸有司、全國忠愛之人民咸聽朕言。朕爲爾衆庶。親誓於上神下祇。列聖神明。及朕與爾等祖先之靈。惟爾諸父伯叔幼子童孫。尊敬聖會。仰祈帝簡。祚我家邦。耄稚咸若。朕與爾衆等各靖厥職。和衷共協朕奉二三國老。（指肯他排利大僧正司推奔以下之僧正僧都侯伯等）奉承天命。立此憲章。惟爾有神。尙克相之。朕與爾衆庶毋貽神羞。各謹天罰。不食言。爾衆庶毋疑毋忌。

第一條　英國聖會。有自由之權利。朕所以重此權利者。蓋選舉僧官自由之權利。即聖會萬不可缺之權利。朕與侯伯等未生隙以前。久有此心。近得羅馬法王英奴生三世。允准此憲法之感觸。益知此憲法之大有裨益。朕當與世世子孫。永遵守之。

第二條　朕亦憫此良民。准行以下諸條之權利。自朕身而朕之子朕之孫。得世世傳之無窮。汝衆庶能體此意乎。凡侯伯以下臣僚生時有應盡兵役之義務。其死亡後。嗣子既達丁年。有納其冥加金之義務。古例納冥加金者。得繼其家督。即襲侯伯之世子。亦須出冥加金百磅。其無爵而受祿多者。納百先令。下至士族。亦從古例準俸祿之數。以定冥加金之多寡。

第三條　凡臣僚死亡時。嗣子雖未成丁。亦須納冥加金。逮成丁後。即繼其家督。無庸再納。

第四條　受托人代未成丁之嗣子。管理土地。即屬於已所領之土地下。而徵收其管理地以適當之租稅。既附屬於已所領地。一切奴隸器械等。不得少有侵移。若地方官或親族。委其土地於受托人。而受托人或荒或損。朕必責其償金。而轉委於確實之二人。以資保衛。

第五條　受托人既任管理土地之責。即有保存其土地所有物產之責。若嗣子成丁後。當舉其奴隸牛馬及其他土地上所固有之器類。應得之利益與其嗣子。

第六條　嗣子娶妻。必斫無所損耗。故於約婚之前。必報告其最近之親戚。

第七條　寡婦得有故夫之遺產且有再婚之權利。於再婚及受遺產時。毋再出冥加金。又寡婦於夫死後四十日間。得住於故夫之家。但受遺產。亦必於此四十日間。

第八條　寡婦不欲嫁者聽。毋強。欲嫁者。必經朕與領主允准。始得出再婚之保証。

朕與領主者。使伯爾皇帝之不羅諾臣須本主之允准者。可不知當時封建之制度

第九條　負債主之財產。若足償其所負。雖對於朕或朕之臣僚。亦當徵其所有之地所。或差其地料。以爲償。又負債時。須指保証人之財產爲質。若負債主破產而不能償。保證人有代償之責任。保證人則得差負債主之地所。及其地料而抵質之。但負債主對於保證人。或有別故。而示以免債之證。或保證人不願得其償。則不限此例。

第十條　負債于巨宗（王族）人本人死。而嗣子尚未達丁年者。姑取其利。若其債歸于朕手。則記入證書。并不收抵當品。

第十一條　負債于巨宗人本人死。則其妻以應受于故夫之遺產償之。但須除去

其未成丁子女之養育料。及應納之冥加金。除去冥加金。尚有剩餘。以償其債。即非對于巨宗人。亦可同此例。

第十二條　徵收補助費于英國境內。必經國會之議決。但當朕贖身時。（因於外國時）太子加冠時。及長公主初婚時。需收相當之補助費。不在此限。即任倫敦府中亦同此例。

第十三條　倫敦府古來自由及自由之習慣。本無禁礙。今朕且於通國都會及港邑亦皆允准其自由之權利。及自由之習慣。

第十四條　除前例外。倘別有需用補助費之時。則須開臨時國會。發敕書於大僧正、僧正、僧都、侯伯等處。而召集之。其餘由地方官傳書。其期日與場所。須於四十日前通知。并示明開會之理由。至期而議員中或有缺員。亦不能不開會。

第十五條　朕由將來之陪臣計。不可允許其領主以徵集補助費之特權。但朕贖身時。太子加冠時。及長公主分配時。不在此限。但當時亦止可徵集相當之補助費不得溢額。

第十六條　凡士耕（謂士族及自由地主）於其領地俸祿。課以相當之賦役外。不得再課賦役。

第十七條　民事高等裁判所有一定之地位。須近國王巡行駐驛所。不得遷移

第十八條　凡新得領地依祖父之權利得領地與寺領地於他人之三種審問必於訴訟所起之地方而裁判之。朕或不在。則朕由大法官。每年四回派判官二員巡行各州裁判。判官開裁判時。由州中選士族四名。共識曲直。然後定期日及場所再開以上之裁判。

第十九條　若有事不能開州裁判。則遺此案於所選之士族數名。從事件之大小。而爲適宜之裁判。

第二十條　良民有小過。免罰金。若大過。則科其輕重而罰之。雖有良民之資格。但犯罪。爲生業者。必納其品料。商賈則納其商品。即落人權內借地於人者（指奴隸）亦須以以上之方法罰之。無所抵雖日用之器不得免。但此罰若有鄰近之正直人誓言不可罰之故。則免罰。

第二十一條　侯伯非有同列之保證。不得課人罰金。若課之。罪與犯者同。即以其

課於人者課之。

第二十二條　僧侶有犯俗人之罪者。限其領寺之土地。仍罰以金。罪重者。罰之使不得領寺。

第二十三條　各市邑不得强使架築橋梁。但舊時已架築者。不在此例。

第二十四條　王居地方司法官地方。警保官或其他地方官等。均不得開民事高等裁判所。

第二十五條　各地方州郡地租一依舊時租額。不得增課新稅。但朕之直領地。不在此限。

第二十六條　凡有領地之俗人。若對於朕而有負債。死則地方官持朕督債書因其鄉老有德者之意見而督促之。若財產足以償所負。即可指爲抵質。朕則不得因欲取其債而讓彎其財產於他人。朕欲收死者之所負。則由死者之委托人。從死者遺書而處分之。若死者不負債于朕或負債少而其遺產多者。則以子女養育料屬於未亡人而任托其餘產於死者之委托人。

第二十七條　良民死後無遺言者。以其財產償債負。有餘。則分給其最近之親戚或親友但分給之法須一遵教會定例不得參以私見

第二十八條　地方官及地方警保官不得強占他人財產穀物。欲得者。須償以現時應値之價。且亦須得本人之承諾始可

第二十九條　凡士族充城砦戍衛者。若有故倩人代役。警保長不得徵收其戍衛料。因敕旨而從軍者。不負城砦戍衛之責

第三十條　地方長官及其他地方官。不得物主之許可。不準妄用良民車馬。

第三十一條　朕或朕之臣僚或地方官等有應用城砦及其他建造之材料。不得伐採良民材木若欲伐採。亦須得本人之許可。

第三十二條　沒收重罪人之土地朕但保有之於一年。過後仍得還給其領主。

第三十三條　將來除海岸之外若添姆司沙田及此外英國境內諸河所築要堤。不得破壞。

第三十四條　將來發步來司皮之命令書而捕及良民。決不可因此而害于寃罪

第三十五條　麥酒、葡萄酒、穀類之各種量法。布帛衣服之尺度。與英國一例。秤衡亦然。

第三十六條　驗視死傷人。不納手數料、即中國屍場費 官吏不得以其無手數料。而拒其請求。

第三十七條　侯伯部下有以非耆婗、沙開其、白而開其、培氣樂生氣、等名義。以上皆指受領土地之方法 受領朕之土地。朕雖判決此事。但無專擅其土地之權。

第三十八條　將來地方官糺彈罪人。不得以一人之意見。繫于自己之法律下。必當有證據人。以昭信讞。

第三十九條　裁判良民罪案。若非其地之法律。決不可捕縛繫獄。褫奪其保護權。及收沒其領地。即朕亦不能認許之

第四十條　朕所爲事。人或拒否之。朕決不可因此而賣與人以權利、及法律上之眞理。

第四十一條　凡各國商人。貿易于英國。出入居留。水陸通行。均許自由之權利。又

定例課稅之外。不得別課金稅。但國家戰爭之時。及敵國人民。不在此限。戰爭以前。英國於各國商人。固自保護其生命財產。但須探知各國之待遇我商人如何。而後以各國人之所待遇我者而待遇之。

第四十二條　苟對於國家。不欠義務者。無論何人。均得水陸安全。出入我帝國。但戰爭之時敵罪人、不在此限、若商人則已記前條。

第四十三條　凡貴族部下。後雖歸朕直轄、宜加金及其他義務。不異舊時。

第四十四條　凡居官林以外者。無論何人、須應尋常之呼召。不准出入山林裁判官之廷。但犯山林之法。則由原告人控訴之。若又因同犯罪被捕縛者之保證人。不在此限。

第四十五條　裁判官。警察官。及其他地方官。須熟知王國之法律。且信實守之。不得處非其任。

第四十六條　凡侯伯得朕免許。而建立寺院。及素來侯伯所有之寺院。雖辭職後。仍許其占領。

第四十七條　當代山林。不得代採而爲土地。所築隄防。不得破壞。

第四十八條　山林官。苑囿官。地方官。河川保護官。及其屬官等。或有惡習慣。則由各州之信實人。選舉士族十二人。先宣誓其罪。而審查之。朕或不在。當具狀於大法官。由審查始。限四十日以內。悉除其弊害。不使再釀他憂。

第四十九條　朕負保持帝國安全之責任。爾等臣民。須出盡忠義於朕之保證。其保證書。仍可還付爾等。幷不收人質。

第五十條　亞西司塞拉特之親戚。悉由諸地方廳。免黜之。而彼輩將來。不得再爲英國之地方官吏。又免黜志莪內之因然拉特肯舍利之恩特羅皮他約翰等。其志莪內之約翰。麥吞之逐喇雷兄弟。比祖麥柯兄弟。及其甥逐賢利。幷一切僚屬等。均行免黜。

第五十一條　國家已歸平穩。朕由外國所雇士族弓隊。携來軍馬兵器。爲攻擊英國民黨者。今悉解去。

第五十二條　不經同列之裁判。或不依法律。而褫奪人領地、城砦、自由權利等者。

朕得有平反之義務。且命侯伯維持平和。不使擾亂。但侯伯須滿二十五人。始可評決。若關於此事起爭論者。詳示下條。又先考顯理帝及皇兄理查帝世所褫奪者。朕不敢擅自妄動。須待十字軍歸陣後。公行判斷。若十字軍偶因他事復出遠征。朕即可審理。之但於十字軍未歸以前所起訴訟。而由朕命糾審者。不在此限。

第五十三條　皇考顯理帝皇兄理查帝之世。有命廢山林事。如前條所載。待十字軍歸陣後。公行評決。若士族死後嗣子託其領地於其受託人及諸侯營於其所領地建立寺院。因諸此所起訟端。朕由十字軍歸陣後直審理之。可還其適當之權利於其愁訴者人。

第五十四條　夫遭橫死。除確有證據之凶手外。不得因其婦之控訴而捕縛人。

第五十五條　朕所命罰金及課稅金有違礙條例者。悉罷之。朕爲維持國家之和平。特選侯伯二十五人。與肯他排已之大僧正司推奔氏等各出思見任議一切若大僧正有故不能臨議。而侯伯二十五人已過半數。亦可就席對事。但二十五侯伯之中。有身與此事有關係者。須免之。另補別員。

第五十六條　凡威爾斯人。有不因同列之裁判。或不由法律。而褫奪其土地權利及其他物產者。直平反之。若因此事、紛議復起。同列裁判。可援買區（地名）之法律爲斷。又凡在英國、關於英國土地者。斷以英律。在威爾斯者。用威爾斯法律。在買區者、用買區法律審理。威爾斯人或對於朕及朕之臣民起訟者。亦可憑前例判斷。

第五十七條　皇考顯理。及皇兄理查帝之世。有不因同列之裁判。或不由法律而褫奪威爾斯人土地現今爲朕或他人所有者。朕不敢親斷。但出保證。待十字軍歸後。公行訴斷。若十字軍復因他事遠征。可即照威爾斯法律。延公正人審判。但十字軍未歸以前所起訴訟。而由朕命糾審者。非在此限。

第五十八條　羅林之子。及威爾斯之質子。均須放還。又此叢業爲朕維持和平併可還付誓約書。

第五十九　朕與蘇格蘭王亞立森特爾和約。還其姊妹質子。除前王維利亞連法許。英不準此外。亞立森特爾及其宗族臣民權利自由與他諸侯伯等。凡有評議。朕在朝廷。可任蘇格蘭人一體同列。

第六十條　以上數端。均關係爾等習慣自由。朕特允准之。爾臣民無論僧侶俗人。凡在臣屬。可永遵守之。

第六十一條　敬神明安國家。朕與諸侯伯之間。當從此靜謐。無生不和。朕允准以上條約。傳諸無窮。朕及朕之臣民。均作左證。幷選侯伯二十五人。互以其權勢。保此法典。以維持自由平和之局。即朕與大法官以下臣僚。無論何等事情。均須遵此憲章。其有破犯憲章中一事者。從二十五侯伯中選四人。明布其罪。幷申其於朕或大法官（朕不在時）之前。從申其日起。限四十日內。由朕或大法官矯正之。若不矯正。則此四侯伯。得以此事件更附於同列二十五侯伯之協議。與貴族人民同心協力。訴於朕。朕或仍不採納。則侯伯等得奪朕之城砦土地財產。幷任施何等手段。以掣朕肘。但不得傷朕及皇后皇子之身。倘朕已悔過格其弊害。則侯伯人等仍須盡忠義於朕。又無論何人。施行以上之權利。從二十五侯伯盡全力以掣朕肘。朕亦允准此自由。雖明立誓詞不禁。

第六十二條　侯伯欲行以上之權利。而不立誓詞者。朕必使之立誓詞。而頒諸命請。若二十五侯伯中。有病死。或旅行。或因他故不暇。有缺員而不能行以上權利者。其餘侯伯當協議特可別選侯伯以補其缺。又施行以上之權利。而二十五侯伯之中。衆議不一或有缺席員則可因多數人決定之。蓋此議係二十五侯伯總體之決議。須有一心同力之致。若二十五侯伯。實能固守以上之條例。且窮其勢力。實能誓行以上之條例則朕將來決不能廢以上之條例。假令廢之。亦必無效。至朕與爾等輩數以來。發生一切意惡怨根兩悉宥之。固可不問。即自朕即位十六年之意思他祭日（在四月）迄至於今。凡罪犯僧俗等。亦均赦之。不復追論。今朕於肯他排利大僧正司推奔達坡林大僧正顯理及其他僧正等前。特爲爾等許以上之權利。且昭茲簡冊也。

第六十三條　咨爾衆庶。知朕命之不易。自今伊始。凡英國學會。得享有自由之權利。朕居帝國。特與爾衆庶除舊更新。自由無限。朕與爾衆庶世世子孫。謹遵罔替。有渝此盟。神人共殛。致頒憲令於威特利爾司推令間之倫尼彌特大牧場。并對於大僧正僧正以下臣僚前。朕自鈴名立誓。爾衆庶其咸聽聞之。時朕即位之十七年六月十五日也。

權利證明

第一條　英國皇帝兼愛爾蘭王義德華爰告汝有衆。汝有衆其欽聽之。朕以尊敬天神聖會。荷蒙默佑降惠帝國乃更仰體天心。立誓於爾有衆當皇考顯理朝以全國國民之許可確定人民自由約書。（大憲章）及森林約書。毫髮無謬。惟世世子孫。遵守弗諼。

第二條　凡審判官或宰臣。有背此憲章。而爲裁判。旋即廢止其裁判。至毫無功效者。盡鑒諸。

第三條　於此憲章。更附以朕之手書玉璽。分庋於全國大小寺院中。每歲二次。於人民參集時。循例宣讀。

第四條　凡破此憲章條例。或謀毀。及爲抵抗之論者。大僧正暨僧正。以破砕教例之罰法呪詛之。歲每二次對衆呪詛。示與天下共棄。苟僧正不爲呪詛。或轉爲之赦厥辜者。大僧正可以其權力。明罰有罪并揭僧正之僭職。

第五條　從來獻納軍役國費等之冥加金及賦金者。既以登諸簿籍。恐開後世牢相援例暴征之患。今朕約。凡冥加金賦金。雖明載從前記籍者。後世子孫不得引爲口實。

第六條　朕既與爾大僧正、僧正、僧都、及一切僧侶侯伯、並全國之人民等約。雖世世子孫。無敢或渝。自今伊始。國費有需用冥加金及賦金者。必顧全國之利益。非得全國人民許可。斷不可妄事徵收。但古來規定之冥加金賦金等。應不在此例。

第七條　舊例、羊毛一袋。納稅金四十志。全國人民。大半苦此重稅。哀訴於朕。朕令悉免此稅。至萬世子孫。非得全國人民許可。斷不可再蹈覆轍。但自昔人民所允許之羊毛及獸皮革稅。不在此例。日後當以此證據。更勅令作憲章於倫敦。令太子義德華保證之。

權利請願

國會會員貴族僧侶及全國人民。拜手稽首。謹白於至尊陛下。昔先王義德華一世。嘗確定憲章曰。凡需要各種租稅。及諸賦課金。必先顧全國之利益。非得全國大僧正僧正僧都侯伯大吏諸士人民等之許可。雖君主不得妄自徵收。又先王義德華三世二十五年。在國會定書曰。凡以君主之命。募集國債。自不能强人民以必應。事出强迫。是大背王國法律。與人民之自由權利。即所稱御用加金及强要獻金。亦既有法律以爲制禁。而陛下之民。自古允有自由之權利。且已累世承之。故不得國會之許可。凡稅金及諸賦課。不能橫歛强徵。其義固照然若揭矣。

然近來陛下所派諸州理事官等。常在各處招集人民。嚴勸納貲於陛下。不聽則往往以國法明文所無之誓詞。頒布內閣。令爲契約。或徑繫諸獄。或勅知事判官及其他諸有司等。中以背法酷律。或暗爲種種之妨礙。由是戾王國之憲法。剝人民之自由。弊害乃不遑枚舉也。

約翰王之大憲章曰。凡良民非依國法同列之裁判。決不可處以禁錮。及捕縛。及褫奪領地。不可妄事裁判。不可施以法外之刑。國外之流罪。不可破壞其身。先王義德華三世。於國會定書曰。人民不論貧富貴賤。苟在法廷爲被告人。必先詳聽其答辨。非由尋常訴訟法。不得褫奪其領地財產。不得拘禁。不得處以死刑。祖訓煌煌。照懸日月。乃邇來世變風移。漸背舊約。陛下之臣。無故而就刑獄者。至不可勝數。加以出獄票釋放罪囚。當先去於審判官而糾明繫獄之故。乃保管人毫不覺察。但答以由內閣所出陛下之特命而繫獄也。再持至獄中。究問囚呻吟於圜牆甚間。含冤莫訴者已比比矣。況近日各州郡所派海陸兵卒。肆行無忌。不問士人之可否。而強宿其家。此皆有悖于王國法例。而不顧人民之怨讟者也

先王義德華三世二十五年。於國會定法律曰。凡人民即遵背大憲章及自餘國法。决不可行身體死生之裁判。又大憲章及自餘國法。稱無論何人。苟不由古來憲法及國會所議定。身居王國即不得處以死刑。蓋知先王之慎刑人重憲法也。乃近來理事官等。帶陛下之詔印。握軍法之全權。驅縣四方。居然處置海陸兵卒並其黨與之謀殺強盜嘯聚擾亂種種暴行之極重罪案。而任意誅戮陛下之臣民。夫人於國法即或有可死之罪。猶宜平情判斷。況科以法外之嚴刑乎。然今之所爲。乃更有反是者何也。窮極凶惡之罪人。宜受國法之顯罰。而或託故逃罪。官不之問。是陛下之有司。不爲陛下司國法而爲一己逞私威也。故今之理事官審判官等皆違悖國法

之尤者。惟陛下其思之。

臣等今謹稽首再拜哀懇聖明至尊陛下。俯鑒輿情。嗣後不從國會之許可。不得迫取人民御冥加金負債賦稅及一切類似者假令迫取而人民不允出金更不得要內閣誓約繫累無辜并使受一切障礙

凡良民不得以方法繫獄及逮捕。

將來陛下欲臣民之安堵。如前條所揭各州水陸兵卒。宜悉引遣而安置之。掌執軍法全權之理事官悉召還而廢止之。并示後世子孫世襲故轍。蓋今種理事官等。徒借國法以刑陛下之臣民。恐深害自由之權利也

臣等復又稽首再拜哀懇聖明至尊陛下依國法憲章。臣民固有自由之權利。願至尊陛下。降旨揭前條人民所苦各種事悉禁止之並公布天下慰撫人民疾苦明勅宰相百官堅守此條約萬機之暇修明而擴行之。則陛下社稷安寧國祚萬世。臣等不勝慶幸

當時查爾斯一世於國會對此請願。乃降勅曰宜因民之所好以為法。

第一條　(一)不經國會之許可。而廢弛國法。及妄自施行者。(二)停止近時所曾施行之暫時國法者。(三)創置宗教僧侶全權之裁判所。並類似此者。(均以違法論)(四)於國會許可外。妄稱帝王之特權。徵收租稅者。亦以違法論。今皇維廉陛下。及皇妃馬利殿下。以奧蘭惡(後爲法推)王進位英吉利法蘭西愛爾蘭等皇帝皇后。自餘附屬之國咸屬焉。英國帝位。苟兩殿下在世。雖億萬年保之。使用帝權施行政事。專屬皇帝陛下。凡有敕令。以皇帝皇后之名。布告中外。但近來多以國王之特命。暫廢國法條約書。如有無限之帝權。今後宜革此弊。惟將來陛下所定記載條約書。不在此例。(五)凡人民有訴願於帝王之權利。故帝王以其直訴而禁錮之者。是謂帝王犯法。(六)太平無事時。不經國會之許可。不得置常備兵。致令騷擾。(七)凡巴力門宗之臣民。有身佩兵器以自衛之權利。著爲國法。(八)國會本獨有裁判權。但不得濫自處斷於刑法裁判所。且恣行法外之裁判。(九)近時陪審官往々以姦惡不正游手之人。濫竽充數。若糺問叛逆人。以無領地者爲陪審官。必至違戾國法。宜著爲戒令。(十)以犯罪繫獄者。當保釋時。或要求不法之多金。是使人民不得保自由也。何以服衆。(十二)迫取不法之保釋金及安施不法之慘酷刑。最違法之尤者。宜懸爲厲禁。

第二條　前條所定權利。貴族僧侶及人民之代議士。會同在孟司武議院評決。若兩皇百歲後。帝位、傳諸皇后之嫡子及孫。若皇后無子。則傳其妹丁、抹王妃安及其子孫。安王妃無子。然後傳諸皇帝之庶子貴族人民謹此請願於兩皇殿下。乞准此契約。

第三條　凡近來立忠義服從之誓詞者。可定爲誓約。而古例忠義服從之誓詞。悉廢之。誓詞規例。大約如左。

皇帝維廉皇后馬利兩陛下。臣某誓盡忠誠無二之義務。立眞正之誓約。如世上所稱羅馬法王之權利。於教法上有放逐帝王或廢立或唆臣民篡弒等之宗旨。臣某於邪說異宗。久誓厭棄。臣惟乃心陛下。凡外國帝王。及僧侶等。在吾帝國不得有宗教裁判之權利。及其餘之權利威福。惟神明鑒保之。

第四條　貴族僧侶並人民。頁立國會之兩局。而兩陛下能以之爲國會之合同。將來可望維持國教國法、及自由之權利、

第五條　凡宰相百官將來至萬世子孫不可不依此法律。以時輔佐皇帝、

第六條　此條惟國會於第一第二兩條。改古例之文體爲永世之國法。故略之。

第七條　同上

第八條　抑治比巴力門王國、以羅馬宗旨之帝王。及同宗之皇后。必有害於國之安穩。故今定國法將來貴族僧侶人民等、凡信羅馬宗旨及與羅馬法王通信。與羅馬宗人聯婚者決不許承此帝位。若有羅馬宗人即帝位、凡內臣民當即日滅絕其君臣之義務。其帝位可暫屬於宗教之皇孫、並羅馬宗人已死、即登踐帝位、

第九條　凡皇帝女帝始即位時。當在貴族院國會、設王座。召集貴族士民。於羣衆之前。朗誦查爾斯二世十三年所定條約書。(名得斯達) 且書誓詞於別紙、皇帝自署其名。但或踐祚之後。未開國會以前。即欲行即位禮式。亦可立誓詞、如右所記。若皇帝女帝始即位時、年未滿十二歲、則須待滿十二歲後、始於國會立誓詞、行即位

之禮式。

維廉三世。承認臣民自由之權利。確定帝位正統之憲章。

紀元一千六百八十八年。全國貴族僧侶及人民之代議士等。會集孟司武議院。編纂桌呈與蘭渠王維廉並王妃馬利之法典。幷謂先帝煞迷斯二世。荒淫失道。以參議裁判官及宰相等之輔助。殆將壞亂王國之國教並法律等。茲述其大略如左。

一不經國會之許可。妄廢國法。及濫用停止暫時國法之權。

二以不限此濫用之權利。故望族高僧。多有繫獄及處死刑者。

三宗旨僧侶。每爲派出之全權理事官。妄以威權振攝。

四於國會許可外。妄以帝王之特權徵收租稅。

五太平無事時。不由國會之許可。置常備兵。且派屯諸方騷擾閭閻。

六反對國法。退巴力門宗之兵卒。而漸次編羅馬宗人入兵籍。

七破人民國會代議士選舉自由之法。

右七條。皆反悖王國之法律憲章者。

八人民選舉國會之代議士。司委人民自主。

九凡在國會議論。雖牴觸忌諱。然於國會外不得糺彈之。

十慘毒之刑、無故之罰金。不法之保釋金。均不得加於王國之民。

十一陪審官當有公平之順次。且裁判叛逆人時。必以有領地者。充當陪審官。

十二罪人於未處斷以前。而故賠其領地財產於人。是爲違法。雖有契約。亦屬無効。

十三救正人民之疾苦。而欲維持國法。或改正之。則可會同國會。酌議妥章。

以上諸條。乃英國人民所固有之自由權利。毫不容疑。故凡行政、司法、帝王之布令。有背此諸條者。不得奉以爲例。

凡外國人。既歸入我版籍。亦得爲內閣議官。及兩院之議員。一切信任之官職。與海陸軍之將校士官。且亦得領有土地。

凡爲兩議院宣告罪狀之大臣。仍得與於帝王恩赦之特典。

凡審判官涖任。而有犯罪行惡等事。或兩院議員同詞駁斥其罪狀。則可免黜。但恒常俸祿。有定額，不得增減。

凡繼帝位者。必歸英國之國教。

凡王孫自外國入繼帝統。外國之土地。本不屬英帝。而但歸其保護。若欲使英國人民強征之者。須得國會之許可。否則人民有不從其命之權利。

凡繼帝位者。須得國會之許可。既許可後。即不得復向海外旅行。此條今削

凡以此法典。定於皇孫初繼帝位之日以後。帝國政事之萬機。由內閣決定。其文書可令同列之議官。悉鈐印署名。

凡高祿之官吏。及由帝主賜養老金者。不可爲下議院之議員。

三二

本社新刊

中學地文教科書

洋裝全一冊

定價大洋九角

滄海桑田變換不測說者謂造物之妙而不知實關至理日本神谷市郎所著中等地文教科書以最新之學說明地球之構造論證確鑿說理詳明不特爲教科中之善本抑亦研究哲理者所不可不讀之書也插圖五十餘幅俱用精緻銅板鐫成尤覺燦爛可觀

普通經濟學教科書

全一冊

定價大洋陸角

是書爲上海王宰善輯著。王氏留學日本。究心此學有年。出其心得。以公世好。其中採輯之宏富。分晰之精當。誠適於學校教科書之用。至其印刷工緻。裝訂華麗。尤其餘事也。

新書豫告

近已付梓
不日出版

嘉定夏清貽頌來著
中學地理教科書
內國之部

義烏陳槐樂書譯
中學代數教科書
上下兩册

臨桂周家彥役甫著
中學幾何教科書
全一册

教科書譯輯社白

教科書譯輯社刊行書目

日本東京神田駿河台鈴木町十八番地清國留學生會館

中學地文教科書

定價　大洋九角　洋裝全一冊

滄海桑田變換不測說者謂造物之妙而不知實關至理日本神谷市郎以最新之學說明地球之構造論證確鑿說理詳明不特為教科中之善本抑亦研究哲理者所不可不讀之書也插圖六十餘幅俱用精緻銅板鐫成尤覺燦爛可觀譯筆亦暢達流利

中學物理教科書

定價　大洋六角　洋裝第一卷全

是書為日本水島久太郎原著義烏陳榥譯補陳氏於日本帝國工科大學校肄業研究物理確有心得故能說理透闢措詞明達於數學公式尤所詳備洵理科之佳本也至其裝訂華麗繪圖精緻尚其餘事

中學生理教科書

定價　大洋八角　洋裝全一冊

是書為美國斯起爾原著饒陽何燏時譯補說理既精致證尤確每篇悉附試驗方法以供臨時參考插圖數十幅用最精銅板明細可愛洵中等生理教科之善本前此得未曾有者也

中學化學教科書

近刊

是書為吉田彥六郎氏最新之作氏著著化學凡三種本編以法國化學名家與世脫遺兒特博士之說為主而參以平昔經驗提綱挈領透闢精深不沾沾於公式而公式自無不賅洽為化學教科中傑出之書

物理易解

定價　大洋一圓　洋裝全一冊

是書為義烏陳榥氏撰旁搜各書博考學說插圖百八十餘幅說理簡明為物理初步之佳本足與本社前出之中學物理教科書相輔而行

教育志叢第一編

青年教育

近刊

車之於輪舟之於柁四肢百骸之於空氣也猶教育之於精神也歐洲今日之種種科學有胎息於印度者是印度何嘗無教育而今亡矣曰惟無精神故有發源於亞剌伯者是亞剌伯何嘗無教育而今弱矣曰惟無精神故支那二千年來帝王提倡之儒生鼓吹之學界奴性根深柢固今當廿紀開頭初經優劣敗天演日新青年苟能蔑視人格墜落萬丈坑中而不一求解脫棟折榱崩噫何及矣是書專激發青年使養成獨立自尊不撓不屈之精神為主義爰亟譯之以餉我同志對症發藥或將是賴

教育志叢第二編

國家教育

近刊

嗟我同胞非問難於老學究即受業於官教師而其結果甲則崇拜古人乙則崇拜外人求其卓然特立保我國粹者曠世罕聞是豈學於人之害耶抑不知所以學之害耶日本以學於我而開化學於歐美而進化其所以得成今日之日本者以其民皆以大和魂為作質足以保其國之粹也是書為日本初興教育之事雖事事借資於人仍事事不忘乎己洵足為我國教育前車之鑑爰亟譯之以供世之有心教育者

教育志叢第三編

教育原理

近刊

是書為日本東京專門學校文學教育科講義抉歐美大教育家之精義網羅萃萃而成為製造國民之基礎學凡體育智育情育德育及設立學校之原理靡不委曲詳盡言之娓娓霏霏海門李君譯出言簡意賅文筆暢適我國志士熱心教育者果一閱此則理想之發達教法之精良什佰時昔無俟贅言現已印成不日出書

教育志叢第四編

社會學提綱

定價　大洋二角五分　洋裝全一冊

是書為美國吉登葛斯原著涇陽吳建常重譯自個人之交際以至團體之集合其間若社會之本質活動發達等無不探源握要闡述無遺理蘊精深譯筆犀利洵哲理中之佳品也

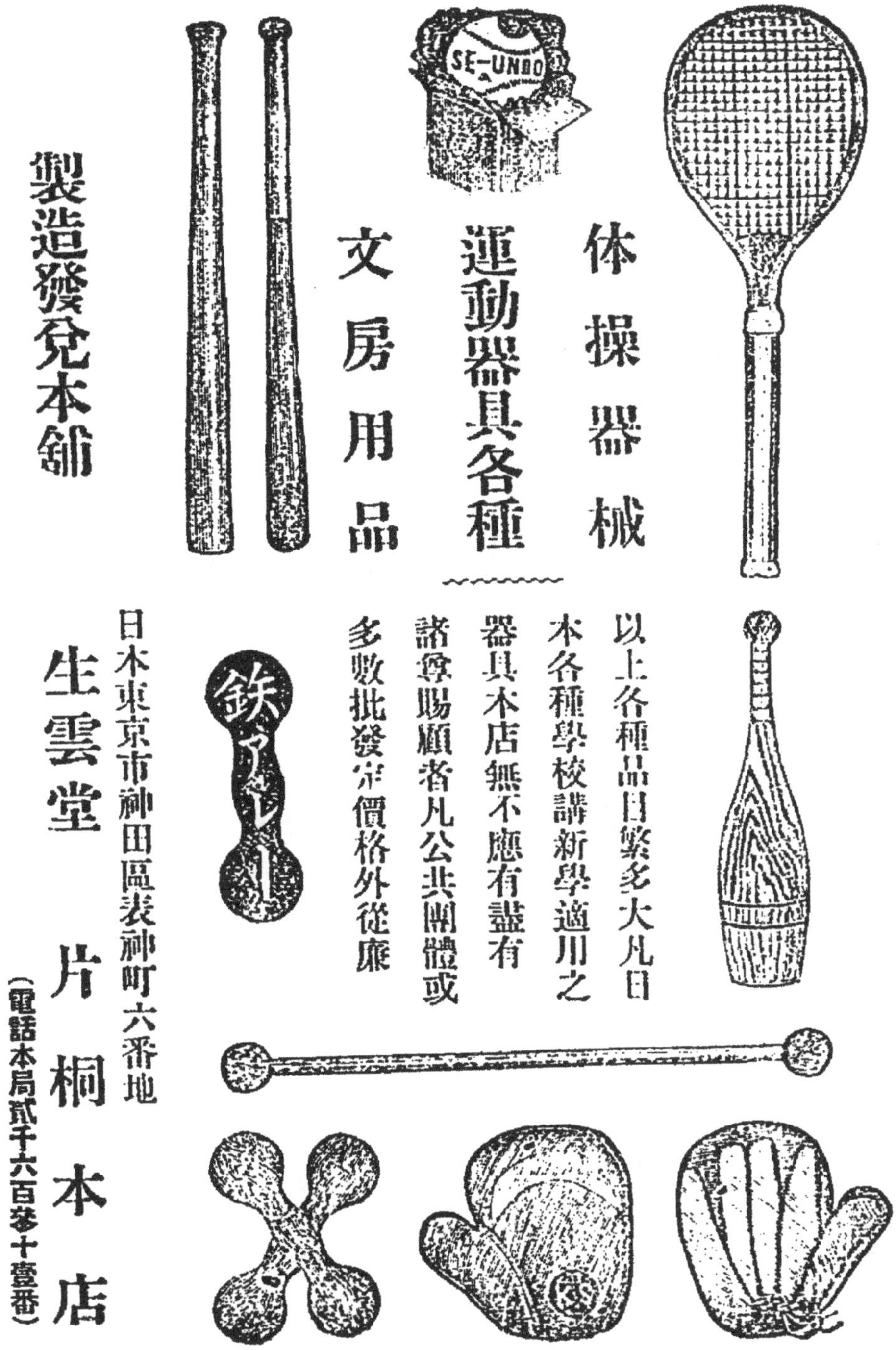
SE-UNDO
体操器械
運動器具各種
文房用品
製造發兑本舖
以上各種品目繁多大凡日
本各種學校講新學適用之
器具本店無不應有盡有
諸尊賜顧者凡公共團體或
多數批發定價格外從廉
鉄アレー
日本東京市神田區表神町六番地
生雲堂　片桐本店
（電話本局貳千六百参十壹番）

弊店製造之繪圖器今於大坂開設之第五回內國勸業博覽會中受領褒賞執照向來本店之繪圖器雖名遐邇早有定評今得拜領此執照益足爲品物精良之確據今後益當加工求精並廉價販賣伏乞四方君子陸續賜顧爲幸

第五回內國勸業博覽會受領褒賞執照

繪圖器

各種科學儀器

各國尺度類

一應俱全

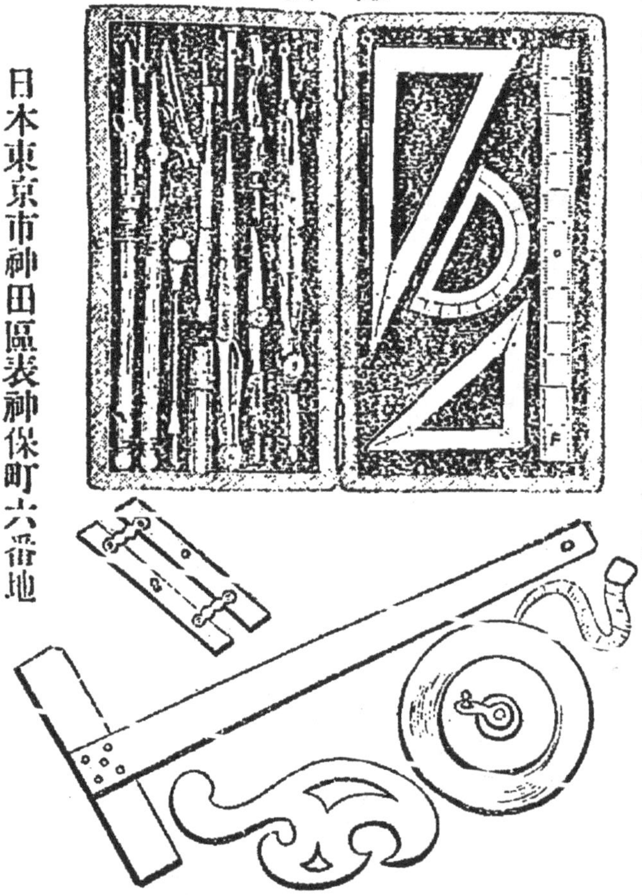

製造發兌本舖

日本東京市神田區表神保町六番地

生雲堂　片桐本店

（電話本局貳千六百參十壹番）

杭州旅行招待社簡章

杭州為東南一大都會重以西湖山水中天下故提劍負笈來旅行者趾相錯也然無清潔之旅館無相識之地主人地生疏者殊苦之斯社之設冀為旅人謀便利於萬一更望各省各府各縣聞風踵起聯合一氣令隨地皆有賓至如歸之樂其於社會交通或不無補裨歟例如下

一本社對於各級社會不能概盡招待之義務限於左方所記之各類

甲外國留學生

乙官私學校之職員及學生

丙學會職員及會員

丁報館館主及職員

一本社開辦伊始暫設於杭州萬安橋西白話報館內俟經費稍裕再議另賃房屋

一本社不收房金膳費自理少數人住宿不上一週者其御膳仍由本社供給之

一本社備牀鋪不備被褥

一供給茶水油火餘歸自理

一本社有專誠招待員如閱視學堂遊覽名勝購置品物招待員皆能盡追陪引導之責車馬費及途中酒食費旅人自理招待員用費由本社開支

一社友與旅人個人之交際其費用與本社無涉

一旅人欲住西湖本社可為代謀房屋惟膳宿料均由旅人自理

一本社承認招待之旅人外國留學生須有日本東京浙江同鄉會之紹介書學堂學會會館須有事務所蓋有印章之紹介書或有與本社社友相識之人之紹介書否則幸恕辭謝

一吸食鴉片者概行謝絕如私自吸食經本社察出立即驅逐

一本社經營方始篳路藍縷尚待擴充現以經費支絀致不能一切周備倘褻之處惟祈諒之

癸卯閏五月杭州旅行招待社同人公擬

閩學會叢書廣告

哲學原理

閩縣王學來譯

定價大洋壹角伍分

是書爲日本哲學大家所著詳述哲學研究之法社會發達之由提綱挈要言簡理該譯者以最明達之筆遂極高尚之理誠研究哲學者之津逮也

史學原論

閩縣劉崇傑譯

定價大洋貳角叁分

此書爲日本史學大家浮田和民所著博引泰西學說加以論斷溯委窮源語語精確洵爲不磨之論譯者文筆條暢足達原書之指

人種誌

侯官林楷青譯

定價大洋貳角

現今爲人種競爭時代瀏陽唐氏始著各國種類考一書然當時攷据之書甚欲出於理想者多徵諸實驗者少此書爲日本爲居確鑿編纂攷設精確故急譯之

西力東侵史

閩縣林長民譯

定價大洋貳角捌分

此書爲日本文學士齋藤阿具所著自十四世紀之季至二十世紀初年凡西洋人于東洋如何擴張勢力及吾亞人如何受侮前後五百年歷歷如繪論斷處尤具史眼譯者文筆簡鍊字字經心

泰西格言集

長樂高鳳謙輯譯

定價大洋一角五分

是書博採泰西名人言論如斯力特列令破崙華盛頓大彼得畢士麥諸大傑之議論亞里士多德柏拉圖梭格拉底孟德斯鳩盧騷邊沁佛蘭克令彌勒約翰穿進斯賓塞達爾文赫胥黎諸大儒之學說凡百餘家都爲一編單詞片語皆具精理譯筆簡古雅馴不失原書之意

國際公法精義

侯官林棨編譯

定價大洋貳角

中國開關數十年交涉益棘皆坐吾人夙不經心於國際公法故也前此公法譯本多屬陳腐其佳者亦不過羅列條文不足以資講求玆編專闡明國際公法之眞理分爲二編上編論國際公法之主體下編論國際上國家之權利義務皆本近今名家之說演釋成書博考詳稽折衷至當

社會進化論

侯官薩端譯

定價大洋肆角

社會狀態何日不在進化之中故于目前之文明不知所以變遷之理則識見之謂隨自不待言是書爲日本碩學有賀長雄所著分爲三編前二編多據斯賓塞之說後一編全出著者研究之心得其於人事之變遷國勢之消長論之

寡詳

國際地理學

海澄楊允昌譯

定價大洋叁角伍分

近今地理學之書大部詳審面積地勢氣候及產業貿易等範圍來廣不適于參考之用此書守居竟美雄所編闡明地理與國際之關係界近今國運之大勢及領地殖民之沿革言之纂詳論詳確察解釋闡明誠地理學科中之最佳本也

近刊書目

日本小野塚喜平次著　政治學大綱

日本加藤房藏著　俄國大政策

日本織田萬著　法學通論

日本梶原保人著　政黨論

日本大原祥一著　社會問題

日本有川千代松著　進化新論

日本酒井雄三郎著　今世外交史

日本有賀長雄著　最近時政治史

日本有賀長雄著　近時外交史

發行所

日本東京神田區駿河臺鈴木町十八番地清國留學生會館

上海四馬路老巡捕房對面新民叢報支店

福州城內南街黃巷口本會發行所

啓者本店專門製造印刷機器。歐漢鉛字。及各種花邊、電版、一切印刷物件。精緻秀美。堅固玲瓏。雖日久用之。永無。殘。破。糢。糊之弊。久已馳名中外。媲美歐美。又印刷書籍、地圖、繪畫等。皆極鮮明精巧。版面著墨不多。額外著色精美無比。本店開設日本東京。已三十餘年。不惜工本。精益求精。內外士商。以及遠地如天津、上海、香港等處之大印刷局。皆來采購。交口稱頌。本年大阪第五回博覽會本店出品比賽。又得名譽。銀。賞。牌。足見本店實事求是。名不虛傳。方今 清國百事維新。印刷出版。實爲啟瀹文明之利器。倘蒙

紳商光顧。乞認明本店地址牌號。或親勞玉趾。或寄函定貨。均可。貨眞價實。中外無欺。

再本店之機器字体及花邊、歐文花字各種物件。均印有樣本。遠方諸君。欲先取閱樣本者。可函知本店。即當寄上。以圖便利。此白

登錄商標

日本東京市京橋區築地二丁目十七番地

株式會社 東京築地活版製造所

敝所蒙 貴國留學諸賢囑印政法學報教科書不下數十種其紙質之精良墨色之鮮明字跡之端整業承 貴國朝野士紳謬相稱許邇來遠道函託者尤覺絡繹不絕當益自奮勵廉價製造無論面訂函商俱能尅日應需特將營業種類列後倘蒙光顧不勝榮幸之至

活版部

東西書籍　各種帳簿　東西圖板　新聞告白　細目板　亞鉛板　旬報　電氣板之類

石印部

地圖　票據　滙票　告白　公司股票　各種商標　肉筆印刷　一切圖畫之類

照相部

照相製印刷銅板　三色版　照相板　美術板

日本東京淺草區黒船町廿八番地

東京並木活版所

東京並木活版所工場

本編代派所

總經售處上海開明書店

上海
- 新北門外 中西書室
- 棋盤街北 廣學會
- 望平街 中外日報館
- 大馬路東 廣智書局
- 棋盤街 普通學書室
- 棋盤街 新中國圖書社
- 抛球場 掃葉山房
- 二馬路 千頃堂
- 棋盤街 會文堂
- 棋盤街 商務書館

蘇州
- 元妙觀西 東來書莊
- 元妙觀東 開智書室
- 察院前 知新書室

杭州
- 銀洞橋 白話報館
- 羊市街 浙江大學堂
- 葵巷 安定學堂
- 三橋址 總派報處
- 洄水方橋 東文學社
- 回回堂隔壁 史學齋
- 湖州北門內 恒有東典
- 嘉興城內 秀水縣學堂
- 無錫崇安寺 三等學堂
- 無錫北門內道長巷 梁溪務實學堂

- 常州城內打索巷 修學堂
- 南京夫子廟 明達書莊
- 揚州舊城太平巷尾 王毓仁先生
- 多子街 阜成衣莊
- 新勝大街 華瀛公社
- 蕪湖寶淑觀南岸 普康煤炭公司
- 安慶城內拐角頭 藏書樓

江西
- 馬王廟後 南昌派報處
- 百花洲 廣智書莊
- 洗馬池 嘉惠書莊

湖北
- 武昌察院坡 文明書室
- 武昌城內大火巷口 謙吉士莊李玉山先生
- 武昌山後戈甲營土地廟傍 廣林蔣廬
- 武昌橋街 中東書社

廣東
- 廣州府前大馬站北 林裕和堂
- 廣州双門底 萃盧閱報處
- 廣東双門底 聚教書樓
- 廣西潯州府 潯陽圖書館
- 河南開封府北書店街 時中書莊
- 四川成都桂王橋北 成都圖書局
- 北京琉璃廠 有正書局
- 保定府北大街 直隸官書局
- 山西太原府 機器印書局
- 天津北門外[illegible]對門 名賢書莊局

Third No. 3.

明治三十四年一月廿八日第三種郵便物認可

改[illegible]年第三期

THE

TSEN FAH SHUI PAO,

A MONTHLY MAGAZINE

OF

POLITICAL AND LAW

WORKS.

OFFICE:

No. 18. SURUGADAI-SUZUKICHO, KANDA;

TOKYO, JAPAN.

SOLE AGENCY

KAI-MIN BOOK STORE.

SHANGHAI, CHINA.